JN303021

戦前期日本の地方企業

地域における産業化と近代経営

石井里枝

日本経済評論社

目　　次

序章　課題と方法 …………………………………………………… 1

　1．本書の課題　1
　2．研究史の検討　4
　　（1）　地域の産業化　4
　　（2）　企業家間のネットワーク　7
　　（3）　企業統治　9
　　（4）　資本市場　11
　3．研究対象の限定と分析視角　14
　4．本書の構成　17

第1章　企業勃興期における地方企業の設立と人的ネットワーク
　　　　――両毛鉄道の設立と地方・中央―― …………………… 21

　1．はじめに　21
　2．両毛地方における鉄道誘致運動と両毛鉄道の設立　22
　　（1）　日本鉄道の開業と両毛地方における鉄道誘致運動の高まり　22
　　（2）　鉄道敷設運動の再燃と私設鉄道会社設立計画　25
　　（3）　両毛鉄道の成立と全線開通　28
　3．両毛鉄道の設立過程と人的ネットワーク　34
　　（1）　創立メンバーにみる人的ネットワーク　35
　　　①在京の発起人とその周辺　35
　　　②地元発起人　40

　　　　(2)　発起時の株主にみる人的ネットワーク　41
　　　　　　①東京・神奈川の株主　41
　　　　　　②地方株主　44
　　4．人的ネットワークと企業家間の多面的な協力　46
　　5．おわりに　48

第2章　産業革命期の地方における企業経営と株主
　　　　――両毛鉄道を事例として――……………………………57
　　1．はじめに　57
　　2．全線開通後の両毛鉄道　59
　　　　(1)　臨時株主総会開催要求運動と社長・田口卯吉の辞任　59
　　　　(2)　1890年における株主構成　64
　　3．展開期の両毛鉄道　70
　　　　(1)　日本鉄道からの独立自営問題――「売却派」と「非売却派」の動き――　70
　　　　(2)　独立自営後の両毛鉄道の経営状況　75
　　　　(3)　株主分析　76
　　4．日本鉄道への合併　78
　　　　(1)　路線延長の計画と増資計画　78
　　　　(2)　延長計画，競合会社との合併計画の失敗と日本鉄道への合併　79
　　　　(3)　日本鉄道への合併の要因　81
　　5．おわりに　82

第3章　日露戦後における地方企業の設立
　　　　――利根発電の設立過程と地域・企業家――……………91
　　1．はじめに　91
　　2．利根発電の設立過程　92

(1)　利根発電成立以前における群馬県下の電気事業展開　92
　　　(2)　利根川水系における電力会社設立計画と利根発電の開業　94
　　　(3)　高崎水力電気との需用家獲得競争と前橋市への本社移転　100
　3．利根発電会社成立期における資金調達　103
　　　(1)　開業に向けての資金調達　103
　　　(2)　成立期における株主の分析　105
　4．おわりに　107

第4章　第一次世界大戦期における地方企業の経営と企業統治
──利根発電を事例として── …………………………… 115

　1．はじめに　115
　2．利根発電の成長と終焉　118
　　　(1)　「利根式経営法」と会社の拡張　118
　　　　①「利根式経営法」　118
　　　　②専門経営者・大澤惣蔵について　120
　　　　③会社の拡張　123
　　　(2)　利根川水系水利権の掌握と東京電灯への合併　124
　　　(3)　小括　126
　3．利根発電の役員と主要株主　127
　　　(1)　役員の推移　127
　　　(2)　主要株主　133
　4．利根発電における企業統治　134
　　　(1)　1913年役員総辞職問題　134
　　　(2)　戸倉山林買収問題　139
　　　(3)　東京電灯への合併と根津嘉一郎　140
　　　(4)　小括　147
　5．おわりに　148

第5章　第一次世界大戦ブーム期における資産家の投資行動
　　　　──『全国株主要覧』を手がかりとして── …………157

1．はじめに　157
2．利根発電における資本金・主要株主・株主の地域分布の動向　159
　　(1)　資本規模の推移および主要株主の推移　159
　　(2)　地域分布の推移　163
3．地方株保有株主の投資行動──利根発電・八十一銀行を中心に──　175
　　(1)　利根発電株主の地域分布と地域別特徴　176
　　(2)　八十一銀行株主の地域分布と地域的特徴　177
　　(3)　地方企業株保有株主の投資行動──利根発電・八十一銀行株主の動向──　178
4．おわりに　181

第6章　第一次世界大戦後における地方企業の設立と企業家
　　　　──群馬電力の設立過程をめぐって── ………………187

1．はじめに　187
2．群馬電力の設立過程　188
　　(1)　水力発電事業と企業家──田島達策と群馬電力──　188
　　(2)　群馬電力の設立と地方企業家──高津仲次郎と群馬電力──　191
3．設立初期の群馬電力の経営　194
　　(1)　経営動向と企業家の役割　194
　　(2)　主要株主・役員　197
　　(3)　大株主の経営への関わり──安田財閥と群馬電力──　200
4．おわりに　202

第7章　戦間期における地方企業の展開
　　　　──群馬電力から東京電力へ── ………………………… 207

　1．はじめに　207
　2．群馬電力から東京電力へ──早川電力との合同──　208
　　　(1)　京浜地方への進出と東邦電力の参入　208
　　　(2)　早川電力との合同と東京電力の成立　211
　3．東京電力の設立──東邦電力の傘下へ──　214
　　　(1)　東京電力の設立　214
　　　(2)　主要株主・役員　216
　　　(3)　東京電力の経営と企業統治　219
　　　(4)　東京電灯との間の「電力戦」から合併へ　222
　4．おわりに　229

終章　結　　論 ………………………………………………… 235

あとがき　245
参考文献　251
図表一覧　257
索　　引　259

序章　課題と方法

1．本書の課題

　本書の課題は，戦前期における地方企業の経営と地域の産業化のあり方について明らかにすることである。具体的には，両毛鉄道（1887～1897），利根発電（1909～1921），群馬電力（1919～1928：ただし，1925～1928は東京電力）[1]，の3社を主な分析対象とし，企業の起業・経営・資金調達・企業統治といった企業経営の諸側面に関する検討を，地域社会および地域の産業化に関連づけながら論じていく。すなわち，本書では1880年代から1920年代にかけての地方における産業化と近代経営のあり方を，企業経営に関する分析をつうじて明らかにしていくのである。

　では，本書が対象とする時期における日本経済のあり方は，いかなるものであったのだろうか。対象となる前半の時期，すなわち19世紀後半の時期の日本においては，企業勃興と産業革命を経て，近代化・産業化が進んだ。松方デフレ終息後の1880年代後半におけるいわゆる第一次企業勃興期は，近代日本の経済発展が本格化した画期であったとされる。こうした企業勃興の波は，都市部からやや遅れるかたちで地方にも波及した。石井寛治は，19世紀中葉の日本経済のあり方についてではあるが，地域間格差の少ない国民的国内市場が形成されつつあったとし，それはまさに「地方の時代」と呼ぶにふさわしい，限られた時代であったといい，それは18世紀初頭までの幕藩制的市場とも20世紀初頭の統一的国内市場とも異なるものであったとしている[2]。

　こうした「地方の時代」の存在については，中村尚史の研究においても強調

され，それは主として産業革命期にあたる1880年代から1890年代頃までの時期に限定されたものであったという指摘がなされている[3]。

谷本雅之も，地域の工業化[4]に関する議論のなかで，動機としての地域社会の存在に注目し，工業化と地域との関係は，1880年代から1890年代の企業勃興期に固有の大きな意義を持っていたとしている[5]。

では，はたして地方が産業化ないしは企業経営に主導的な役割を担ったのは，こうした時期に限られるのであろうか。次章以下の具体的な検討のなかで，これらに関する答えを導き出していきたいと考える。

一方，対象となる後半の時期，とりわけ日露戦後の経営発展は，大企業時代の到来によって特徴づけられており，資本家的な近代企業から，財閥中心のような組織的な大企業への展開という文脈のなかでの位置づけが行われているように思われる。また，「地方の時代」に対して「都市の時代」と位置づけられることもある[6]が，本書では当該期の地方における企業経営のあり方にも焦点をあて，こうした時期における地方企業の動きについても明らかにしたいと考えている。

また，本書が対象とする産業は，鉄道業および電力業である。これらの業種は，いわゆるインフラ産業に属するものである。そして，それ自体がもちろん産業（近代産業）に属するものであるが，輸送および電源の提供という事業内容は，とりわけ周辺地域の産業化と密接に関連するものである。例えば鉄道業に関して老川慶喜は，鉄道建設の進展は貨客の輸送時間の短縮，運賃の低減化をもたらし，国内諸産業の発展を促したとしている[7]。そして，本書において分析対象とする両毛鉄道に関しても，老川は同鉄道の貨物輸送に果たした役割についてふれ，結果として両毛機業地における輸出織物生産の増加に寄与していたものであると説明している[8]。このように，鉄道の開通は，周辺地域の産業発展と密接に結びつくものであるといえる。電力業についても同様のことがいえ，電力の供給は周辺地域における工場の電化などを促し，産業化を促進する力となる[9]。

では，産業発展＝産業化の波が地域の経済・社会にいかなる影響を与えたの

であろうか。例えば、武田晴人は産業革命期における地域の産業発展は、単に産業・企業の発展を可能にしただけでなく、地域の経済・社会をも広く基盤として展開し、関連する産業を育て、そこに新たな雇用を生み出し、人口の集積地に変えていったとしている[10]。このように、地域の産業発展は、地域社会そのものの発展にも大きく影響を与えたのである。

また、明治期には会社制度が拡充され、日本の近代産業は、その多くが株式会社形態において発展した。そのなかでも電力業や鉄道業は、資金調達や企業設立の場面において株式会社という特性を最も生かした産業であるといえる。そして、株式会社形態を採用するがゆえに、そこにおける株主主権のあり方や、株式による資金調達のあり方に関する議論の必要性も生じてくる。本書では、各章における分析において、企業金融や企業統治に関する具体的検討を行っているが、それはこうした資本市場の展開との関連を重視しているからである。

さらに、本書では対象とする地域として群馬県を中心とする北関東地方を選定している。この地域においては、近世期に養蚕・製糸業ならびに織物業における在来的な産業の蓄積があり、それに伴う在来的な資本蓄積の進んだ地域であった。すなわち、中央（大都市）と比較した場合においては明らかに地方であるのだが、決して産業における際立った後進性のみられた地域ではなかった。さらに、近代になると、鉄道の開通により中央都市である東京との間の時間的距離も縮まることになる。

このように、本書において対象とする地域は、地理的にも産業の蓄積においても、都市と地方との間のいわば中間的な位置づけに立つ地域であったといえる。では、このような地域においては、明治期から大正期の産業化のなかで、近代企業がどのように発展していったのだろうか。本書における分析をつうじて、そのあり方について明らかにしていくことにしたい。

このように本書では、戦前期日本の地方企業に関する包括的な研究を試みる。続いて次節では研究史を整理し、それとともに研究史上における本書の位置づけについて考えていくことにしよう。

2. 研究史の検討

本書は，1880年代から1920年代にかけての地方企業の経営および地方における産業化のあり方についての検討を目的としている。ここでは，やや広い視点で研究史を振り返ることとし，本書の研究史上における位置について明らかにしておくことにしたい。

(1) 地域の産業化

本格的な産業化の始期とされる第一次企業勃興期における経営主体に関する研究としては，谷本雅之・阿部武司の共同研究があげられる[11]。この研究では，企業勃興の担い手としての地方資産家を，①地方企業家的資産家Ⅰ・②地方企業家的資産家Ⅱ（地方財閥型）・③地方名望家的資産家・④レントナー的資産家，の4つに類型化し，このうち出資リスクを引き受けるとともに企業経営にも積極的に関与するという①のタイプの資産家と，出資リスクは引き受けるが企業経営にはあまり関与しない③のタイプの資産家が，地方の企業勃興において大きな役割を果たしたとしている。

このような地方資産家の類型化は，地方における企業勃興現象の要因を説明するうえでは説得的であり，かつ有用なものであるといえる。また，政治史の分析枠組みの中で述べられることの多かった地方名望家概念を，経済史・経営史の分析枠組みの中に組み入れて論じており，その点で研究史上の貢献には大きなものがある。しかし，このような明快な類型化はかえって，地方資産家の行動パターンの流動性を説明することを困難にしていると思われる。

さらに谷本・阿部による上記の研究は，企業勃興という視角からみた地方資産家の類型化には成功しているものの，その後の地域産業化への地方資産家の関与のあり方には検討が及んでいないように思われる。地方資産家・地方企業家の産業発展に果たした役割や地方企業との関係について考える際には，企業勃興期という限定された時期だけでなく，長期間にわたる観察・検討が必要で

あろう。このように考え，本書では1880年代から1920年代までを分析対象としている。

また，谷本雅之はこのほかにも，新潟県下主要資産家の投資行動分析や，醬油醸造家である浜口家・関口家の事例分析を通じ，「企業家的」あるいは「名望家的」投資の形態を見出し，さらにはこの経済活動と社会的な活動の双方に関わりうる動機として，「地域社会」の存在を強調した[12]。そして，日本の本格的な産業化の開始を告げる企業勃興現象が，大都市だけでなく地方においても広範にみられたことに着目し，地方の企業勃興現象を，日本における「地域工業化」の重要な局面であるとしている。そして，その関係は，1880年代から1890年代の企業勃興期に固有の大きな意義を持っていたとしている。

谷本による研究の貢献は，地域発展と地方企業との関係を明らかにした点や，地方における企業勃興という現象を，地方資産家の名望獲得という経済外的な要素によって説明した点にあるといえる。しかしながら，谷本・阿部による研究の場合と同様，企業勃興期という限定された時期についての検討であり，その後における地方資産家・地方企業家の投資行動や企業家活動についての検討を行う必要があるように思われる。また，地方資産家として地主・醸造家を取り上げて分析しているため，議論の一般化においては留保が必要であるといえよう。

一方，中村尚史によると，地方産業化の始動の特徴として，資金・人材両面における地方の積極的な参加があったといい，その先導役を果たしたのが，地方官や地方名望家（政治家）であったという。そして，第一次企業勃興期における地方企業家の活発な起業活動を指摘し，「企業家」的資産家，「名望家」的資産家，地方行政官経験者の協力関係を明らかにした。そのうえで，このような地方主導の発展が可能となった背景に，「地方の時代」の存在があったという。しかし一方で，「地方の時代」の最盛期は企業勃興期から日清戦後にかけての時期であったとし，企業勃興期に誕生した地方企業は，その後の産業化の進展の中でその活力を喪失し，1900年代に入ると中央資本の支配下に置かれていったとしている。

このように，中村によると，地方における企業勃興の担い手として，単に地方資産家・企業家のみならず地方官僚や政治家の重要性についても指摘しており，谷本らによる従来の研究に対して，地方における企業勃興の新たな担い手像の提示を行っている。また，19世紀に限定されることなく，1900年代や1910年代に関しての言及も行っており，比較的長期的な観察を行っている。

しかし，あくまで「地方（Local）」に関する具体的実証の中心は企業勃興期，とりわけ産業化の初期段階における1890年代までであり，なおかつ，1900年代に入ると「地方の時代」の活力が後退していき，日露戦後期においては現代に続く「都市の時代」の幕開けがなされたとしている[13]。この点については，具体的実証を伴う再検討を行う必要があると思われる。

さらに中村は，「地方の時代」とともに「地方の活力」についても強調している[14]。こうした議論に関して，本書においても地方の時代ないしは地方の活力が，産業化の進展の中でいかなる時期にまでそのダイナミズムを保ち続けたのかについても言及していくことにしたい。

このように，谷本雅之や中村尚史による地方・地域を対象とする研究においては，「地方の時代」，すなわち地方がイニシアティブをもって産業化を推進した時期は，主として明治期，それも1880年代半ばから1890年代という比較的短期間であったという主張がなされている。

一方，渡邉恵一は，「「地方の時代」がいつ頃まで続いていたかは，当然ながら事例によってさまざまであっただろう」[15]とし，「地方の時代」の活力が産業革命の進展や終了と必ずしも対応関係になかったのではないかという見方を提起し，事例分析の積み重ねが必要であるとしている[16]。

寺西重郎も，戦後の「高度成長期経済システム」に対し，およそ1900年頃から1920年代半ば頃までの日本の経済システムを「明治大正経済システム」として把握し[17]，市場中心の経済運営，大株主主導の企業統治，銀行の在来産業金融，および地域経済圏を結集軸とした地域利害の調整システムをその特色として掲げている。すなわち，寺西によれば，中村らによって地方の活力が後退したとされている1900年代から1920年代にかけて，「明治大正経済システム」が

機能し,この時代においても地域経済圏の有する力は大きかったという。

本書では,渡邉や寺西の見解に同じく,地方が産業化や近代産業育成に対して役割を担っていた時期は,比較的長期にわたって存在していたのではないかという考えに立つ。渡邉の指摘にもあるように,地方の主導性についての解明を行うには,さらなる事例研究の積み重ねが必要と思われる。逆にいえば,個別実証を積み重ねることにより,「地方の時代」に関する新たな見方を提示する可能性も拡がるのである。

このような理由に基づき本書では,1880年から1920年代に至る,両毛鉄道・利根発電・群馬電力の3社の事例分析を行いたい。こうした長期的な観察を行うことにより,地方・地域の発展のダイナミズムについての具体的なイメージを得ることができるのではないか考えている。

(2) 企業家間のネットワーク

さて,本書においては,資金調達をめぐる中央と地方との関係や,企業経営における企業家間のつながりについて考える際に,人的ネットワークの概念によるアプローチを試みている。とりわけ第1章では,両毛鉄道設立をめぐる資金調達や役員就任関係について考えるうえで,人的ネットワークに焦点をあてた分析を行っている。

この「ネットワーク」に関する概念について考えるうえでは,鈴木恒夫・小早川洋一・和田一夫による共同研究ならびに和田一夫・小早川洋一・塩見治人による共同研究が参考となる[18]。

鈴木らによる研究では,『日本全国諸会社役員録』を用いて,1898年と1907年の各時点での全国の企業における兼任重役の存在形態を解明し,全国的な資本グループの検出を試みている。さらに,役員の人的関係であるネットワークを析出し,同じ人物が複数の会社に役員として関与する「ネットワーク型企業家グループ」の存在を確認している。そして,このようなグループは,明治期から昭和戦前期にわたって,全国的に見られた特徴であったとしている。なお,ここでは特定の2人が同時に2社に役員として関与していることを最も基本的

な人的関係とし（「要素ネット」），この「要素ネット」の重なり合いを寄せ集めたものを「ネットワーク」と定義づけている。本書では特定の企業に集う企業家間の人的関係について検討しているため，こうした「ネットワーク」の定義づけとは若干異なるものの，出資関係や役員兼任関係を含む企業家間の人的関係の連鎖的なつながりや，人的つながりの重なり合い・集まりについて人的ネットワークと定義しており，そのイメージにおいては共通しているものといえよう。とはいえ，このような企業家ネットワークに関しては，役員兼任関係を暗黙の前提とした定義づけであるように思われる。本書において人的ネットワークと称する関係においては，必ずしも「企業家」としての関係を前提としない関係も含まれる。そうした意味においては，本書で前提とする人的ネットワークのほうが，鈴木らによる企業家ネットワークの概念よりも，より広いものであるように思われる。

　また，和田・小早川・塩見による一連の研究では，1898年・1907年・1918年の三時点における重役兼任のあり方について検討を行っている。ここで和田らは地縁・血縁を基にした中小ファミリー・ビジネスのネットワークの存在を明らかにした。そして，このようなネットワークを用いることを通じて，単独では不可能な資本規模の事業への進出を可能にしていたことを明らかにした。なお，ここで明らかにされたネットワークの内部においては，事業計画や経営実務を担当する中核的な企業家と，その協力者として出資を担当する資産家とが相互に協力を行っていることが多かった。したがって，このようなネットワークが利用できる場合においては，谷本の研究をはじめとする従来の諸研究が指摘するような，「（地方）企業家＝資産家」という定式は必ずしも成り立つわけではなく，むしろ「企業家≠資産家」であるケースも多数存在していたのではないかと考えられる。

　結論を先取りするならば，本書における事例研究においても，和田らの研究と同じく，必ずしも「（地方）企業家＝資産家」という定式が成り立つわけではなく，企業家活動を行うなかで富を蓄積し，企業における大株主としての地位を獲得する者や，専ら企業家活動に従事する者も存在した。また，地方企業

ではあるものの，本書で分析を行う鉄道・電力企業は資本規模も大きく，さまざまな企業家や株主が経営対象として，あるいは投資対象として選好した。すなわち，役員就任関係や資金調達関係において，地方だけでなく中央の企業家・投資家も多く参加した。このような場合，地域内だけではなく地域外からの企業経営・企業金融への参加を行うというメカニズムの背景には，単なる地縁・血縁という範囲を超えたネットワークの存在があったはずである。本書において，人的ネットワークに注目して分析を行うのは，このような地方における企業経営ならびに企業家活動のメカニズムの実態について明らかにしたいという考えがあるためである。

　また，島田昌和の研究では，渋沢栄一とその周辺における企業家間のつながりにおいて，人的ネットワークの存在が強調されている[19]。そして，渋沢の企業家活動の分析方法として，渋沢とその周辺経営者との人的ネットワークに注目している。本書でも，企業家間の人的ネットワークに注目して分析を行うが，一個人の企業家活動の分析へのアプローチとしてではなく，地方企業の設立・経営・資金調達および地方における企業家や資産家の活動のメカニズムについて解明するうえでのアプローチとして用いていく。単一のネットワーク内における検討にとどまらず，いくつかのネットワークの存在を前提に，それら複数のネットワークをつなぐメカニズムは何であったのかについての検討も行うことにしたい。

(3)　企業統治

　さらに，本書は地方における企業発展のあり方についても検討を行うものであり，具体的には起業・経営・資金調達・企業統治といった，企業経営の諸側面についての実態解明を試みるものである。

　ここで企業統治に関する検討に際しては，その主体として経営者および株主を挙げることができるが，地方企業においては，地方資産家・企業家といったさまざまな主体が関与し，地域社会とも関わりを持つものであった。またその発展には，地方だけでなく中央も少なからず関与していた。すなわち，地方企

業においては，さまざまな利害関係を有するプレイヤー（当事者）が存在し，それぞれの利益を追求しつつ企業経営への関わりを持っていたのである。

したがって，このような多様な主体の関与した地方企業についてのケーススタディを行うことを通じて，戦前期日本の企業システムに関する1つの実証例を示しうることとなるであろう。

さて，戦前期日本の経済システムに関し，岡崎哲二は戦前期における大企業の主流は非財閥系企業であるとし，戦前期日本における経済システムを「アングロ・サクソン型の古典的市場経済システム」であるとする見方を提起した[20]。そして岡崎は，戦後日本における企業統治のあり方と比較して，戦前期の日本企業の企業統治のあり方は，古典的な株主主権に近い性格を持っていたとしている[21]。

このように岡崎は，戦前型モデルについて定義づけたという点において研究史上の貢献を果たしたといえる。しかし一方で，このような提示は必ずしも個別事例の具体的・実証的検討に裏付けられるものではなく，その意味で具体的・実証的検討の必要性が求められているといえる[22]。

また，このような見解に関して，すでに述べたように寺西重郎は，戦後の「高度成長期経済システム」に対し，1900年頃から1920年代半ばまでの経済システムについて「明治・大正経済システム」と定義づけた[23]。そして，1920年代前半頃までの日本では，財閥の市場支配力は未だそれほどではなく，企業経営においては所有者経営者が大きな役割を果たしていたといい，それぞれの地域経済圏では，交通通信網の急速な発展によって中央とのリンクが成立し，名望家が地域共同体をまとめあげ，インフラストラクチャーの整備・地場産業の育成などに大きな役割を果たしていたという。

寺西によるこのような見解の提示は，戦前型企業システムの全容について具体的提示を行ったという点において高く評価しうるものといえる。しかしながら，やはり個別具体的な実証的検討を伴うものではない。したがって，本書において具体的実証を伴った検討を行うことによって，戦前型企業システムの実態を解明する一助となるのではないかと考える。

さて，岡崎や寺西の見解によると，戦前の日本企業においては，少なくとも1920年代までは，古典的な株主主権に近い性格の企業統治が行われていたということになる。

その一方で，宮本又郎・阿部武司の共同研究では，大阪紡績と日本生命の2社を事例として，1880年代から1910年代における会社企業のコーポレート・ガヴァナンスの実態について分析を行い，両社ともアングロ・サクソン型に類似した企業統治は，19世紀末ないし20世紀初頭までの短期間で終わり，雇用経営者の支配権が第一次大戦前後には確立したとし，アングロ・サクソン型のコーポレート・ガヴァナンスが見出されると簡単に片づけてしまうのは早計であろうと論じている[24]。

では，はたして宮本・阿部による見解のように，古典的な株主主権に近いかたちの企業システムは，20世紀初頭には早くもその終焉を迎えていたのであろうか。それとも，岡崎や寺西の見解のように，戦前期の比較的長期間にわたって，そのシステムは作用していたのであろうか。本書では，宮本・阿部による分析のような都市に基盤を持つ企業ではなく，地方に基盤を持つ企業を分析対象に選定し，検討を行っていくことにしたい。

(4) 資本市場

本書において分析対象とする鉄道業・電力業は，多くの投資家が株主として参加するものであり，日本における株式市場の発展と密接な関係を持っていた。

1878年の東京株式取引所設立以降における，日本証券市場の歴史的分析を試みた野田正穂によると，1906年の鉄道国有化を境に，投資家の株式投資の対象は，鉄道株から電力株へと移行したという[25]。本書では，両毛鉄道・利根発電・群馬電力を分析対象として選定しており，鉄道国有化以前における鉄道企業，それ以降の時期における電力企業を対象として取り上げている。

これらの諸企業における株主構成について検討することにより，戦前期の日本における株式市場の展開や，投資家の動向について明らかにすることができるであろう。さらに，本書では地方企業の事例についての研究を行っている。

そのため，地方・地域レベルでのこうした特徴についても明らかにできるのではないかと考える。

明治期の株式会社の特徴に関しては，伊牟田敏充がすでに明らかにしているが[26]，そのなかでも，1社あたりの資本金額と株主数を組み合わせて，Ⅰ型＝少数出資者大資本型，Ⅱ型＝少数出資者大資本型，Ⅲ型＝多数出資者小資本型，Ⅳ型＝多数出資者大資本型，といった4つの「資本類型」を提示し，資本集中のあり方を区分した点が重要であるといえる[27]。そして，株式会社の発展に主導的な役割を果たしたのは，「Ⅳ型」に属する企業であるとしている。

本書では，鉄道業・電力業に関する分析を行うが，これは伊牟田の分類によれば，株式会社の発展に主導的な役割を果たした企業であるとされている。すなわち，本書が分析の対象とする鉄道業や電力業は，投資対象として選好されることによって近代的な企業の発展に貢献していたといえる。

また志村嘉一によると，1920年代を境に，日本の資本市場の構造，株式市場と金融市場との関わり方に変化が生じたという[28]。この研究では，主に1920年代以後の資本市場の構造について分析しているが，1920年代以前について軽視しているというわけではない。特に第一次世界大戦を契機とする株式ブームによる個人投資家の急増は，株式流通機構や制度の改革を促し，企業勃興や重化学工業化の進展を反映して株式市場に資本動員機構の機能を発揮させることになったとしている。そして，第一次世界大戦期における株主層について，『全国株主要覧』をもとに分析を行い，その結果，第一次世界大戦までは社会的資金を供給する株主の中核が比較的大規模な個人株主であった可能性や，1,000株未満所有の個人株主が多いことを指摘している。

しかし，志村は，こうした可能性について指摘しつつも，実際の分析では，1,000株以上保有の株主を分析対象としており，結局は，持株数の多い法人や華族株主の分析が中心となっている。よって，個人株主の投資動向についての検討が，資本市場の構造について明らかにするうえで重要性をもっているといえる。

この点，地方企業においては，中央大企業に比して中小規模の株主の割合が

多く，かつ地方資産家を中心に，個人株主の参入も多かった。したがって，1880年代から1920年代にかけての地方企業について分析対象とする本書の検討を通じ，構造変化の生じる以前の――すなわち，1920年代以前における――資本市場の動向と，1920年代における変化の様相について，実証的に明らかにすることができるものと考える。

　なお，志村嘉一によるこのような分析を批判的に再検討したのが，武田晴人による一連の研究である[29]。ここで武田は，志村による研究と同じく，『全国株主要覧』をもとに分析を行いつつも，その分析対象を300株以上保有株主にまで拡げている。そしてその結果，化学，鉱業，海運などで株式の上位集中度が高い一方，株主数の多い銀行・電力・食品・ガスなどでは規模の拡大とともに株式の源泉をより広い裾野に求めた可能性や，大都市所在府県以外に多かった小株主層が，株式所有構造の広い底辺を支えたことを明らかにした。

　武田による研究では，分析対象を拡げたことにより，志村の研究に比し，より詳細な分析を行うことに成功している。しかしやはりデータの大量観察という方法によっているため，より個別具体的な分析が必要とされる。また，第一次大戦ブーム期においては，大都市所在地域よりもその周辺地域での株主数・株式数の増加のほうが上回っていた点を指摘しつつも，具体的な分析はなされていない。

　この点，本書第5章では，大都市（東京）周辺地域（関東地方）における事例分析を，企業レベル（利根発電）というマイクロな視点から行っている。この意味で，本書は，志村や武田の研究においては詳細に検討されなかった点について，再検証を行うものであるともいえよう。

　さらに，第5章において分析対象とする利根発電は，地方に位置し，多くの地方資産家が株主として参加していた。したがって，こうした検討をつうじ，大戦ブーム期における地方での資本市場の発展のあり方についても明らかにできるものと考えられる。

　なお，本節において取り上げた研究史は，本書全体の議論に関するものである。個別企業についての研究史に関しては，各章において取り上げていくこと

にしたい。

3. 研究対象の限定と分析視角

ここでは，すでに明らかにしてきた研究史の動向をふまえ，本書の研究対象を限定し，その分析視角を提示することにしたい。

本書では，両毛鉄道，利根発電，群馬電力の3社を事例として，その企業経営のあり方を明らかにする。この3社を本書における分析対象に選定した理由は，以下のとおりである。

第一には，時間的な連続性である。両毛鉄道は第一次企業勃興期，利根発電は日露戦後企業勃興期，群馬電力は第一次大戦後ブーム期に，それぞれ設立された企業である。したがって，この3社を対象とすることによって，設立過程についての各時期の特徴を比較検討することができる。また，設立過程についてだけでなく，その後の企業経営や企業統治のあり方，株主構成についても，同じように時期ごとの特徴や，相違点について明らかにすることも可能となる。すなわち，1880年代後半から1920年代に至る長期間にわたる実証的な検討を行うことができるのである。

さらに，このような時期区分に関し，19世紀末から利根発電・群馬電力の存在した1900年代から1920年代にかけては，いわゆる「明治大正経済システム」が機能していた時期に該当する。したがって，上記の3社を対象とした長期的観察を通じて，研究史上指摘されてきた「地方の時代」や，「明治大正経済システム」の実態について，実証的に再検討を行うことが可能になると考える。

第二には，地理的な共通性である。両毛鉄道は，前橋（群馬県）から小山（栃木県）までを営業区域とした地方鉄道であり，両毛機業地における鉄道誘致運動がきっかけとなって設立された企業であった。利根発電は，前橋市に本社を置き，群馬県内での営業を起点として発展した企業であった。群馬電力は，安田系の資本を仰ぎ，設立当初から東京への進出を計画していたが，水利権の関係などから地域社会との関わりが深く，地方企業家や地元出身の企業家が経営

を主導していた。つまり，3社はいずれも地方，特に群馬県を中心とする関東地方に基盤を持つ企業であり，その経営には地方企業家や地方株主が多く参加していた。

さらに，第三の理由として，鉄道業や電力業のもつ産業の特殊性があげられる。すなわち，鉄道業や電力業は，それ自体が産業であるといえるが，物資・旅客の輸送ならびに電源の提供という事業内容そのものが，地域の産業化に影響をあたえたものであるといえる。すなわち，個別企業の発展と地域社会の産業化との間に相互関係が認められるのである。したがって，第一の理由として提示した時期的な連続性と，第二・第三の理由として提示した地理的な共通性，ならびに産業としての特徴とを組み合わせることにより，戦前期日本の地域社会，とりわけ関東地方における産業化と近代企業の発展の関係について，詳細に検討することができるであろう。

さらに，第四の理由として，企業金融に関する共通性をあげることができる。戦前期日本の株式市場においては，1906年の鉄道国有化以前には鉄道株が，それ以後には電力株が，それぞれ投資家の最大の投資対象であった。また志村嘉一によると，第一次大戦後においても電力業の株式市場全体に占める割合は高かったという。したがって，1906年以前における鉄道企業，それ以降の時期の電力企業における株主分析を通じて，戦前期日本における企業金融のあり方に関しての典型例を示すことが可能になる。また，企業規模も地方レベルにおいては大規模なものである。したがって，これら3社の分析を通じて，企業金融に関してだけでなく，株主の企業統治への関わりや株主の投資行動について，実証的に検討を行うことが可能になるのである。

以上に述べた本書の課題や先行研究をふまえて，次に分析視角を提示することにしたい。

第一の視角は，企業の設立と成長の過程で必要とされる経営資源に関して，その担い手に注目することである。これまでの地域の産業化に関する研究は，地方企業の経営について，もっぱら地方の果たした役割に関心を集中してきた。本書においても，地方ないしは地域の果たした役割についての関心は高い。し

かしながら，単に地方および地域の役割にのみ関心を集中させるのではなく，地方の役割と並んで中央の役割がどの程度であったのか，そして地方と中央はどのような関係にあったのかといった点についても，視野を拡大する。このように視野を拡大することによって，地方企業を事例としながらも，その議論の範囲は戦前期の日本経済ならびに日本企業全体に拡大される。

そして，企業経営の担い手に注目し，地方企業の設立・経営を牽引したのは，どのような人物（＝株主および企業家）であったのかという問題についても，地方・中央双方に関する検討を行うことにしたい。このことは，先行研究において指摘されている地方の活力の実態を問うことにもなるであろう。

第二の視角は，企業の設立と成長の過程で必要とされる経営資源，特に資金の供給のされかた，すなわち企業金融に注目することである。産業化に関する論点とも共通するが，従来の研究史においては，地方企業における企業金融についても，地方および地域の役割が強調されてきた。しかしながら本書では，地方の役割と並んで中央の役割がどの程度であったのかについても考えていくことにしたい。また，彼らが企業の設立・成長のための資金をどのようにして調達したのかについて，人的ネットワークの概念にも注目しながら，実証的に明らかにしていくことにしたい。

第三に，第一・第二の視角に対応して，企業経営・企業金融を支えた企業統治に焦点をあてる。仮に地方企業が地方だけでなく中央の資本市場からも資金を調達したとすると，そのことは地方企業の企業統治にどのような影響を与えたのであろうか。中央と地方は企業統治においてどのように協力し，あるいは緊張関係に立ったのであろうか。こうした問題を，経営者と株主とをそれぞれ中央，地方に区分し，それぞれの構成と行動を分析することをつうじて検討することにしたい。

これらの分析視角に立ったうえで，本書では1880年代から1920年代にかけての長期間にわたる事例分析を行う。こうした分析をつうじ，地域における産業化の担い手，ならびに企業金融と企業統治の各時期の特徴と変化について，詳細に明らかにすることができるのではないかと考えている。

4．本書の構成

　具体的な分析をはじめるにあたって，本書の構成を示すと次のとおりである。
　まず，第1章において，両毛鉄道を事例として，第一次企業勃興期における地方企業の設立過程について明らかにする。また，同鉄道は企業の設立および資金調達における成功的事例であったという点に注目し，その成功を支えた要因についての考察を行う。その際に，人的ネットワークの観点を用いた接近を行うことにしたい。
　第2章では，第1章に引き続き両毛鉄道を事例として，同社設立後の企業経営・企業統治のあり方について検討する。とりわけ，両毛鉄道においては，日本鉄道への合同を行うか否かを巡り，株主総会における大株主間の攻防があった。したがって，株主の行動が企業経営に与えた影響についても検討を行っていくことにしたい。
　第3章では，利根発電を事例として，日露戦後の企業勃興期における地方電力企業の設立過程について明らかにする。その際，地域社会や地方企業家といった，「地方」の諸要素に注目しながら検討し，地方における企業設立と地域社会との関わりのあり方についても論じていくことにしたい。
　第4章では，第3章に引き続き利根発電を事例として，経営動向を明らかにしつつ，地方企業がその域を越えて成長しようとするときに直面した企業統治を巡る意思決定過程の解明に焦点をあて，分析を行う。特に，根津嘉一郎と利根発電経営者との間の企業統治を巡る諸問題については，詳しく検討を行っていくことにしたい。
　第5章では，第一次世界大戦ブーム期における資産家の投資行動のあり方について検討する。大戦ブーム期においては，中央だけでなく地方においても資本の蓄積が進み，株式投資ブームが起こった。では，このような地方での資本市場の発展のなかで，地方企業に出資をする資産家は，どのような投資を行っていたのだろうか。こうした点について，『全国株主要覧』との照合をつうじ

て明らかにすることにしたい。

　第6章では，群馬電力を事例として，第一次大戦後の地方における企業設立と初期の経営のあり方について，地方企業家の関わりに焦点をあてながら検討する。さらに，早川電力との合併への経緯についても明らかにすることにしたい。

　第7章では，群馬電力と，同社と早川電力との合併により成立した東京電力を事例として，そこにおける企業経営の動向および東京電力と東京電灯との間で繰り広げられた「電力戦」，東京電灯との合併の過程について検討する。この「電力戦」および東京電灯との合併の過程に関しては，先行研究においてすでにさまざまな言及が行われているが，本書ではこれらについて地方企業家の動向にも光をあてながら論じていくことにしたい。

　終章では，各章における分析結果を要約したうえで，本章において提示した課題と視角に沿って整理し，全体の総括を行うことにしたい。

注
1） 群馬電力は，1925年3月に早川電力と合同（新立合併）し，東京電力として新成立した。
2） 石井寛治『大系日本の歴史12　開国と維新』小学館，1989年，56頁。
3） 中村尚史「後発国工業化と中央・地方」東京大学社会科学研究所編『20世紀システム4　開発主義』東京大学出版会，1998年，第8章（なお，中村尚史『地方からの産業革命』名古屋大学出版会，2010年，に再録）。中村尚史「地方の企業勃興　福岡県三池郡を中心として」武田晴人編『地域の社会経済史――産業化と地域社会のダイナミズム――』有斐閣，2003年，第3章（なお，前掲中村『地方からの産業革命』に再録）。
4） ここでは，谷本雅之の議論にのっとり「工業化」と記述するが，本書の議論のなかでは主として「産業化」という用語を用いることにする。
5） 谷本雅之「日本における地域工業化と投資活動」『社会経済史学』第64巻第1号，1998年。
6） 前掲中村『地方からの産業革命』10〜11頁。
7） 老川慶喜『産業革命期の地域交通と輸送』日本経済評論社，1992年。
8） 同上，270頁。

序章　課題と方法　19

9) しかしながら，電力業に関しては，大都市への送配電を伴うケースが多く，その意味では周辺地域の産業化というよりは，大都市における都市化・工業化を強く促進した側面も大きい。こうした場面に対する考慮も当然必要となるであろう。
10) 武田晴人「産業化と地域の変貌」武田晴人編『地域の社会経済史——産業化と地域社会のダイナミズム——』有斐閣，2003年，序章，16頁。
11) 谷本雅之・阿部武司「企業勃興と近代経営・在来経営」宮本又郎・阿部武司編『日本経営史2　経営革新と工業化』岩波書店，1995年，第3章。
12) 前掲谷本「日本における地域工業化と投資活動」，谷本雅之「関口八兵衛・直太郎——醤油醸造と地方企業家・名望家」竹内常善・阿部武司・沢井実編『近代日本における企業家の諸系譜』大阪大学出版会，2000年，第1章。
13) 前掲中村『地方からの産業革命』11頁。
14) 前掲中村「後発国工業化と中央・地方」270頁。
15) 渡邉恵一「産業化と地方企業　青梅鉄道の事例」武田晴人編『地域の社会経済史——産業化と地域社会のダイナミズム——』第4章，有斐閣，2003年，184頁。
16) 同上。
17) 寺西重郎『日本の経済システム』岩波書店，2003年。
18) 鈴木恒夫・小早川洋一・和田一夫『企業家ネットワークの形成と展開』名古屋大学出版会，2009年，和田一夫・小早川洋一・塩見治人「明治40年時点の中京財界における重役兼任」『南山経営研究』第6巻第3号，1992年，和田一夫・小早川洋一・塩見治人「明治31年時点の中京財界における重役兼任」『南山経営研究』第7巻第2号，1992年，和田一夫・小早川洋一・塩見治人「大正7年時点の中京財界における重役兼任」『南山経営研究』第8巻第1号，1993年。
19) 島田昌和『渋沢栄一の企業家活動の研究——戦前期企業システムの創出と出資者経営者の役割——』日本経済評論社，2006年。
20) 岡崎哲二・奥野正寛編『現代日本経済システムの源流』日本経済新聞社，1993年。
21) 岡崎哲二「日本におけるコーポレート・ガバナンスの発展——歴史的パースペクティブ」青木昌彦／ロナルド・ドーア編『国際・学際研究　システムとしての日本企業』NTT出版，1995年。
22) この点に関し，岡崎は最近の研究（岡崎哲二「経営者，社外取締役と大株主は本当は何をしていたか？——東京海上の企業統治と三菱・三井——」『三菱史料館論集』第13号，2012年）において，「アングロ・サクソン的」と特徴づけた問題提起について，「大株主が社外取締役等を通じて経営政策について発言し，経営政策に影響を与えるという企業統治のあり方」こそがその本質の一部であるとしているが（同書，84頁），そもそもここでの事例分析は雇用経営者による経営を前提とし，

時期的にも1910年代から1920年代についてのものであるため，事例研究のさらなる積み重ねが必要とされるといえよう。

23) 前掲寺西『日本の経済システム』。
24) 宮本又郎・阿部武司「工業化初期における日本企業のコーポレート・ガヴァナンス」『大阪大学経済学』第48巻第3・4号，1999年。
25) 野田正穂『日本証券市場成立史』有斐閣，1980年。
26) 伊牟田敏充『明治期株式会社分析序説』法政大学出版局，1976年。
27) ただし，伊牟田によって提示されたこの区分は明治期を念頭においたものであり，利根発電の時期とは多少ずれが生じる。したがって，本書においてはこの区分をもとに電力会社について再構成した橘川武郎『日本電力業の発展と松永安左ヱ門』名古屋大学出版会，1995年，33頁の表の分類のほうが参考になるといえる。ちなみに橘川氏の区分においても，鉄道業，電力業は「多数出資者大資本型」に分類される。
28) 志村嘉一『日本資本市場分析』東京大学出版会，1969年。
29) 武田晴人「日本帝国主義の経済構造——第一次大戦ブームと1920年恐慌の帰結——」歴史学研究会『歴史学研究』別冊特集，1979年，武田晴人「大正九年版『全国株主要覧』の第一次集計結果 (1)」東京大学『経済学論集』第51巻第4号，1986年，武田晴人「大正九年版『全国株主要覧』の第一次集計結果 (2)」東京大学『経済学論集』第52巻第3号，1986年。

第1章　企業勃興期における地方企業の設立と人的ネットワーク
――両毛鉄道の設立と地方・中央――

1．はじめに

　本章では，両毛鉄道の設立過程を明らかにし，両毛地方に比較的早期に鉄道布設が実現した背景や中央の有力な財界人が多く関与した理由，そして順調な資金調達を可能にした要因について，人的ネットワークに焦点をあてながら検討を行うことにしたい。

　本章ならびに第2章において分析の対象とする両毛鉄道は，1887年に設立され，1897年に日本鉄道に合併された地方鉄道である。すなわち，いわゆる第一次鉄道熱の際に設立され，設立後10年のうちに，幹線鉄道である日本鉄道に合併された。また，両毛鉄道は，小山から佐野，足利，桐生，伊勢崎，前橋へと至る，いわゆる両毛機業地を横断する鉄道であった。

　ではここで，具体的な検討に移るまえに，両毛鉄道に関する研究史について整理することにしよう。

　まず，島恭彦は両毛鉄道について，佐野，足利，伊勢崎，前橋など織物業の中心地帯を貫く「生産力の発達と市場の展開に応じて何程かの自生力をもって発展した鉄道の少数の例」として取り上げ，その自生型産業鉄道としての性格を評価している[1]。

　また中西健一は，自生的な産業鉄道としての性格は評価しつつも，本来的な産業鉄道として確立しえなかった事例として両毛鉄道の事例を取り上げている[2]。さらに野田正穂は，日本における証券市場の発達に関して論じるなかで両毛鉄道の成立過程について取り上げ，失敗することが多かった地方における

起業の場面において，両毛鉄道は特に資金調達において大きな成功を収めたと結論している[3]。しかしながら，両毛鉄道設立に向けての株主募集＝株式発行の側面を中心に論じているため，経営面に関する分析に乏しいように思われる。

そのほかにも，両毛鉄道の設立過程に関しては，石井常雄や老川慶喜の研究において部分的に取り上げられている[4]ものの，資金調達や役員就任に関しては，主に足利の織物買継商・木村半兵衛と，初代社長であった田口卯吉を中心に論じられており，この2人の同社への関わりに焦点があてられているように思われる。そして，それ以外の関わりについての検討は，「地方」か「中央」かという，大きな枠組みでの検討にとどまっている。しかし，本章での以下の検討において明らかなように，両毛鉄道の設立過程には，地方鉄道ではあるものの中央有力者の多数の関与があった。したがって，単に地方からみた分析だけでなく，中央におけるメカニズムの分析や，地方と中央とをつなぐメカニズムに関する検討が不可欠であるように思われる。

そこで，このような研究史をふまえ，本章では安田善次郎や浅野総一郎，またその背後に存在した渋沢栄一といった，従来の両毛鉄道に関する研究史ではその役割が十分に検討されてこなかった他の創立関係者についても光をあて，このような中央有力者が，どのようなメカニズムのなかで両毛鉄道設立に関与していったのかについても明らかにすることとしたい。とりわけ，本章では序章において提示した人的ネットワークの側面に注目し，地方での起業の際における地方・中央の協力関係を支えるメカニズムの解明も行うことにしたい。

2．両毛地方における鉄道誘致運動と両毛鉄道の設立

(1) 日本鉄道の開業と両毛地方における鉄道誘致運動の高まり

両毛地方における鉄道誘致運動は，日本鉄道の開設にともなって開始された。江戸時代から発達した両毛機業地における織物生産は，明治時代に入ると益々発展し，その発展に伴って物資の輸送量も増大した。特に，1882年頃からは織

物の輸出も見られるようになり，織物生産量，輸送量はより一層増大した[5]。そして，輸送力を補うためには鉄道の敷設が最も効果的な方法であるという認識が，機業関係者を中心として持たれるようになっていたのである。

　1881年11月に設立された日本鉄道会社においては，まず定款に第一区線として掲げられていた「東京ヨリ高崎ヲ経テ前橋利根川手前迄」[6]の工事が着手された。1883年7月にその一部である上野－熊谷間が開業すると，次の建設区間である第二区線計画が立案されることとなった。そして，第二区線については浦和分岐で幸手－古河－宇都宮という路線になるのではないか，という話が囁かれるようになっていた。当時の『栃木新聞』には，次のような記述がある。

　　之ヲ聞ク日本鉄道会社第二区線路ハ本線ヲ埼玉県浦和ニ起シ幸手古河ヲ経テ栃木県宇都ノ宮ニ達スル事ニ決定[7]

　しかし，この第二区線については，定款上「第一区線中ヨリ阿久津ヲ経テ白河迄」[8]と記載されているだけであり，その起点について明記されていなかった。そのため，第二区線立案に際し，その起点を「第一区線中」の熊谷とし，この区線を両毛機業地の中心である桐生・足利を通過させようという動きが両毛機業関係者を中心に見られるようになったのである[9]。

　この動きは，1883年12月28日に，木村半兵衛・市川安左衛門ら両毛機業関係者14名[10]の名において，当時の栃木県令三島通庸に宛て「鉄道布設之儀ニ付御願」が提出されることによって具体化した。この「御願」は「抑々鉄道ヲ敷設スルノ要旨ハ運輸交通ヲ便ニスルノ一点ニアルベシ」として鉄道敷設の目的を挙げ，「上州ノ桐生大間々野州ノ足利佐野栃木鹿沼宇都宮ノ如キハ商業最モ盛ニシテ物産貿易及ヒ車馬往来輻湊ノ要地ナリ」として商業，物流の拠点としての両毛機業地の重要性を掲げた[11]。

　また足利，桐生，佐野，栃木，鹿沼の沿線「五市場ノ輸出惣計一ヶ年凡千六百五十万円ニシテ輸入惣計千二百万円トス，輸出入惣計二千八百五十万円ヲ降ラス，故ニ此数市場ハ関東中多ク有ルヘカラサル」として活発な貨物移出入状

況も掲げた。株式募集状況についても「私共同心協力シテ五拾万円余（即チ拾万株金）ヲ募集致シ置候」として順調であることを述べた。このようにして，日本鉄道第二区線として第一区線中の熊谷から分岐して桐生，大間々，足利，佐野，栃木，鹿沼を経て宇都宮に至る路線が採択されることを主張し，両毛機業地への鉄道路線導入を願い出たのであった。

　この「鉄道布設之儀ニ付御願」を受け，1884年1月9日，三島県令は日本鉄道社長吉井友実に対し，次のような願い出を行い，請願路線による早期着工を求めた。

　　管下鉄道路線敷設方ニ付別紙之通人民惣代共ヨリ願出其利害得失顕然タル
　　儀ニ付人民願之通至急御挙行有之候様致度此段及請求候也[12]

　三島県令の請願を受け日本鉄道吉井社長は，熊谷－宇都宮間の測量を実施することを鉄道局に対して再三要求した[13]。吉井社長は第二区線を熊谷－宇都宮間に設置することに肯定的であったと思われ，実際にこの請願路線予定地の下見も行った[14]。このような吉井社長の行動は，請願者や地元住民にとって，鉄道路線導入に向けて大きな期待を抱かせるものであった。『栃木新聞』には，次のような記事が掲載されている。

　　該線路の事に附てハ井上鉄道局長ハ固く不可とせられし由，仄に聞き及び
　　しが吉井君が今下見分をまでせらるるならバ多分ハ県民希望の通りなる線
　　路とせらるるならんといふ[15]

　こうした一連の鉄道導入運動により，1884年2月開始[16]の第二区線路測量に際し，大宮分岐の直線案（甲線，大宮－栗橋－宇都宮間）と，請願路線に若干の変更を加えた迂回案（乙線，熊谷－館林－佐野－栃木－宇都宮間）の両案についての測量がなされることになった。そして，この測量は同年9月には終了した[17]。

しかし，当時の鉄道政策は，政治的・軍事的要請から早期の東京－青森間の幹線鉄道開通の実現を図るというものであった。そのため，より建設費の安価な[18]大宮分岐案（甲線，大宮－宇都宮間）が幹線の趣旨に基づくものとされ，大宮分岐案によって起工されることになった[19]。

このほかにも，1884年1月頃には上記「鉄道布設之儀ニ付御願」の差出人の1人でもあった市川安左衛門らを中心として，足利－栃木－宇都宮間を結ぶ軽便鉄道の計画がなされたが，株金募集が思うように進行せず，その計画は「水泡の如く立消えの姿とな」[20]った。また，同年10月には，足利地方の小泉友次郎と初谷佐四郎を発起人として足利を中心に栃木－小山－鹿沼－熊谷に至る「足利ドコービル鉄路馬車会社」の設立が計画された。この計画においては，三島県令に創立願が提出され[21]，実際に株主も募集されたが，結局のところ計画は頓挫し，鉄道開通が実現するには至らなかった。

(2) 鉄道敷設運動の再燃と私設鉄道会社設立計画

すでに述べたとおり，両毛地方において1883～84年頃に高まりを見せた鉄道誘致運動や鉄道敷設計画は，ことごとく失敗に終わった。しかし，1884年8月に日本鉄道第一区線が全通し，さらに翌1885年7月には大宮－宇都宮間の第二区線も開通すると，今度は起終点を第一区線中の前橋，第二区線中の小山にとり，小山－前橋間を私設鉄道で結び，両毛機業地帯を東京，横浜へと直結させようという動きが見られるようになった（図1－1参照）。この鉄道敷設運動再燃の背景には，両毛機業地における織物生産量の一層の増加[22]と，それに伴う輸送手段としての鉄道の必要性に対する認識の一層の高まりがあった。

そしてこの動きは，松方デフレが終息して織物業が好況に沸き，かつ，いわゆる「鉄道熱」が高まりをみせ始めた1886年3月頃から，再び活発化するに至った。

今回の鉄道敷設運動では，木村半兵衛ら地元の機業関係者のみだけでなく「東京二三の知己に謀り」[23]，在京の有志者の協力も求めることとなった。後に創立メンバーとして中央・地方の多くの企業家が加わっていくことになるので

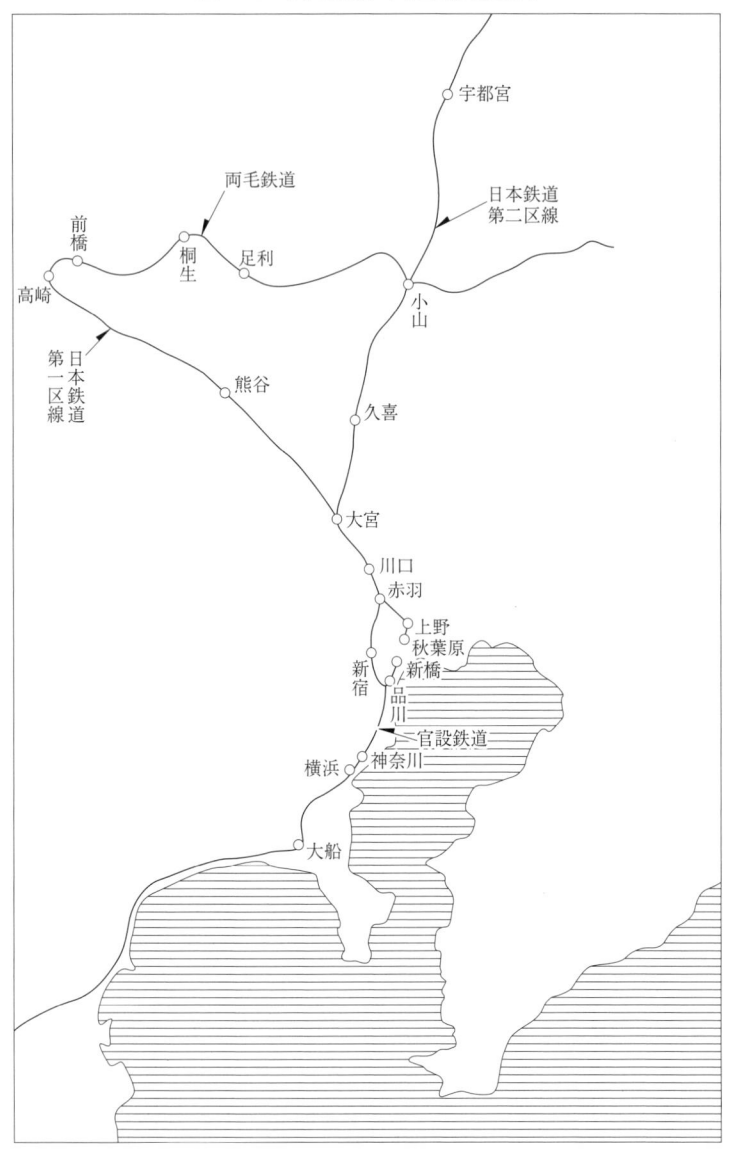

図1-1　両毛鉄道・周辺鉄道路線図

出典）老川慶喜「両毛鉄道足利～神奈川間路線延長計画について」124頁より筆者作成。

あるが、まずはじめに木村らが協力を求めたのは、在京の経済学者にして東京経済雑誌主幹、東京府会議員、東京株式取引所肝煎（理事）でもある[24]、田口卯吉であった。

　田口は、1881年の日本鉄道敷設に対しては、「其の線路中東京前橋間の外は、蒸気鉄道の開設は尚早し、各地の線路は須らく木道若くは馬車鉄道を以て運搬すべし、斯くて其の利益増加し、物産繁盛し、行旅の倍蓰するに至りて、茲に其の木道を改めて鉄道と為し、馬車を改めて蒸気と為すも遅からざるべし」[25]という意見であり、自身が主幹する『東京経済雑誌』においても「百里ノ鉄道ヲ布クハ千里ノ馬車道ヲ開クニ如カズ」[26]と論じていた。すなわち、1881年の時点においては、蒸気鉄道の開設は尚早であると考えていたのである。しかし、これは田口が鉄道敷設自体に否定的であったということを意味するものではなく、産業の発展を前提とし、その発展に応じて鉄道を敷設すべきであるという考えであったのである。

　しかし、1886年に入ると、景気は回復の兆しを見せ、金利の下落に伴い公債価格や株価は上昇し、株式市場も活況に沸いた。そのような経済状況の下、田口は蒸気鉄道開設に関心を抱くようになっていた。そのような折、鉄道敷設運動への協力を求められることにより、産業の発展に応じて鉄道を敷設すべきという独自の「鉄道論」の具体的な実践の場として、両毛機業地に着目したのであった。このようにして、「此人（＝田口卯吉を指す——引用者）も亦た賛成熱望家の一人なれば議忽ち熟し」[27]、両毛地方における鉄道敷設運動は、大きく前進し始めたのである。

　田口は1886年3月には『東京経済雑誌』上で、「鉄道の架設を自由にすべし」という題目で以下のような論説を展開した。

　　鉄道会社の創立を自由にせば巨大の事業此間に成就せんを知るべきなり……略……夫れ現今我国の急務は交通を便にするより急なるはなきなり是れ専ら政府の力を待つべからず必ず人民の自ら之を行ふを要することなり[28]

この論説において田口は，鉄道会社，とりわけ政府の保護・助成を求めない純粋な意味での私設鉄道会社の設立が急務であるということを述べている。次いで6月には同じく『東京経済雑誌』の誌上に「新事業を企つるの時機到来せり」[29]という題目の論説を掲載し，世の企業家および資本家の注意を喚起[30]して，鉄道会社を設立するならば必ず十分な利益が得られるということを強調した。

　このようにして，1886年に再び両毛地方における織物業の好況，株式市場の活況を背景に沸き起こった鉄道敷設計画は，当時の著名な経済学者である田口卯吉の強い協力を得られるところとなり，具体的に大きく前進することになった。

(3)　両毛鉄道の成立と全線開通

　既述のような経緯で大きく前進した両毛機業地における私設鉄道計画は，1886年「六月中既に世人の知る所とな」[31]った。そして，次の記事にも明らかなように，東京帝国大学初代総長・渡辺洪基の協力も得られるところとなった。

　　測量にも取掛らんとする時に当り渡辺大学総長が足利地方を漫遊せられ暫時同郡小俣村に滞在せらるゝに当り木村半兵衛を主として発起の人々には其利害を述べて同君に謀りしに同君も大に此挙を賛成せられぬ[32]

　渡辺は1885年から86年にかけて，東京府知事であった。ここで，人脈という側面から検討すると，両毛鉄道設立過程において，前東京府知事の渡辺洪基と，木村半兵衛ら地元関係者が結び付くにあたっては，当時東京府会議員でもあった田口卯吉の影響が大きかったものと思われる。

　そして，「渡辺洪基氏大ニ此挙ヲ賛シ氏カ厚意ニ由リテ同年八月ヨリ学生渡辺，南部二氏ヲ派シテ之ニ従ハシム」[33]という記述からもわかるように，木村半兵衛らの依頼に応じ，渡辺洪基は，1886年8月から帝国大学工科大学の工科生2

名を練習学生として派遣し路線測量と収支予算調を作成させることとなった[34]。10月7日に測量は完了し[35]、「両毛鉄道会社第一区線路収支予算調」および「両毛鉄道会社第二区線路収支予算調」(第一区は小山から桐生までの32里、第二区は桐生から前橋までの18里)が作成された[36]。

この「収支予算調」においては、直近3カ年(1883・84・85年)における両毛鉄道沿線の桐生、足利、佐野、栃木での貨物の出入り量および往復旅客量とその賃金の平均などを調べたうえで予算が組まれていた。そこでは貨物収入が旅客収入をはるかに上回ることや高い収益性が見込まれることが詳しく述べられていた。この綿密な計算に基づく明るい見込みは、両毛鉄道関係者、沿線住民らに両毛鉄道に対する大きな期待、希望を抱かせるものであったといえよう。

なお、「両毛鉄道」という名称は、この頃から用いられるようになった。それまでは、新聞紙上においては「足利鉄道」という名称が用いられていた[37]。しかし、『毎日新聞』1886年10月23日の記事によると、「近来各新聞紙に足利鉄道の題を置て其の誤謬を伝ふるもの続々あり今彼地よりの正確なる報道にて其の事実を記さん為に故さらに斯く題目を改めし」として、「両毛鉄道会社」という名称が用いられるようになったとされている。そして、両毛鉄道会社という名称の所以は、次のようなものであった。

> 該道の線路は下野小山宿より上野前橋に達し上下両野に跨るが上に発起人及株主等も多く両州の人なれば両毛と称すること至当なりとて斯く名づけたるものなり[38]

路線測量の終了を受け、創立の準備が進められた。仮事務所が足利町4丁目に設けられ、設立願の手続きおよび株金申込の手続き、貨物輸出入の取調等鉄道に関する諸般の事務が執り行われることになった[39]。

こうして創立および政府への請願手続きの準備が整えられ、1886年11月10日には「諸事完結シタルヲ以テ」[40]、11月17日に発起人総会が開催されることになった。発起人総会は、11月17日の東京部会のほか、25日に地方部会というよ

うに，東京，地元と2回に分けて行われた。東京部会の方が先に開かれたという点，地元部会を「地方部」と規定している点から見ても，この頃から両毛鉄道設立にあたってのイニシアティブが中央の側に傾いていったのではないかと考えられる。東京部会は東京府京橋区木挽町の商工会において開かれ，以下の5項目が議事に付された。

　（第一）定款協議の事
　（第二）東京に於て発起人総代八名を選挙し地方総代人と共に其名義を以て政府に請願する事
　（第三）右八名の内互選を以て委員二名を選挙し之をして請願の手続を取扱はしめ且諸務の準備を為さしむる事
　（第四）請願許可の後直に株主総会を開き取締役を選挙すべき事
　（第五）創業入費支払の為め申込高五千円に付き金二十五円の割合を以て入金する事

なお，当日の出席者は，次の39名であった。

　吉田丹左衛門，吉田丹治郎，吉田丹治兵衛，安田善次郎代理，石黒忠悳代理，宏虎童，丸山平助，菊池長四郎，浅野総一郎，渡辺洪基，木村半兵衛，田口卯吉，伴直之助，山田央，西村喜三郎，左右田金作，大野虎雄，諸葛嘉七，園川鉦之助，青木貞三，中村道太代理，青木茂代理，宮部久代理，山中隣之助，三枝久兵衛代理，会田源七，今村清之助，山縣保兵衛，西脇寛蔵，梅浦精一，小松彰，川崎八右衛門代理，岡本善七，諸葛小彌太，井上兵蔵，小林宗三郎，小林祐之助，小林源三郎，蒲義質代理[41]

そして，「其株数過半数以上たるを以て直ちに会議を開き渡辺洪基氏を議長席に挙げて先つ逐条定款を議了し夫より発起人総代を選挙せしめ」[42]，小松彰，田口卯吉，山中隣之助，青木貞三，安田善次郎，吉田幸作，菊池長四郎，浅野

総一郎の8名が当選した。他の議題についても議了し、地方部会の後に直ちに出願することが取り決められ、「午後八時退散し」[43]た。

また、11月25日開催の地方部会は、栃木県足利郡役所議事堂を仮集会所にして行われ、「栃木、佐野、足利、桐生、小山地方の株主出席し木村半兵衛、沖田信亮、佐羽吉右衛門、小野里右衛門（小野里喜左衛門の誤りか——引用者）、正田章二郎（正田章次郎の誤りか——引用者）、鈴木要三、田村達三郎、戸叶角蔵、岩下善七郎、伴直之助の十氏を惣代に選挙し了りて更に互選の上木村半兵衛、沖田信亮、伴直之助の三氏を請願惣代人と」[44]した。

こうして東京、地方の発起人総会が無事終了し、東京、地方部会において選出された発起人総代18名、すなわち、東京部会からは浅野総一郎、吉田幸作、菊地長四郎、安田善次郎、青木貞三、山中隣之助、田口卯吉、小松彰の8名、地方部会からは木村半兵衛、伴直之助、正田章次郎、岩下善七郎、戸叶角蔵、田村達三郎、鈴木要三、仲田信亮、佐羽吉右衛門、小野里喜左衛門の10名の計18名の名において、1886年11月29日付で群馬県知事佐藤与三、栃木県知事樺山資雄に宛てて「両毛鉄道創立請願書」[45]が提出された。この「請願書」においては、次に述べるとおり、両毛鉄道の設立が、地元の産業発展に大きく寄与することが強調されていた。

> 当両毛ノ地ハ物産少ナカラズ貨物ノ運送頻繁ニ御座候処、今日ニ至ルモ未タ鉄道ノ便ヲ欠キ候ヨリ物産ノ発達ヲ妨ケ候ニ付、今度私共一同申合セ小山ヨリ栃木、佐野、足利、桐生、大間々、伊勢崎ヲ経テ前橋ニ達スル一線ノ鉄道ヲ布設シ、両毛ヲ横断シテ日本鉄道会社ノ第一区線ト第二区線トヲ連絡致候得ハ、当地ノ産業上ニ莫大ノ利益ヲ起スベクト存候ニ付、茲ニ両毛鉄道会社ヲ創立シ

この「請願書」を受けて佐藤・樺山両知事は、直ちに1886年12月3日付で内務大臣山県有朋に宛てて「鉄道布設ノ儀伺」[46]を提出した。この「鉄道布設ノ儀伺」を受け、山県内務大臣は、「関係省局協議ノ上速ニ許可センコトヲ欲

ス」[47]として両毛鉄道の必要性を認め直ちに閣議にかけることを決定した。

翌1887年5月5日には，内閣総理大臣伊藤博文の名において両毛鉄道布設が許可され[48]，これを受け同月17日，当時の鉄道局長官である井上勝から発起人に対して命令書の交付と定款許可の件について送達され[49]，ここに「有限責任両毛鉄道会社」が正式に発足した。資本金は150万円で，本社は東京京橋区「出雲町壱番地ニ煉瓦家一棟ヲ購ヒテ当分ノ内本社ノ事務所トス」[50]ることになった。

しかし，許可にあたっては，「創立御許可相成候ニ付テハ日本鉄道支線ト見做シ，其一部ノ工事トシテ一切本局ニ於テ経営相成」[51]とされ，あくまでも両毛鉄道は日本鉄道＝幹線に対する支線という位置づけであった。この方針に関しては，「両毛鉄道創立請願書」提出直前の1886年11月26日付で，創立委員である田口卯吉，小松彰の連名で日本鉄道奈良原繁社長に宛てて両毛鉄道を日本鉄道の支線と見做して工事，運輸上の一切を同社に委託する旨の願書が提出されており，両毛鉄道の側からこの方針を下支えしていったものと思われる。

たしかに，このような方針に則ったからこそ早期の鉄道開設が実現したのであるといえるが，あくまで敷設運動の始まりは地元の織物業の発展に即して産業鉄道の開通を希求する動きによるものだったのである。そして途中から敷設運動に参加した田口卯吉も，自身の産業の発展に即して純然たる私設鉄道を開設するという「鉄道論」の実践の場として両毛鉄道を選択したのであった。

したがって，政府からの手厚い保護を受け，「事実上は半官半民の鉄道会社であった」[52]日本鉄道の1支線として見做されるということを願い出ることは，彼らの元々の設立意図と，実際の請願との間には，明らかに矛盾点があった。このように，両毛鉄道においては創立の時点から若干の自己矛盾が見られたのである[53]。

ともかくも，この両毛鉄道からの請願を受，日本鉄道奈良原社長は1887年1月22日付で「本線布設許可ノ上ハ此儀ヲ承諾スル」[54]旨の回答をなした。こうして両毛鉄道においては，技術的にも経営的にも日本鉄道に従属したかたちで工事，開業準備が進められていくことになった。鉄道工事は「日本鉄道の親切

なる世話と毛利三村両技師の非常の勉強とに依て」[55]、「着手以来総ての手配都合よく」[56]進行し、1888年5月8日には、鉄道局長官井上勝に宛てて両毛鉄道小山－足利間営業開始の通知が出された。これは同年5月11日には許可され[57]、同月22日には、両毛鉄道第一区線中の一部（小山－足利間）の開業式が行われた。

　この開業式については、東京はもとより地元住民の大きな関心を呼び、盛況を呈した。その様子に関しては、『東京経済雑誌』において次のように述べられている。

　　仮開業の事なれば同社（＝両毛鉄道を指す──引用者）にては諸事質素を旨としたれども地方人士の周旋至らざるなくして……略……数千の老若男女群集し其様さながら祭礼の如き賑ひをなし仲々盛大の開業式のなれり……略……東京より臨場せられし紳士は百名許りに過ざりしも栃木群馬両県より臨場せられたる紳士は無慮四百余名に達したり[58]

　この後、全線開通を目指して残りの区間の工事が進められ、1888年11月15日には第一区線の残りの足利－桐生間が開通し、翌1889年11月20日には第二区線の桐生－前橋間が開業[59]した。次いで同年12月20日には利根川架橋工事が落成し、同月26日には開業した[60]。利根川対岸の内藤分にあった日本鉄道前橋停留所は廃止され、「日本鉄道会社ニ於テハ内藤分ナル従前ノ停車場ヲ廃シ両毛線路内前橋ノ新停車場ニ於テ旅客ノ乗降ヲ取扱フ」[61]こととなり、前橋駅において日本鉄道と両毛鉄道とが連絡した。こうして両毛鉄道は全通するに至り、1890年1月20日には前橋において開業式が挙行された。

　この開業式は、300有余名を招待した「盛なる開業式」[62]であった。しかし、前年9月には、株価・配当率の低迷や経営の不振を背景に、大株主の中から役員改選を要求する動きが見られるなど、開業後の両毛鉄道の経営には動揺が生じていた[63]。

　そのため、鉄道局長官井上勝の当日の祝辞は、「私は日本国の為めに、両毛鉄道の落成を祝ひますが、株主の為めにはまだ目出度とは云はれない、収入が

僅かで，割賦も少なく，頃日から株式中の不平も聞て居ること，ゆえにまだ全く目出度い所へ至らんから祝はれない」[64]というように，皮肉に満ちたものであった。

このように今後の経営に対する不安を抱えながらも，1886年末に創立願が提出されてから約3カ年で，両毛鉄道は小山－前橋間を全線開通するに至った。全通の頃になると株価・配当率の低迷による株主の不満は生じていたというものの，創立時の1886年には，本格的な企業勃興の開始に伴う第一次「鉄道熱」のなか，「昨今非常に景気附き最早資本金高満たれど尚望人多く現れ四方奔走買取る者あるが為め額面の外六七円より拾円迄の価格ゑ騰貴せりといふ」[65]というように，両毛鉄道株は非常な人気を得て高値で取引が行われていた。そして，その勢いに乗るかたちで，資金調達においては，1889年度を以って資本金150万円の全額払込を完了した。このことは，他の私設鉄道の多くが払込の延期もしくは中止という，非常な「財政困難」に直面したのに比べて[66]，極めて順調な資金調達であったといえよう。

また，創立時の状況について振り返ってみても，設立を志しながらも政府による許可の壁に阻まれて挫折していった鉄道敷設計画や，許可が下りたもののその後開業に向けての準備のなかで挫折をしていった計画も数多く存在した中で，両毛鉄道はスムーズに許可を受け，開業するに至ったのであった。このような状況を鑑みると，両毛鉄道の設立過程についていうと，若干の矛盾点，問題点をはらんでいたものの，結果としては，やはり「大きな成功」[67]を収めた，と評価すべきであろう。

では，このような両毛鉄道の設立過程における成功の要因はいったい何であったのだろうか。この点について，人的ネットワークについて注目しながら，次節以下の検討において明らかにしていくことにしよう。

3．両毛鉄道の設立過程と人的ネットワーク

前節において述べたとおり，両毛鉄道は1889年末には全線が開通した。当初

は木村半兵衛ら両毛機業関係者と田口卯吉が中心となって設立運動が開始されたのであるが，発起人のなかには在京の者も多く，創立時の株主の52.3%は在京株主であった[68]ということからもわかるように，設立過程が進行するにつれて中央（東京）との結びつきが強固なものになっていった。

では，在京の発起人や株主に名を連ねた人々は，どのような経緯で両毛鉄道設立過程に結びついていったのであろうか。本節では，そのような人々のつながり，結びつきに注目して，両毛鉄道の設立過程，資金調達における同社を取り巻く人的ネットワーク，そして人脈利用のあり方ついて検討を行うことにしたい。

(1) 創立メンバーにみる人的ネットワーク

①在京の発起人とその周辺

はじめに検討を行う田口卯吉は，地元の織物買継商木村半兵衛とともに，両毛鉄道設立に向けて最も尽力した人物であり，設立時には社長にも就任した。では，田口がいかにして地方鉄道である両毛鉄道の敷設に関わっていったのかというと，これには，第二区線誘致運動のときから誘致運動を主導した木村半兵衛との結びつきが大きく影響したのであった。そして，木村が田口と結びつくきっかけを作ったのが，旧足利藩士の川上広樹という人物であった。

1873年に木村半兵衛[69]らが設立した小俣小学校に校長として招かれた旧足利藩の川上広樹は，その後上京し田口卯吉の経営する経済雑誌社に入社し，『大日本人名辞書』の編纂[70]に携わっていた。この川上広樹を通じて木村半兵衛は田口卯吉と知り合う機会を得たのであった[71]。『木村半兵衛傳』には次のような記述がある。

> 日本鉄道が東京から熊谷を経て足利を廻り宇都宮へ迂回する予定が破れそこで，木半父子は川上広樹が東京経済雑誌社に入社してから社長の田口卯吉とも交際がはじまった。法博の田口社長は中央官庁や財界に知友が多いので木半は両毛鉄道の計画を相談したところ田口は大いに共鳴した[72]。

政界，財界，教育界といった多方面において広いネットワークを持つ田口の設立過程への参加により，発起人，株主の多彩な顔ぶれが築かれていくための基礎ができたのであった。すなわち，地方企業家である木村半兵衛は，川上広樹との間の地縁による人脈を利用して，経済学者でありさまざまな事業を手がけていた田口卯吉と知り合い，それを機縁として中央において構築された人的ネットワークに結びついたのである。

前節でもすでにふれたが，東京帝国大学総長の渡辺洪基は，田口卯吉とのつながりのなかで両毛鉄道設立に携わることになったと考えられる。渡辺と田口とは政界，または学界を通じた知己であり，田口との関係から設立過程に参加することになった。渡辺は創立メンバーではなかったが，工科大学の学生を派遣して路線測量，収支予算案を作成させるなど，設立に向けて大きな貢献をした。その後，渡辺は1892年に両毛鉄道が日本鉄道から独立した後，1897年に日本鉄道に合併するまでの間，社長に就任することになる。

このほかにも，発起人の1人である伴直之助は，田口の経営する経済雑誌社に1879年に入社しており[73]，こうしたつながりから設立過程に参加したものと考えられる。

また，小松彰は東京株式取引所設立以来，長らくの間その頭取の地位にあった[74]。田口は1883年1月7日から東京株式取引所の肝煎に就任しており，その際「其の資格を造る為めには，友人山中隣之助氏賃貸せり」[75]といい，田口とのつながりから小松彰や山中隣之助は両毛鉄道設立に関わっていったのでないかと考えられる。そして，「明治十一年以来君（＝小松を指す──引用者）が商業に従事して辛酸を嘗めしと人の多く知る所」にして，両毛鉄道設立に際して「東京財主の之に同意するに至りたるは君の力極めて多し」[76]というように，小松の資金調達面における影響力は極めて大きかったという。渋沢栄一が両毛鉄道の設立に関与するようになった背景としては，田口や安田との関係，後述する第四十国立銀行とのつながりも勿論大きく影響したと思われるが，小松彰との財界におけるつながりもまた影響を与えたものと思われる[77]。ちなみに，

小松は永く在任した東株頭取の地位を、両毛鉄道創立直前の1886年10月17日に辞している。この日には田口も同じく肝煎の職を辞しており、田口、小松ともに両毛鉄道設立を優先しこれに相当の力を尽くしたということがわかる。その後小松は両毛鉄道取締役に就任するものの、全通する前の1888年3月に死去している78)。小松の死は、田口の早期の社長辞任にも少なからず影響を与えたのではないかと考えられる。

青木貞三は、後に米商会所頭取として実業界にも身を置くこととなるものの、元々は政府書記官として政界とのつながりも有していた79)。田口との関連のなかで発起人に名を連ねたものと考えられる。

浅野総一郎は、「青淵先生其ノ必成ヲ期シ，田口卯吉・小松彰・菊池長四郎・木村半兵衛・伴直之助等ノ発起人ヲ奨励シ，浅野総一郎ヲ発起人中ニ加ヘ，先生ニ代リテ斡旋セシメ」80)という記述からもわかるように、渋沢栄一の要請を受けて両毛鉄道の発起人となった。このように、浅野は渋沢の代理的な立場での参加であったものの、両毛鉄道は石灰の産地である葛生と佐野駅において近接するため、石灰を原料とするセメント業を生業とする浅野にとって、両毛鉄道設立過程への関与は、単なる代理としての意味合いを越えたものであったということができる81)。なお、政府のリーダー層との直接の関係が薄かった浅野にとっては、渋沢は政府そのものに等しい存在であった82)といい、渋沢は浅野に対してさまざまな援助を行う代わりに、浅野は渋沢のいわば「周辺経営者」として代理人的な役割を務めることも多かった83)。

また、渋沢は択善会84)、東京株式取引所といった財界のさまざまなネットワークをつうじ、田口、安田、小松などの他の創立メンバーとの間に深い関係があった。それではなぜ渋沢本人が直接設立に関わらず、代わりに浅野に関与させたのかが問題となるが、この要因としては、渋沢の「鉄道や炭鉱などのように同一業種でも複数会社の役職につく場合、地域的に折り重ならないということを原則とした」85)という渋沢の会社関与の際の特徴が強く影響していた。渋沢は、すでに日本鉄道の理事委員を務めており86)、かつ、両毛鉄道と同じ栃木県に所在する日光鉄道の創立委員となっていた87)。そのため、地域的に折り

重ならないようにするために，両毛鉄道発起人については，石灰輸送という点から産業的にも関連を有する浅野に要請したのであると考えられる。

　菊池長四郎，吉田幸作についていうと，彼らはすでに述べてきた中央政財界のルートとは別のルートからのつながりを有していた。菊池長四郎は東京で質屋を開業しており，1889年創立の東海銀行の創立者として金融界に名をなすこととなる[88]が，元々は宇都宮の出身で，鬼怒川沿岸の荒蕪地開墾などを行った菊池教中（佐野屋孝兵衛）の長男であり，両毛鉄道のほかにも下野麻紡績，日本織物など多くの地元企業の経営に関わっていた。第四十一国立銀行の取締役にも長い期間就任していた。したがって菊池は，中央というよりはむしろ出身地である栃木における人脈のなかで両毛鉄道設立に携わっていったということができる。また吉田幸作は東海銀行初代頭取であり，「菊池の意を体する」[89]者であったというから，菊池との関連で発起人に名を連ねたものと考えられる。

　安田善次郎の両毛鉄道設立へのつながりについては，さらに別途検討を要するものといえる。安田善次郎は中央実業界の実力者，著名な企業家であり，中央における人的なつながりも勿論有していた。しかし，安田善次郎にとっては，栃木県との関わりもまた非常に大きなものであった。

　安田善次郎が栃木県との関わりを初めて持ったとされるのは，安田商店時代の1874年に地元の薬種商出身の企業家鈴木要三と共同で行った朝鮮種人参販売からである[90]。この事業は2年ほどで終了したと見られるが[91]，ここで知己となって以来，鈴木要三は明治20年代に至るまで安田にとって最も隔意のない相談相手であるとともに企業家活動の重要な協力者であり，安田の諸事業の発展，ひいては安田の財閥的発展のプロセスに少なからぬ役割を果たした[92]という。

　そして実際に，鈴木の協力により1875年に栃木県為替方に就任すると，安田は翌1876年には安田商店栃木支店を，1879年には同宇都宮支店を開設し，その後安田が関東北部から東北に進出するための戦略的基盤となる基礎を築いたのであった[93]。そして1878年開業の第四十一国立銀行（栃木）についても，自身の創立した第三国立銀行との関係上直接前面に出ることはできなかったが，長

い間主要株主であった。また『安田善次郎全傳』にも、次のような記述がある。

> （1877年8月7日——引用者）善次郎，午前五時東京浅草寺前千里軒から馬車に乗じて，夕刻の七時に栃木の安田商店支店へ到着した，今回の行は栃木県足利郡小俣村木邑半兵衛に面会し，国立銀行（後の第四十一国立銀行）創立の下相談を為さんが為めであった，故に同日直ちに氏と会見の上種々協議する処があつた，翌日は午後三時から鈴木要三氏と同伴して……略……94)
>
> （1878年11月——引用者）鈴木要三氏を訪ひ同家に一泊した，翌日午前十時同所発午後一時栃木に帰着し，栃木県庁に出頭し第四十一国立銀行を訪ふた，二十日は午前九時栃木を発し琴平山を越え午後三時足利着，同所四十一国立銀行支店に用件を済まし，即刻出発，夕六時佐野町正田理一郎氏宅に着一泊した，翌二一日は鈴木要三氏と分袂して佐野村を発し，午後三時古河河岸より汽船に乗じ夜十一時入京帰宅した95)

　創立時点から安田は，第四十一国立銀行の経営に強い影響を及ぼしていたことがわかる。また，こうした記述からもわかるように，安田は商談などのため，実際に両毛地方に出向くことも多かった。馬車，水運を利用しての訪問には多大な時間を費やした。短時間での訪問を可能にするために，単なるスポンサーとしてだけでなく，実際の利用者の1人として鉄道開通を望む気持ちも大きかったのではないかと考えられる。

　このように，安田は中央実業界に身を置きつつも，鈴木要三と企業家としての特別な協力関係にあり，栃木県内の銀行関係者に対する広い人脈を有していた。したがって，安田は単に中央におけるネットワークからというよりも，むしろこうした地元（栃木県）との深いつながりのなかで両毛鉄道の設立過程に参加したということができるのである。

②地元発起人

　すでに述べたように，地方部会選出の発起人には，栃木県からは木村半兵衛，伴直之助[96]，正田章次郎，岩下善七郎，戸叶角蔵，田村達三郎，鈴木要三，仲田信亮の8名，群馬県からは佐羽吉右衛門，小野里喜左衛門の2名が名を連ねた。

　まず，栃木県の発起人についてみると，木村，伴，鈴木については田口，安田との関わりのなかですでにふれてきたが，木村，岩下，正田の祖父である正田利一郎，鈴木要三は第四十一国立銀行取締役であった。正田利一郎は高齢のため，第四十一国立銀行の役員会には孫の章次郎が出席することもあり，2人は同一の役割を果たしていたといえる[97]という。したがって，第四十一国立銀行の経営陣が両毛鉄道設立に多く携わっていたということができよう。なお，すでに述べたように，安田善次郎も同行の経営に深くかかわっていた。

　沖田信亮についていうと，『安田善次郎全傳』1882年9月1日の記述に「午後から沖田信亮氏宅で栃木県為替方の件に就いて木村半兵衛氏と面会した」[98]とあることからもわかるように，木村半兵衛，安田善次郎とは知己であった。

　そのほかにも，戸叶角蔵は足利の織物買継商であり，木村半兵衛，岩下善七郎との職業的，地縁的な関わり[99]があった。田村達三郎は小山町長を歴任した人物であり，鉄道沿線である小山地区を代表して発起人に名を連ねたものと考えられる。このように，栃木県においては，足利織物関係者，第四十一国立銀行関係者を中心としたつながりのなかで設立に携わっていった者が多かったということができる。

　次に，群馬県からの発起人である佐羽吉右衛門，小野里喜左衛門について検討すると，この2名は桐生地方の有力な織物買継商であった[100]といい，足利の織物買継商との関係が推測される。したがって，彼らは両毛機業地における機業関係者間の職業的なつながりを通じて設立過程に参加したのである。

　このように，地元である栃木県，群馬県の発起人は，機業関係者や地元銀行関係者を中心として，地縁にも依存する初期的なネットワークのなかで設立過程に参加したということができるのである。

(2) 発起時の株主にみる人的ネットワーク

　ここでは、『下野新聞』1886年12月2日、6日に記載されている「両毛鉄道会社発起及株主」を用いて、会社発起時における株主が、どのような人的ネットワークの中で両毛鉄道株を保有するようになったのかについて検討する[101]。

　ここで、はじめに断らなければならないのは、資料として用いる『下野新聞』に欠号があるため[102]、栃木県とその他の県[103]の株主については不明であるという点である。しかし、1886年12月2日、6日の『下野新聞』から判明する東京府、群馬県、神奈川県、京都府、新潟県の株主だけで全体の70.8％（全株1万株・100万円中、7,080株・70万8,000円）保有しているという点や、全体の53.3％（5,230株・52万3,000円）を占める東京府株主については判明するという点から、発起時の株主についての主な特徴については十分検討できるものと考える。残念ながらその他の県の株主が誰であったかについては判然としないが、栃木県株主については、発起人には主に機業関係者、銀行関係者が占めていた、ということや1890年当時の株主から推測すると、やはり機業関係者、銀行関係者を中心とする株主が多数占めていたということができよう。

①東京・神奈川の株主

　では、具体的な検討に移る。ここでは、表1-1について検討することにしよう。同表をみると、菊池長四郎の300株（3万円）を筆頭に田口卯吉、小松彰、というように、上位株主には発起人の名が並んでいる。発起人がやはり創立の際の株式を多く引き受けていたということがわかる。また、「背後ニ在リテ之ヲ援助ス」とされる渋沢栄一は、創立時の株式を200株引き受けていた。

　250株を引き受けていた今村清之助は、発起人でこそなかったものの、「今村君の信用と其機敏なる運動とが、其過半をして成就せしめたる」[104]という記述が残されているように、創立時の資金調達において非常に大きな役割を果たした。今村清之助は、東京株式取引所設立において、渋沢栄一らと提携して大きな役割を果たしたこともあり、渋沢との深いつながりや田口卯吉、小松、安

表1-1　両毛鉄道発起時における株主と持株数

東京府之部（A）

姓　名	株式数（株）	金額（円）
菊池長四郎	300	30,000
田口　卯吉	250	25,000
小松　　彰	250	25,000
今村清之助	250	25,000
渋沢　栄一	200	20,000
吉田　幸作	200	20,000
山中隣之助	200	20,000
宏　虎　童	200	20,000
安田善次郎	200	20,000
中村　道太	200	20,000
浅野総一郎	150	15,000
青木　貞三	150	15,000
青木　　茂	150	15,000
中島　行孝	150	15,000
吉田丹次郎	120	12,000
石黒　忠悳	100	10,000
岩崎小二郎	100	10,000
鍋嶋　　幹	100	10,000
北畠　治房	100	10,000
川崎八右衛門	100	10,000
小松　春三	100	10,000
会田　源七	100	10,000
早川　佐七	100	10,000
岡本　善七	100	10,000
井上　兵蔵	90	9,000
鈴木　善●	80	8,000
宮部　　久	70	7,000
小林源三郎	60	6,000
山縣保兵衛	50	5,000
三枝久兵衛	50	5,000
小松　　操	50	5,000
伴　直之助	50	5,000
薄　義　賀	50	5,000
諸葛小弥太	50	5,000
大矢富二郎	50	5,000
花房　義質	50	5,000
梅浦　精一	50	5,000
丸山　平助	50	5,000
須藤吉右衛門	50	5,000
伊藤　幹一	40	4,000
小池　靖一	30	3,000
寺田　政忠	30	3,000
前嶋栄太郎	30	3,000

群馬県之部（B）

姓　名	株式数（株）	金額（円）
佐羽吉右衛門	200	20,000
常見喜太郎	150	15,000
小野里喜左衛門	100	10,000
高瀬　四郎	100	10,000
岩崎民三郎	50	5,000
沖田　信亮	50	5,000
書上文左衛門	50	5,000
丹羽　長平	50	5,000
高橋　ダイ	50	5,000
大澤福太郎	50	5,000
藤江　作周	50	5,000
森　宗作	50	5,000
南條新六郎	30	3,000
神山傳四郎	15	1,500
神山芳次郎	15	1,500
計	1,010	101,000

神奈川県之部（C）

姓　名	株式数（株）	金額（円）
西村喜三郎	200	20,000
左右田金作	150	15,000
澤　民蔵	50	5,000
西川治兵衛	50	5,000
大野　辰雄	30	3,000
諸星　嘉七	30	3,000
蘭川鉦之助	30	3,000
計	540	54,000

京都府之部（D）

姓　名	株式数（株）	金額（円）
下村忠兵衛	150	15,000
計	150	15,000

新潟県之部（E）

姓　名	株式数（株）	金額（円）
西脇国三郎	100	10,000
西脇　寛蔵	50	5,000
計	150	15,000

第1章　企業勃興期における地方企業の設立と人的ネットワーク　43

東京府之部（A）つづき

林德左衛門	30	3,000
渡辺又兵衛	30	3,000
印東　玄●	30	3,000
鳥山　貞●	30	3,000
小林　宗三	20	2,000
角田　眞平	20	2,000
岡山　兼吉	20	2,000
小川為次郎	20	2,000
木村源兵衛	20	2,000
高木　正年	20	2,000
本橋勝右衛門	20	2,000
豊田　周作	20	2,000
安藤　德忠	20	2,000
小林祐之助	10	1,000
新城房太郎	10	1,000
小林源之助	10	1,000
●田　央	10	1,000
根本　茂樹	10	1,000
望月　二郎	10	1,000
成嶋復三郎	5	500
村出作兵衛	5	500
深山小兵衛	5	500
薩摩治平衛	5	500
計	5,230	523,000

出典）『下野新聞』（1886年12月2日・6日）。
注）栃木其の他の県*については，新聞が欠号のため不明。
　　＊栃木・尾張と推測される（『下野新聞』1887年5月22日より）。
　　（A）＋（B）＋（C）＋（D）＋（E）＝7,080株・70万8,000円（全株は1万株・100万円）。
　　●は，判読不能であることを示す。

田，浅野などの発起人，中央財界との間の広いネットワークを有していた。また株式仲買人出身という点を活かし，財界の著名人のみならず証券業者との間のネットワークも有していた。岡本善七，須藤吉右衛門，左右田金作といった証券業者は，このようなつながりから両毛鉄道株を購入したと推測される。

　なお，後に今村は九州鉄道，関西鉄道，をはじめ多くの鉄道会社の役員，大株主になり，「大鉄道家」へと成長することになるのであるが，両毛鉄道の資金調達に大きな役割を果たし，後に同社の取締役に就任して，鉄道家としての第一歩を踏み出していた[105]。両毛鉄道において資金調達や企業経営に携わっ

た経験が,今村のその後における鉄道家としての飛躍のための大きな糧になったのではないかと考えられる。

200株保有の宏虎童は品川電燈(1890年開業)の社長に就任する人物であり,渋沢,安田を中心とする実業界のつながりのなかで株を引き受けていったものと考えられる。

同じく200株保有の中村道太は,横浜正金銀行頭取のほか,後に米商会所頭取にも就任するなど[106],中央財界において活躍していたが,横浜正金銀行創立の頃から安田善次郎との間のつながりがあった[107]。こうした関係から発起時の株式を引き受けていったのであろう。このほかにも中島行孝,川崎八右衛門など,中央の人的ネットワークを通じて大口の株式を引き受けていったと思われるものも目立つ。

また,石黒忠悳(陸軍軍医監),岩崎小二郎(大蔵省銀行課長),花房義質(朝鮮全権公使)のように,田口卯吉を中心とする政界関係の人的ネットワークを中心として結びついていったと思われる株主も存在する[108]。小口(10株)株主である望月二郎は経済雑誌社の社員であり,同社の経営に重要な役割を果たしていた[109]。出版関係における田口とのつながりの中で株式を引き受けたものと考えられる。

会田源七,丸山平助は呉服商である。両毛鉄道の「産業鉄道」としての期待から独自に株を購入したと考えることもできるが,それよりもむしろ両毛機業関係者との関係から,株式を引き受けていったのではないかと考えられる。

このように,中央においては渋沢栄一や安田善次郎を中心とする実業界におけるネットワーク,田口卯吉を中心とする政界,出版関係のネットワーク,今村清之助を中心とする仲買人間のネットワーク,呉服商などの両毛機業関係者とも関連を有するネットワークといった複数のネットワークを基盤として,株式引受がなされたのであった。

②地方株主

次に地方株主の分析に移る。群馬県の株主は,その多くが機業関係者,もし

くは第四十国立銀行関係者である。1878年の第四十国立銀行の設立にあたっては，開業後支配人となる南條新六郎（30株主）は，第一国立銀行からの業務指導を受けていたという点や，開業後には教導役として第一国立銀行から行員が派遣されていたという点から[110]，渋沢の間接的な影響が及んでいたことがわかる。

京都府の株主である下村忠兵衛は呉服商であった。機業関係者との関連から株式を購入したものと考えられる。

新潟の株主である西脇国三郎は小千谷縮買継商出身の銀行家であり，西脇寛蔵は西脇家分家の銀行家であった。西脇国三郎は1890年には4,000株近い株式を引き受けて筆頭株主となっているが[111]，発起時にはまだ100株の引受であった。おそらく，在京の株主が放出した株式の多くを後に引き受けていったのであろう。この西脇についていうと，先述の『今村清之助君事歴』において「越後の西脇氏等其他有志諸氏の尽力ありて」[112]という記述があることから，今村清之助と知己であったようである。さらに，西脇国三郎の弟である西脇悌次郎については，横浜正金銀行，明治生命の発起人，役員等を通じて中央実業界とのつながりもあった[113]。したがって，今村清之助や，安田善次郎などの中央株主とのつながりのなかで，両毛鉄道の株式を引き受けていったということができる。

栃木県の株主についていうと，1890年当時の株主から推測すると，やはり機業関係者・銀行関係者を中心とする株主が多数占めていたのではないかと考えられる。

このように，地方株主については，主に機業関係者，地元銀行関係者を中心とするつながりを通じて株式を引き受けた者が多かったといえる。ただし，第一国立銀行と第四十国立銀行との関係や新潟株主の事例にみるように，間接的に中央からの影響をうけていたケースもあったという点は，注目に値すべきである。

4. 人的ネットワークと企業家間の多面的な協力

　前節までの検討をつうじ，両毛鉄道設立過程においては，様々な人的ネットワークが関連していたということがわかった。そこで本節では，木村半兵衛，田口卯吉，安田善次郎といった設立に深く関わった人物の両毛鉄道への関わりのあり方についての若干の考察を行いつつ，両毛鉄道の順調な開業準備，資金調達を可能にした要因について検討したい。

　まず木村半兵衛について検討する。木村は日本鉄道開業時から日本鉄道株へ出資するなど，早い段階から両毛地方における鉄道敷設に強い関心を示していた。この関心は，短時間に大量の貨物（織物・原材料）を輸送したいという，織物買継商としての属性によるものだったのであろう。そして実際に，1883年末には日本鉄道第二区線を両毛地方に「迂回」させるための請願書を県令に提出するなど，両毛地方への鉄道導入計画を主導していた。

　しかし，政府による認可の壁に阻まれて計画が挫折する中で，木村は中央との結びつきの重要性につき認識したのであろう。「明治期の代表的企業家は……略……政府とのコンタクトを重視した」[114]というが，地方における企業設立においても，特に鉄道業のように政府による許可を必要とするようなものにおいては，政府へのコンタクトは極めて重要であった。そのため，木村のように地方鉄道の起業を志す地方企業家も，このようなコンタクトを重視するようになっていた。

　したがって，鉄道敷設運動の再燃にあたっては，木村はまず中央とのつながりを重視し，川上広樹の伝手を利用して田口卯吉へとリンクすることに成功し，中央における人的ネットワークを取り込むことに成功した。さらにそれだけでなく，第四十一国立銀行経営陣の間のネットワークのなかで鈴木要三，さらには安田善次郎の設立過程への参加も行われていった。実質的には木村が中心となって開業準備が進められていったものと思われるが，例えば日本鉄道へ業務委託においては田口・小松の名で行い，創立請願書にもまずは中央企業家の名

を掲げるなど，木村は前面には出ずに，「裏方的」な貢献を果たした。

　田口卯吉は，木村と知り合い，両毛地方における鉄道敷設計画を知る所となって，自身が展開していた『鉄道論』実践の場として両毛鉄道に着目した。つまり，中央の実力者に多く見られたようなスポンサー的立場としての関わりではなく，田口にとって両毛鉄道は，実際の経営主体として活動する場であった。したがって，元々は木村ら地元機業関係者によって企てられた敷設計画であったものの，木村とのリンクにより同計画を知るようになると，田口自身がその計画に着目し，むしろ能動的，積極的に参加するようになったのであった。

　また浅野総一郎は，許可を受ける際の「顔」的なスポンサーとしての役割を主に担っていたものと思われる。なお，こうした役割は，浅野に発起人としての参加を要請した渋沢栄一も，十分に果たしていたといえる。なぜなら，渋沢が直接発起人とはならなくても，発起時に多くの株式を引き受け，発起人に浅野の名があるならば両毛鉄道設立関係者としての渋沢の存在を十分に推測できるからである。

　安田善次郎は，渋沢，浅野とはすでに事業を通じたつながりを持っていた。しかし，両毛鉄道設立との関わりにおいては，このような中央財界におけるネットワークをもとに参加したというよりもむしろ地元発起人，とりわけ鈴木要三との関係や自身が経営する安田商店（安田銀行），経営に深い関わりのあった第四十一国立銀行との関係といった，地縁に基づくネットワークのなかで参加したといえる。実際に両毛地方への訪問経験も多く，鉄道開設による移動時間の短縮や地域発展は，安田にとっても有益なことであった。このように安田は，田口のように自らが経営主体となるような関わり方ではなかったものの，鉄道開設に対して沿線住民とも同じ動機を有していた。したがって，単なるスポンサーとしての関わり以上に能動的に設立過程に関与していたということができる。

　以上みてきたように，田口は経営主体として，渋沢，浅野らはスポンサーとして，安田はスポンサーとしての機能を発揮しながらも，一利用者として，また地域振興のために同鉄道の開設を希求する，という立場から発起・設立に関

わっていた。複数の，しかもさまざまな立場からの参加があったということができよう。J. ヒルシュマイヤー・由井『日本の経営発展：近代化と企業経営』は，先駆的な企業家たちの行動様式ないし近代企業に対するアプローチの特徴の1つとして企業家間における多面的な協力を挙げ，その協力はフォーマルなものばかりでなく，相互に私的に密接に協力しあうことも多かったと指摘している[115]。両毛鉄道の設立過程においても，先駆的な企業家たちによるこのような多面的な協力が見られた。そして，企業家間の多面的な協力と，それを可能にしたさまざまな人的ネットワークが存在したからこそ，両毛鉄道は局地的な鉄道であったものの，順調な開業準備・資金調達が可能となったのである。

5．おわりに

両毛鉄道は，1887年という早い時期に許可を受け設立され，設立段階における資金調達において大きな成功を収めた，私設鉄道におけるいわば先駆的な企業であった。そして，それを可能にするための背景として，まず，両毛地方における織物業の発達とそれに伴う資本の蓄積という前提があり，この前提をもとに，両毛機業関係者，地元企業家を中心とし，日本鉄道開業直後から早くも鉄道敷設運動が行われていた。しかし，最初の敷設運動は悉く失敗に終わり，地方の独力によっては企業設立が困難であるということを地方企業家に強く認識させることとなった。しかしながら，その後の両毛鉄道開業へのプロセスは順調であった。同時期における鉄道開設の必要性の認識とそれに伴う鉄道敷設運動の高まりは，他地域においても見られたはずである。では，なぜ両毛鉄道は先駆的企業となり得たのであろうか。

これにはやはり両毛機業地において鉄道開設を望む地方企業家が，中央の有力な財界人の間に構築されていた人的ネットワークを巧みに利用し，多面的な協力を引き出すことができたということの影響が大きかった。そして，こうした中央のネットワークを地方に引き寄せるために，地方と中央とをつなぐ人脈が利用された。さらに，その中央と地方の協力のあり方は，先行研究によって

指摘された木村−田口という人脈によるだけでなく，例えば田口卯吉から渋沢栄一，渋沢から浅野総一郎といった実業界を通じたネットワークや，小松彰，今村清之助といった取引所関係によるネットワーク，渡辺洪基による府会を通じたネットワークのように，多岐に渡るものであった。安田善次郎について見ても，渋沢，浅野らとの中央実業界（中央）を通じたつながりは勿論あったものの，それだけでなく栃木県為替方に就任して以来の栃木県（地方）との直接の深いつながりも有していた。このようなさまざまな人的ネットワークの存在こそが，両毛鉄道設立の成功の大きな要因であった。

また，ともすると単に「スポンサー」や「顔」としての役割に終始し，実際の開業に向けての関わりは希薄な中央における創立関係者の多いなかで，田口卯吉は自身の鉄道論の実践の場として両毛鉄道が最適であると考えていたという点や，安田善次郎も自身が両毛地域に足繁く訪問する中で，短時間で移動が可能となる鉄道路線開設の必要性を実感として感じていたという点も，設立過程において重要なことであった。つまり，彼らは表面的な関係にとどまらず，切に鉄道開通を望む存在でもあったために，自ら積極的に自身の関連するネットワークを用いて資金的，人的援助を要請し，早期設立に向けての更なる有益なネットワークの構築および利用を行っていった。以上のような中央−地方の協力関係に支えられて，第一次企業勃興期に設立された両毛鉄道は，企業設立から約3カ年で全線開通し，株式の全額払込も終了したのである。

なお，両毛鉄道では全線開通の頃から大株主の経営への関与が見られるようになり，全線開通直後に田口は社長の職を辞している。さらに，1892年には日本鉄道から経営的な独立を果たし，その後路線延長計画の失敗を経て1897年には結局日本鉄道に合併されるというように，その後の両毛鉄道の経営動向は，短期間のうちに目まぐるしく変化していく。その詳細については，次章において明らかにしていくことにしよう。

注

1）　島恭彦『日本資本主義と国有鉄道』日本評論社，1950年，57頁。

2）中西健一『日本私有鉄道史研究——都市交通の発展とその構造——』増補版，ミネルヴァ書房，1979年，35～36，61頁。
3）野田正穂『日本証券市場成立史』有斐閣，1980年，69頁。
4）石井常雄「両毛鉄道における株主とその系譜」『明治大学論叢』第41巻第9・10号，1958年。石井常雄「両毛鉄道会社の経営史的研究」『商学研究所年報』第4集，1959年。老川慶喜「両毛鉄道足利～神奈川間路線延長計画について」『明治期地方鉄道史研究——地方鉄道の展開と市場形成——』補論（一），日本経済評論社，1983年。老川慶喜「両毛機業地における織物業の展開と鉄道輸送」『産業革命期の地域交通と輸送』日本経済評論社，第3章第1節，1992年。
5）足利市史編さん委員会編『近代足利市史』第1巻，1977年，1027頁。
6）「日本鉄道会社定款」第一条（日本国有鉄道編『日本国有鉄道百年史』第2巻，1970年，422頁）。なお，同条文には，東京－青森間を五区間に分けて建設すべきことが述べられている。ここで，五区間とは①第一区　東京ヨリ高崎ヲ経テ前橋利根川手前迄，②第二区　第一区線中ヨリ阿久津ヲ経テ白河迄，③白河ヨリ仙台迄，④仙台ヨリ盛岡迄，⑤盛岡ヨリ青森迄，の五つの区間を指す。
7）「鉄道布設之議」『栃木新聞』1883年12月24日。
8）「日本鉄道会社定款」第一条（前掲日本国有鉄道編『日本国有鉄道百年史』422頁）。
9）この案に沿って，1883年10月には株金募集が行われた。（足利市史編さん委員会編『近代足利市史』第1巻，1027～1928頁）。なお，『栃木新聞』1883年12月24日には，「足利佐野栃木地方ノ有志者ハ東西ニ奔走シテ株金ヲ募集シ其ノ浦和ニ起ス線路ヲ変シテ熊谷ヨリ足利佐野栃木ヲ経テ宇都ノ宮ニ達スルコトニ更改セラレンコトヲ請求ス」とある。
10）この『鉄道布設之儀ニ付御願』の差出人には，栃木県足利郡願人総代として木村半兵衛，市川安左衛門のほかに小里仁が，同県安蘇郡願人総代として正田章次郎，中野貢次郎，山田正知が，同県上都賀郡願人総代として横尾勝右衛門，安生順四郎（初代栃木県会議長），中島喜代治が，同県下都賀郡願人総代として長谷川展，根岸政徳，小峰新太郎（3代目栃木県会議長），善野喜平，大塚利平が，そして戸長総代として高田俊貞の計14名が名を連ねた。
11）「鉄道線路之儀ニ付御願」（1883年12月28日，『鉄道院文書』）。
12）日本国有鉄道編『工部省記録』鉄道之部第8冊（巻33（甲）），1978年，295頁。
13）例えば，日本鉄道会社社長吉井友実は，1884年1月16日，1884年1月28日，1884年2月1日，1884年2月1日付の文書などにおいて，工部卿佐々木高行や工部大書記官林董に宛て，測量の件について再三奉願している（日本国有鉄道編『工部省記録』鉄道之部第8冊（巻33（甲）），1978年，295頁，317～320頁参照）。

14) 「東北鉄道予定地視察」（『栃木新聞』1884年2月14日）。
15) 「鉄道会社社長の下見」（『栃木新聞』1884年2月6日）。
16) 「日本鉄道会社第二区線路線ノ儀ニ付上申」（日本国有鉄道編『工部省記録』鉄道之部，第8冊（巻33（乙）），1978年，509頁）。
17) 測量の終了日については，詳細は残念ながら不明であるが，「鉄道測量」（『下野新聞』1884年9月3日）によると，「武州浦和より野州宇都宮へ達する鉄道線路測量中の処此程調整済」とされている。
18) 「日本鉄道会社第二区線路線ノ儀ニ付上申」1884年11月（日本国有鉄道編『工部省記録』鉄道之部，第8冊（巻33（乙）），1978年，510頁）。
19) 「日本鉄道会社第二区線路認定之儀ニ付伺」1884年11月29日，（日本国有鉄道編『工部省記録』鉄道之部，第8冊（巻33（乙）），1978年，516頁）。
20) 「足利軽便鉄道」（『下野新聞』1884年9月3日）。
21) 「足利ドゴービル鉄路馬車会社創立願」（足利市史編さん委員会編『近代足利市史』第5巻，1979年，523〜526頁）。
22) 1884年頃からすでに織物生産量は増加していたが（前掲足利市史編さん委員会編『近代足利市史』第1巻，1028頁），1886年から足利織物の直輸出が本格化したことも，一層の織物生産量増加に拍車をかけた（栃木県史編纂委員会編『栃木県史』通史編7・近現代2，1982年，594頁）。
23) 「足利鉄道」『毎日新聞』1886年10月15日。
24) 田口卯吉は，1883年1月7日から両毛鉄道創立直前の1886年10月17日まで東京株式取引所肝煎であった（鶴城塩島仁吉編『鼎軒田口先生傳』経済雑誌社，1912年，22頁）。
25) 同上，40頁。
26) 田口卯吉「鉄道論第二」『東京経済雑誌』第60号，1881年4月25日，379頁。
27) 「足利鉄道」『毎日新聞』1886年10月15日。
28) 田口卯吉「鉄道の架設を自由にすべし」『東京経済雑誌』第307号，1886年3月13日，312，313頁。
29) 田口卯吉「新事業を企つるの時機到来せり」『東京経済雑誌』第320号，1886年6月12日，753〜756頁。
30) 前掲鶴城塩島仁吉編『鼎軒田口先生傳』42頁。
31) 「足利鉄道」『毎日新聞』1886年10月15日。
32) 同上。
33) 両毛鉄道『第1回実際報告』1頁。
34) 鉄道省編『日本鉄道史』上篇，1921年，775頁。

35）前掲栃木県史編纂委員会編『栃木県史』通史編7・近現代2, 595頁。
36）「両毛鉄道第一区線路収支予算調」(『鉄道院文書』)。なお,「両毛鉄道第二区線路収支予算調」については「両毛鉄会社株主総会及第二区収支予算調」『東京経済雑誌』第387号, 1886年10月1日, 458〜459頁に詳しい。
37）例えば,『下野新聞』1886年9月27日,『毎日新聞』1886年10月10日, 10月15日などには,「足利鉄道」という題で記事が掲載されている。
38）「両毛鉄道会社」『毎日新聞』1886年10月23日。
39）同上。
40）両毛鉄道『第1回実際報告』1頁。
41）「両毛鉄道会社」『東京経済雑誌』第343号, 1886年11月20日, 694頁。
42）同上。
43）同上。
44）「両毛鉄道会社地方部の集会」『東京経済雑誌』第345号, 1886年12月4日, 762頁。
45）「両毛鉄道創立請願書」『鉄道院文書』1886年11月29日。
46）「鉄道布設ノ儀伺」『鉄道院文書』1886年12月3日。
47）「小山・前橋間鉄道布設ノ件」『鉄道院文書』1886年12月17日。
48）「内閣訓令第10号」『鉄道院文書』1887年5月5日。
49）「鉄第138号」『鉄道院文書』1887年5月17日。
50）両毛鉄道『第1回実際報告』1頁。
51）「鉄第214号」『鉄道院文書』1887年7月26日。
52）前掲野田『日本証券市場成立史』51頁。
53）なお, このような矛盾点は開業後, 産業鉄道を志向しながらも貨物収入と比べて旅客収入のほうがはるか上回っていた点や, 1割(10%)配当を目指しながらも実際は1.5%(1888年下期)にとどまった点など, ほかにも露見されるようになった。このような矛盾点の露呈が早期の田口社長辞任にも影響を与えたのではないかと思われる。開業後から合併までの両毛鉄道の経営のあり方については, 次章において詳しく検討する。
54）両毛鉄道『第1回実際報告』2頁。
55）「両毛鉄道会社」『毎日新聞』1887年8月9日。
56）「両毛鉄道工事」『毎日新聞』1887年9月1日。
57）前掲栃木県史編纂委員会編『栃木県史』史料編近現代7, 753頁。
58）「両毛鉄道の仮開業式」『東京経済雑誌』第420号, 1888年5月26日, 694頁。
59）両毛鉄道『第5回実際報告』1頁。
60）同上。

61) 同上。
62) 「両毛鉄道会社開通式」『東京経済雑誌』第505号，1890年1月25日，93頁。
63) この詳細については，次章において詳しく述べる。
64) 「両毛鉄道会社開通式」『東京経済雑誌』第505号，1890年1月25日，95頁。
65) 「両毛鉄道株券」『下野新聞』1886年12月18日。
66) 前掲野田『日本証券市場成立史』69頁。
67) 同上。
68) 「両毛鉄道発起及株主」『下野新聞』1886年12月2日，6日より計算。
69) ここでいう「木村半兵衛」とは，3代目木村半兵衛（幼名は政七）のことを指す。息子である勇三（後の四代目木村半兵衛）とともに日本鉄道線導入計画の頃から鉄道敷設運動を主導していたが，1886年春に急逝。その後，勇三が4代目木村半兵衛を襲名し，両毛鉄道計画を主導した（宇賀神利夫『木村半兵衛傳』新日本政治経済研究会，1974年，25頁，栃木県歴史人物事典編纂委員会編『栃木県歴史人物事典』下野新聞社，1995年，231，232頁）。
70) 『大日本人名辞書』の編纂は，1884年12月に始められた（田口親『田口卯吉』吉川弘文館，2000年，124頁）。この頃から親交が始まったのではないかと考えられる。
71) 前掲宇賀神『木村半兵衛傳』25頁。
72) 同上。
73) 老川慶喜「伴直之助の「鉄道論」」『明治期鉄道史資料』月報 No. 11，日本経済評論社，1981年，2頁。
74) 途中1880年7月から1881年1月まではその職を辞していたが，この時期以外は頭取の地位にあった（「小松彰君の傳」『東京経済雑誌』第426号，1888年7月7日，23頁）。
75) 前掲鶴城塩島仁吉編『鼎軒田口先生傳』22頁。
76) 「小松彰君の傳」『東京経済雑誌』第426号，1888年7月7日，23頁。
77) 例えば，東京株式取引所設立にあたって，渋沢と小松はともに出願を行っている（前掲田口『田口卯吉』121頁）。
78) 小松は田口とともに両毛鉄道設立に尽力し，1887年4月には同社取締役に就任したが，7月頃から肺炎症に罹り病気がちとなり，47歳の若さで死去した（坪谷善四郎『実業家百傑傳』第三編，東京堂書房，1892年，171〜172頁）。
79) 青木は太政官少書記官，文書局長，内閣官報局長を経て1886年に東京米商会所の頭取となった。新聞事業にも強い関心をもち，1886年9月には『商業新報』を創刊している。しかし，1889年2月に急性肺炎を患い，32歳で没した（石田朗『東京の米穀取引所　戦前の理事長』東京穀物商品取引所，1992年，162〜163頁）。

80) 渋沢青淵記念財団竜門社編『渋沢栄一伝記資料』第八巻，渋沢栄一伝記資料刊行会，1956年，624頁。
81) なお，1890年代までは，浅野セメントの原料には，主に葛生地方の石灰が用いられており，その輸送には安蘇馬車鉄道（1888年設立）が用いられた。同鉄道は当初，両毛鉄道佐野駅と連絡する予定であったが，その案は第一回株主総会の場で変更されたという。安蘇馬車鉄道についての詳細は，渡邉恵一「企業勃興期における在来石灰産地の輸送改良」『浅野セメントの物流史――近代日本の産業発展と輸送』立教大学出版会，2005年，第2章所収，を参照のこと。
82) J. ヒルシュマイヤー・由井常彦『日本の経営発展：近代化と企業経営』東洋経済新報社，1977年，132頁。
83) 島田昌和『渋沢栄一の企業家活動の研究――戦前期企業システムの創出と出資者経営者の役割――』日本経済評論社，2006年，143頁。
84) 択善会は，銀行関係者の親睦と啓蒙を目的とする団体で，会頭は渋沢栄一であった。田口卯吉が主宰する経済雑誌社への資金援助を行っていたが，『東京経済雑誌』が政府の財政政策批判を誌上に発表した後の1880年8月に解散した（老川慶喜「経済雑誌社の出版事業と経営」『立教経済学研究』第52巻第1号，1998年，8頁）。
85) 同上，20頁。
86) 同上，92頁。
87) 前掲栃木県史編纂委員会編『栃木県史』通史編7・近現代2，590頁。
88) 同上，504頁。
89) 同上，505頁。
90) 同上，244頁。
91) 「安田保善社とその関係事業史」編修委員会編『安田保善社とその関係事業史』「安田保善社とその関係事業史」編修委員会，1974年，31頁。
92) 由井常彦『安田財閥』日本経済新聞社，1986年，69頁。
93) 同上，70頁。
94) 『安田善次郎全傳』第2巻，213頁。
95) 同上，230頁。
96) 伴直之助は田口卯吉の従弟で経済雑誌社の社員でもあり，厳密にいうと「地元発起人」とはいえない。しかしながら，地方部会選出の発起人であるため，ここでは地元発起人のなかに入れることとした。
97) 前掲栃木県史編纂委員会編『栃木県史』通史編7・近現代2，502頁。
98) 前掲『安田善次郎全傳』第2巻，294頁。

99) なお，岩下が第四十一国立銀行取締役に就任した経緯についていうと，第四十一国立銀行は設立当初から足利に支店を置くなど，足利織物関係者との関係は強く，足利織物関係者の代表者が必ず四十一銀行の役員に就任することになっていたためである（同上，543頁）。
100) 前掲足利市史編さん委員会編『近代足利市史』第1巻，1019頁。
101) なお，1887年における両毛鉄道会社100株以上所有株主については，「両毛鉄道会社株主姓名」（足利市史編さん委員会編『近代足利市史』第5巻，1979年，530～533頁）を参照。
102) 『下野新聞』1886年12月2日記載の「両毛鉄道発起及株主」には群馬の株主が，6日の記事には東京，神奈川，新潟，京都の株主が記載されており，12月2日号には「承前」と記されている。しかし，前号が欠号しているため，右記5府県の株主以外には判明しないのである。
103) 『下野新聞』1889年5月22日によると，株主の所在する府県名として東京，神奈川，栃木，群馬，新潟，京都，尾張が挙げられているため，その他の県については，尾張（愛知県）であると思われる。
104) 足立栗園『今村清之助君事歴』1906年，154頁。
105) 野田正穂・原田勝正・青木栄一・老川慶喜編『日本の鉄道』日本経済評論社，1986年，77頁。
106) 前掲坪谷『実業家百傑傳』第六編，88頁，89頁。
107) 前掲「安田保善社とその関係事業史」編修委員会編『安田保善社とその関係事業史』95頁。また，『安田善次郎全傳』第2巻，258頁によると，1879年10月20日には安田は中村道太らを同行して，正金銀行の件で大隈大蔵卿に面謁している。
108) 花房義質（朝鮮全権公使）については，あるいは朝鮮進出をめぐる渋沢栄一とのつながりのなかで株式を引き受けた可能性もある。
109) 前掲老川「経済雑誌社の出版事業と経営」9～10頁。
110) 前掲足利市史編さん委員会編『近代足利市史』第1巻，1019頁。
111) 詳細については本書第2章を参照のこと。
112) 前掲足立『今村清之助君事歴』157頁。
113) くわしくは，本書第2章63頁参照。
114) 前掲J. ヒルシュマイヤー・由井『日本の経営発展：近代化と企業経営』131頁。
115) 同上，131頁，133頁。

第2章　産業革命期の地方における企業経営と株主
　　　——両毛鉄道を事例として——

1．はじめに

　本章では，前章に引き続き，両毛鉄道を分析対象として取り上げる。そして，前章において設立過程について分析した同社について，全線開通後から日本鉄道に合併されるまでの経営の展開に関して，株主の行動に焦点をあてながら検討することがここでの主な課題である。

　前章においてすでに述べたとおり，両毛鉄道は小山から前橋を横断する鉄道であり，1888年5月にまず小山－足利間が開通し，翌1889年末には全線が開通した（図2－1）。その後，1892年には日本鉄道から経営的に独立したが，1896年に延長計画，競合線との合併に相次いで失敗するなかで日本鉄道への合併計画が起こり，1897年1月1日，日本鉄道に合併された。両毛鉄道が1892年にいったん日本鉄道から独立したのはなぜだろうか，そしてまた，独立を果たしたものの，結局のところ日本鉄道に合併されたのはなぜだろうか。ここでは，こうした問いについて詳細に明らかにすることをめざしたい。

　ではここで研究史について振り返ることにしよう。前章でも少しふれたが，両毛鉄道について個別に扱った研究としては，石井常雄と老川慶喜の一連の研究を挙げることができる[1]。

　まず，石井常雄「両毛鉄道における株主とその系譜」では1890年当時の株主構成の分析に基づいて，両毛地方の機業家の両毛鉄道に対する投資力が極めて低かったという事実を明らかにし，そこから「自生型産業鉄道」の脆弱性という論点を導いた。続く石井「両毛鉄道会社の経営史的研究」では，両毛鉄道の

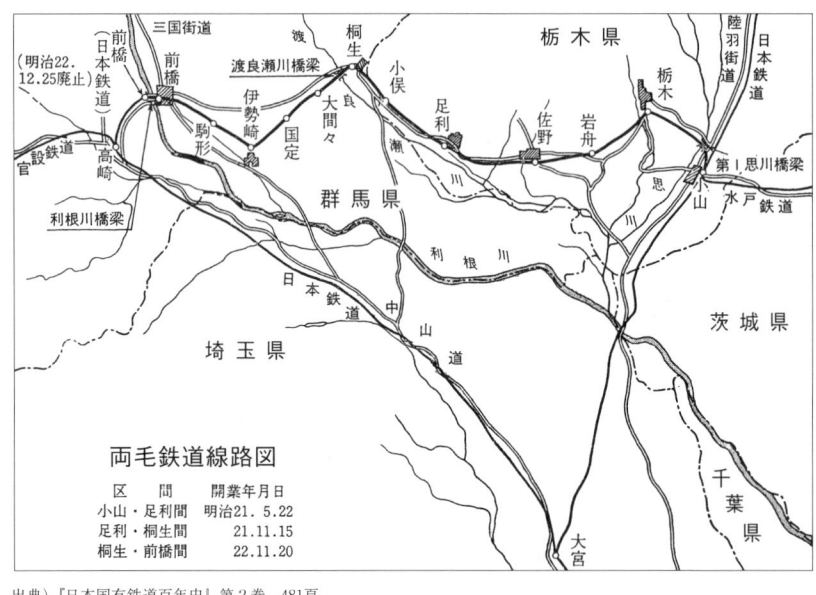

図2-1　両毛鉄道線路図

```
両毛鉄道線路図
区　　　間        開業年月日
小山・足利間      明治21. 5.22
足利・桐生間        21.11.15
桐生・前橋間        22.11.20
```

出典）『日本国有鉄道百年史』第2巻，481頁。

成立から合併までの過程について明らかにし，日本鉄道への早期の合併を，自立的経営の挫折と崩壊の過程と位置づけた。

　石井常雄による研究によって，両毛鉄道の成立から合併までの過程に関する基本的な事実は明らかにされていると思われる。しかし，焦点が主として「自生型産業鉄道」としての脆弱性の検出に絞られているために，本章で関心をあてる企業経営と企業統治の問題については十分な検討がなされていない。

　一方，老川慶喜「両毛鉄道足利～神奈川間路線延長計画について」は，産業資本確立期における鉄道網形成過程の一経過点の問題として両毛鉄道の神奈川県までの延長計画について取り上げ，明治政府の鉄道政策との関係について論じている。また，老川「両毛機業地における織物業の展開と鉄道輸送」では貨物輸送の動向を分析し，両毛鉄道は両毛機業地における織物業の展開に大きな影響を与えたことを明らかにした。

　老川慶喜による一連の研究は，両毛鉄道に関する諸研究の中であまり問題と

されていなかった両毛鉄道の貨物輸送の状況を，両毛地方における織物業の展開との関連のなかでできる限り実証的に明らかにしようとするものであり[2]，輸送機関としての両毛鉄道の果たした役割に関する検討に焦点をしぼるものである。

本章では，このような研究史上の分析視角に対して，両毛鉄道の経営をめぐる経営・投資主体としての株主の行動のあり方に焦点をあてながら分析を進めていく。特に，大株主の経営への介入と役員構成の変化，日本鉄道からの独立自営を果たした経緯や合併に至る経緯，地元以外の地域からの地方資産家の経営への参入の要因など，従来の研究史があまり注目してこなかった論点について，詳しく検討していくことにしたい。

2．全線開通後の両毛鉄道

(1) 臨時株主総会開催要求運動と社長・田口卯吉の辞任

前章においてすでに検討したように，両毛鉄道は1889年末に全線開通したが，全線開通の頃から徐々に，株主の中からは，経営に対する不満の声が囁かれるようになっていた。1886年に帝国大学工科大学の工科生2名の手により作成された「収支予算調」では[3]，直近3カ年（1883, 84, 85年）における沿線の桐生，足利，佐野，栃木での貨物の出入り量および往復旅客量とその賃金の平均などを調べたうえで予算が組まれていた。そして，両毛鉄道は高い収益性が見込まれる鉄道であるということが述べられており[4]，このような明るい見通しは，両毛鉄道関係者に大きな期待，希望を抱かせるものであった。

しかし，開業以来の両毛鉄道の財務状態を示した表2－1は，同社の経営が予想とは大きくかけ離れた極めて低調な滑り出しを見せたことを示している。開業当初に社長である田口卯吉が掲げた1割配当の目標は，到底達成しえないものであった。

このように，開業後の両毛鉄道の経営状況は，予想に反して不振な状況にあ

表2-1　両毛鉄道経営状況

(単位：円)

	資本金	積立金	収入	支出	利益金	配当金	ROE (%)	配当率 (%)
第2期（1888年上期）	1,500,000		14,267	11,697		8,500	—	1.1
第3期（1888年下期）	1,500,000		32,643	19,170		11,000	—	1.5
第4期（1889年上期）	1,500,000		49,990	18,855		28,200	—	3.8
第5期（1889年下期）	1,500,000		60,247	21,068		37,500	—	5.0
第6期（1890年上期）	1,500,000		74,604	34,546	38,327	37,500	5.1	5.0
第7期（1890年下期）	1,500,000		75,997	41,862	32,274	30,000	4.3	4.0
第8期（1891年上期）	1,500,000				50,448	47,250	6.7	6.3
第9期（1891年下期）	1,500,000				52,409	47,250	7.0	6.3
第10期（1892年上期）	1,500,000				62,457	48,750	8.3	6.5
第11期（1892年下期）	1,500,000				69,380	60,000	9.3	8.0
第12期（1893年上期）	—	—	—	—	—	—	—	8.0
第13期（1893年下期）	1,500,000	12,218	108,025	44,559	63,466	60,000	8.5	8.0
第14期（1894年上期）	1,500,000	17,392	117,488	49,810	67,678	60,000	9.0	8.0
第15期（1894年下期）	1,500,000	20,776	108,366	47,408	60,958	56,250	8.1	7.5
第16期（1895年上期）	1,500,000	25,000	132,418	54,219	78,199	63,750	10.4	8.5
第17期（1895年下期）	—	—	—	—	—	—	—	—
第18期（1896年上期）	1,500,000	25,000	146,582	70,682	75,900	60,000	10.1	8.0

出典）両毛鉄道『実際報告』各期，『下野新聞』，『東京経済雑誌』，『両毛鉄道特別取調書』。

った。このような状況の中，両毛鉄道の全通を間近に控えた1889年9月頃から，現任役員の処置に不満を抱く「両毛鉄道会社の株主六十余名は役員改正の為め臨時株主総会を請求」[5]する動きを見せるようになった。以下，この動きについて，当時の新聞記事をもとに，その経緯を明らかにすることにしよう。

まず，『下野新聞』1889年9月8日付の記事には，次のような記載がなされている。

> 前号にも一寸記載を置きたるが両毛鉄道会社大株主の一人越後小千谷の西脇悌二郎氏は同社現任役員の処置に不満を抱き臨時総会を催し社長以下役員の改選をなさんとし過日来近県の株主を遊説中なりしが自己の分を合せ漸く一万百株余の委任を得たれは（同社は三万株即ち三分の一）総会を請求せしに其後変心せるもの多く追々委任解除を申出て一万以下となりたる

ため総会も自づからお流れとなりしと云ふ左るにても如何なる点を不満足と云うにや[6]

上記の記載内容から，臨時株主総会開催請求の動きに関しての中心人物は，大株主の1人である西脇悌次郎であったということがわかる。そして，いったんは3分の1以上の委任状を得て総会開催請求を行ったものの，その後委任の解除が相次ぎ，総会が「お流れ」になったということがわかる。

そしてさらに，その3日後（1889年9月11日）の『下野新聞』には，次のような記載がある。

前号に両毛鉄道会社総会のお流れとなりしことを記載せしが如何にも一旦は足利の株主戸叶大山岡崎荻野等の諸氏より委任会社を申出たれば一時は全く三分の一以下となりてお流れとなりしが其後西脇氏は鋭意奔走し東京の川崎東作はじめ株式仲買人等に同意者数多出来し本月四日付を以て再請求に及ばれし故再び三分の一以上に至りしかば遂に臨時会を開かざるを得ざる場合となり田口社長より来る廿一日役員改選の為め臨時株主総会を開く旨株主一同に通知せられたり巷説に依れば改正派には西脇氏組の外三田派（福澤氏関係の人々と云の意乎）と唱ふる一派ありて此派は却て西脇派より勢力ある由又現任役員派も中々多く当日は花々敷決戦を試んと腕をさすり居る向もある趣なれば同臨時会を定めて目覚しき有様を呈するならん抔評するものも有るとか[7]

西脇悌次郎は，株主総会開催に向けての委任状の取り付けのために，東京の株主にも協力を求めたようである。そして，上記の記事からは，「西脇派」のみならず「三田派」も役員改選のための運動を行っていたということがわかる。この内容については，『毎日新聞』（1889年9月17日）においても次のように伝えられている。

> 同会社にては兼て報道せし如く株主三分の一以上の請求に拠り役員改選の為め来る廿一日臨時総会を開く事に決せしが最初現任役員を改めんとせし足利地方の株主戸叶，大山，荻野，田崎等の有力者は如何なる事情ありしか現役員方の味方に変じ一時は臨時総会を開く事も廃止とならんとする勢いなりしに川崎東作，西脇某の諸氏及び三田翁派の人々改正派に加わり鋭意奔走し株主仲買等にも同意者出来し遂に総会を開く事に一定せしよし但し現役員派も中々少なからざるよしなれば臨時総会の当日は目覚しき舌戦や投票の競争もあるべしとの噂さあり 8)

しかしながら，次の記事（『下野新聞』1889年9月20日）に明らかなように，結局のところ臨時株主総会開催の請求は，委任状の不足により認められなかった。

> 同社は先に西脇氏等を始め総株高三分の一以上の株主より役員改選の為め臨時株主総会を請求され将に其手続に及ばんとせる矢先俄に大株主大山戸叶荻野等の革命党の委任解除を申出たるより一旦お流れとなりしに又々今度足利の大株主岡崎延蔵氏（百株許りの由）等が委任解除を請求せしより再び全数の三分の一以下となりたれば遂に総会はお流れとなれり尤も此委任解除一件に付て同社副支配人沖田信亮氏の如きは最も奔走尽力せられたる所ありしとか聞けり 9)

しかし，翌10月28日開催の株主総会の場で役員改選は議題に挙げられ，この総会上，木村・佐羽両取締役は辞任することになった。そして，後任として西脇悌次郎・小野金六が取締役に就任し10)，経営の改革をめざすこととなった。また，こうした流れの中で，1890年1月の全線開通式の直後，田口卯吉も社長の職を辞した。

ではここで，一連の株主による臨時株主総会開催，役員改選請求の要因について検討してみよう。まず，西脇悌次郎を中心とする，「西脇派」の重役改選

要求の背景としては、株価の低迷、経営の不振への不満といった要因が大きかったと思われる。また、改選要求の中心人物であった西脇悌次郎は、大株主であったが、事業家としての経験も有していたため[11]、「学者にして、鉄道の営業には不慣な」[12] 田口社長に対する不満も特に強く、自らの手による経営革新の意図も背景に存在したのではないかと考えられる。

　また、もう１つの改正派は「三田派」であった。そして、「三田派」株主数が優勢であったというが、「三田派」とは慶応義塾の所在する地名をさしたものであると考えられるため、ここには福澤諭吉に縁のある在京の株主が多く含まれていたものといえる。

　なお、「西脇派」の中心人物である西脇悌次郎は、慶応義塾の出身で福沢諭吉の「台所」を支え、明治前期には福沢の考えで丸善や横浜正金、明治生命の発起および経営に携わっていた[13] という。かつては西脇と福沢はビジネス・パートナーであったといえよう。しかし、両毛鉄道における役員改選問題の際には、福沢関係者を中心とする「三田派」は「西脇派」とは異なる立場から改正を唱えていたという点[14] は、興味深い事実である。

　そして、この「三田派」の役員改選要求の背景には、早期の日本鉄道への合併を希求する動き[15] や、日本鉄道への従属の度合い深めるための動きがあったものと考えられる。田口卯吉が社長を辞任した後、日本鉄道社長の奈良原繁が両毛鉄道の社長を兼任した背景には、この「三田派」の意向も影響していたのではないかと考えられる。

　ともかくも、このような経緯で、大株主を中心とし、役員改選を求めるべく臨時株主総会の要求がなされた。このときは議決権不足により開催をすることはできなかったが、結局、こうした動きの直後に開催された株主総会において、役員の改選が実現した（表2-2）。そして、この運動の中心人物であった西脇悌次郎は取締役に就任し、そのほかにも原秀三郎や原亮三郎といった大株主が、役員に就任した。すなわち、結局のところ大株主の主張が通ることになり、両毛鉄道においては、全線開通後の早い時期において、大株主が主導するかたちの企業経営が実現することになったのである。

表2-2　両毛鉄道役員一覧

	1887年	1888年	1889年	1890年	1891年	1892年	1893年	1894年	1895年	1896年	1897年
田口　卯吉	社長 →→→→→→→→→										
木村半兵衛	副社長 →→				監査役 →→→→→→→→→→→→→→→→						
小松　彰	取締役										
菊地長四郎	取締役 →→→→					取締役 →→→→→→→→→					→精算人
浅野総一郎	取締役 →										
佐羽吉太郎	取締役 →→										
安田善次郎		監査役 →→→→→→→→									
今村清之助		監査役 →→→→→→→→				社長代理 →					
正田章次郎		監査役 →	取締役 →	監査役 →→→→→→→→→→→→→→							
伴　直之助		支配人 →→→→→→→→→→→→→→→→→→→									
仲田　信亮		副支配人 →									
乙骨太郎乙		取締役 →									
小野　金六			取締役 →→→→→→→→→→→→→→→→→→→→→								
西脇悌次郎			取締役 →								
山中隣之助			監査役 →	取締役 →→→→→→→→→→→→→							
奈良原　繁				社長 →							
原　亮三郎				取締役							
原　秀次郎				取締役							
岩下善七郎					取締役 →→→→→→→→→→→→→→→						
西脇国三郎					取締役	社長兼任　取締役 →→→					
渡辺　洪基						社長 →→→→→→→→→→→→→					→精算人
馬越　恭平						監査役 →→→→		監査役 →→→→			
高橋　九郎						監査役		監査役　取締役 →→→→			
丹羽　長平							監査役				
仁礼　敬之								支配人			
山口権三郎								監査役			
樺山喜平次									支配人 →		→精算人
田中　新七									取締役		
西脇　寛蔵										監査役	精算人

出典）両毛鉄道『実際報告』各期，『日本鉄道史　上篇』778～779頁，『日本鉄道史　中篇』329頁。

(2)　1890年における株主構成

　設立時の主な株主についてみると，前章においてすでに検討したように，在京株主の割合が高かった[16]。これは，当時の企業勃興ブーム——第一次鉄道熱——の高まりをあらわすとともに，在京株主の両毛鉄道設立時点における経営上の主導権をも示すものであった。ところが，このような初期の株主構成は，1890年にかけて大株主を中心に大きく変化した。

表2-3は，役員罷免問題の解決がはかられた1890年（第6期）における主要株主について，その職業，居住地，持株数，持株比率について示したものである。同表について，ここでは詳細に検討してみることにしよう。すると注目すべき点として，筆頭株主の西脇国三郎（新潟県）をはじめとして，上位株主に原秀次郎（和歌山県），多屋寿平次（和歌山県）といった他地域の地方資産家の名が見られるということがわかる。

ここで，筆頭株主である西脇国三郎について詳しくみてみると，西脇は小千谷銀行の前身である金融会社[17] 初代頭取であり，第四国立銀行取締役でもあった[18]。なお西脇家は，近世において新潟県小千谷の小千谷縮の買継商として蓄財をなした豪商であり，江戸後期から明治・大正にわたって魚沼郡随一の富豪であったという[19]。明治時代になると金融業に進出していた。また，2位株主であり，前述の臨時総会請求を主導した西脇悌次郎は，在京株主であるが，筆頭株主西脇国三郎の実弟である[20]。

また，和歌山県居住の株主についてみると，原秀次郎は酒造業，多屋寿平次は林業を営み，彼らは先祖代々の資産を受け継ぐ素封家であった。このように，両毛鉄道の株主構成における特徴としては，大株主として同鉄道の営業区域以外の地方資産家が多くみられたということがあげられる。

さらに，このような地方資産家がどのようにして大規模な株の取得を行ったのかという点も問題となる。筆頭株主西脇国三郎の実弟であり，1890年当時には2位株主であった西脇悌次郎は，明治前期には事業家として新潟物産会社の社長に就任し，新潟米を横浜まで運びその名を米市場裡に轟かせていたという[21]。さらに，福沢諭吉の命を受けて横浜正金銀行や明治生命の役員を歴任したという点からも，中央財界との密接な関係があったものと考えられる。

また，1884年頃から毛越鉄道の敷設計画がなされていたというが，その主な発起人として，木村半兵衛，佐羽吉右衛門，丹羽長平といった両毛機業関係者のほかに，西脇国三郎，西脇寛蔵，高橋九郎といった新潟資産家も名をつらねていた[22]。このような点から，両毛鉄道が設立される以前の時期から，新潟資産家と両毛機業関係者との間に，なんらかのコネクションがあったことも推測

表 2-3　両毛鉄道の

第 6 期（1890年上期）

順位	姓　名	居住地	株式数（株）	比率（％）	職　業　等
1	西脇国三郎	新潟	3,768	12.6	第四国立銀行取締役
2	原　秀次郎	和歌山	2,000	6.7	第四十三国立銀行取締役・鉱山業経営・酒造業
3	第四銀行取締役・西脇国三郎	新潟	1,000	3.3	
4	西脇悌次郎	東京	928	3.1	元横浜正金銀行取締役・新潟物産社長
5	多屋寿平次	和歌山	780	2.6	林業・大地主　元第四十三国立銀行取締役
6	高橋　九郎	新潟	732	2.4	第六十九国立銀行取締役
7	中村　久	和歌山	687	2.3	
8	佐藤甚兵衛	東京	562	1.9	旧肥前大村藩主家扶
9	下村忠兵衛	東京	504	1.7	呉服木綿問屋
10	馬越　恭平	東京	500	1.7	三井物産横浜支店長・下野煉瓦取締役会長
11	橋爪清九郎	神奈川	500	1.7	三井物産社員
12	津久居彦七	栃木	450	1.5	綿糸販売業・佐野銀行頭取
13	野本貞次郎	東京	407	1.4	株式仲買業
14	近藤　善助	東京	400	1.3	今村銀行取締役
15	安田善次郎	東京	400	1.3	安田銀行監事
16	菊地長四郎	東京	340	1.1	東海銀行頭取
17	本野　小平	宮城	324	1.1	
18	最賀総左衛門	東京	308	1.0	質商
19	常見喜太郎	群馬	390	1.3	織物製造業
20	星名佐藤次	東京	336	1.1	

第13期（1893年下期）

順位	姓　名	居住地	株式数（株）	比率（％）	職　業　等
1	西脇　国三郎	新潟	3,758	12.5	第四国立銀行取締役・金融会社頭取・小千谷町長
2	原　秀次郎	和歌山	1,800	6.0	第四十三国立銀行取締役・鉱山業経営・酒造業
3	高橋　九郎	新潟	732	2.4	第六十九国立銀行取締役
4	織田昇次郎	東京	615	2.1	
5	多屋寿平次	和歌山	600	2.0	林業　大地主
6	亀田介治郎	東京	580	1.9	
7	佐藤甚兵衛	東京	540	1.8	旧肥前大村藩主家扶
8	塚本合名会社	東京	500	1.7	呉服木綿売買
9	石崎　政蔵	東京	400	1.3	小山銀行取締役・㈱米倉庫専務
10	小宮山良展	東京	400	1.3	
11	馬場　金助	東京	372	1.2	
12	中村平次郎	東京	370	1.2	
13	西村　覚蔵	東京	350	1.2	東株仲買人
14	菊地長四郎	東京	340	1.1	東海銀行監事・日本織物会社監査役・㈱米倉庫監査役
15	丹羽　長平	群馬	302	1.0	日本織物会社取締役
16	津久居彦七	栃木	300	1.0	佐野銀行取締役・綿糸業
17	山口達太郎	新潟	300	1.0	第百三十九国立銀行取締役・柏崎銀行取締役（山口権三郎息）
18	長江　定助	東京	300	1.0	米商（長江商会長）
19	常見喜太郎	群馬	290	1.0	綿糸製造業
20	岡崎　延蔵	栃木	275	0.9	多額納税者

出典）両毛鉄道『株主姓名表』第13・16・18期、石井常雄「両毛鉄道における株主とその系譜」142～146頁、『明治期
注）空欄は、不明であることを示す。

主要株主（上位20名）
第16期（1895年下期）

順位	姓　名	居住地	株式数(株)	比率(％)	職　業　等
1	西脇国三郎	新潟	3,758	12.5	第四国立銀行取締役・金融会社頭取・小千谷町長
2	原　秀次郎	和歌山	1,800	6.0	第四十三国立銀行取締役・鉱山業経営・酒造業
3	高橋　九郎	新潟	732	2.4	第六十九国立銀行取締役・小千谷銀行
4	多屋寿平次	和歌山	600	2.0	林業　大地主
5	岩崎　茂元	東京	569	1.9	
6	石崎　政蔵	東京	500	1.7	小山銀行取締役・㈱米倉庫専務
7	馬場　道久	富山	460	1.5	帝国海上保険監査役
8	亀田介治郎	東京	400	1.3	
9	塚本合名会社	東京	395	1.3	呉服木綿売買
10	中村平次郎	東京	370	1.2	
11	菊地長四郎	東京	340	1.1	東海銀行監事・日本織物会社監査役・㈱米倉庫監査役
12	佐藤甚兵衛	東京	315	1.1	旧肥前大村藩主家扶
13	小林庄太郎	栃木	310	1.0	貸金業
14	須藤　ツル	東京	310	1.0	元東株仲買人（須藤吉右衛門）関係者
15	山口達太郎	新潟	300	1.0	第百三十九国立銀行取締役・柏崎銀行取締役（山口権三郎息）
16	津久居彦七	栃木	300	1.0	佐野銀行取締役・綿糸業
17	長江　定助	東京	300	1.0	米商（長江商会会長）
18	常見喜太郎	群馬	290	1.0	綿糸製造業
19	原　宏太郎	和歌山	257	0.9	
20	小千谷銀行頭取・西脇国三郎	新潟	250	0.8	小千谷銀行頭取

第18期（1896年下期）

順位	姓　名	居住地	株式数(株)	比率(％)	職　業　等
1	西脇済三郎	新潟	3,588	12.0	西脇国三郎息
2	原　秀次郎	和歌山	1,800	6.0	第四十三国立銀行取締役・鉱山業経営・酒造業
3	田中　新七	神奈川	1,280	4.3	鉄道資本家・横浜取引所理事
4	高橋　九郎	新潟	732	2.4	第六十九国立銀行取締役
5	長江　定助	東京	600	2.0	米商（長江商会会長）
6	石崎　政蔵	東京	500	1.7	㈱東京精米社長・小山銀行取締役・㈱米倉庫専務
7	岩下善七郎	栃木	500	1.7	第四十国立銀行取締役・第四十一国立銀行取締役
8	中村　清蔵	東京	390	1.3	証券業者
9	西脇　寛蔵	新潟	370	1.2	小千谷銀行頭取
10	馬場　道久	富山	360	1.2	㈱上海紡績監査役
11	稲葉　兼吉	東京	360	1.2	東株仲買人
12	津久居彦七	栃木	357	1.2	佐野銀行取締役・綿糸業
13	菊地長四郎	東京	310	1.0	東海銀行監事・第四十一国立銀行取締役・日本織物会社監査役・㈱米倉庫監査役
14	小林庄太郎	栃木	310	1.0	貸金業
15	福島　浪蔵	東京	310	1.0	東株仲買人
16	多屋寿平次	和歌山	300	1.0	林業　大地主
17	須藤　ツル	東京	300	1.0	元東株仲買人（須藤吉右衛門）関係者
18	常見喜太郎	群馬	290	1.0	綿糸製造業
19	森　重固	鹿児島	270	0.9	島津家家扶
20	原　宏太郎	和歌山	257	0.9	

『日本全国資産家地主資料集成』、『都道府県別資産家地主総覧』、『日本全国諸会社役員録』等。

表 2-4 両毛鉄道における

第6期（1890年上期）

居住地	200株以上				100〜199株				50〜99株			
	株主数(人)	比率(%)	株式数(株)	比率(%)	株主数(人)	比率(%)	株式数(株)	比率(%)	株主数(人)	比率(%)	株式数(株)	比率(%)
東京	17	4.8	—	—	23	6.5	—	—	20	5.7	—	—
群馬	2	0.6	—	—	5	1.4	—	—	4	1.1	—	—
栃木	5	1.4	—	—	6	1.7	—	—	11	3.1	—	—
新潟	5	1.4	—	—	5	1.4	—	—	2	0.6	—	—
その他	7	2.0	—	—	5	1.4	—	—	8	2.3	—	—
計	36	10.2	—	—	44	12.5	—	—	45	12.8	—	—

第13期（1893年下期）

居住地	200株以上				100〜199株				50〜99株			
	株主数(人)	比率(%)	株式数(株)	比率(%)	株主数(人)	比率(%)	株式数(株)	比率(%)	株主数(人)	比率(%)	株式数(株)	比率(%)
東京	17	4.6	5,971	19.9	22	6.0	2,648	8.8	25	6.8	1,657	5.5
群馬	4	1.1	1,037	3.5	2	0.5	310	1.0	3	0.8	150	0.5
栃木	10	2.7	2,340	7.8	11	3.0	1,358	4.5	5	1.4	294	1.0
新潟	5	1.4	5,240	17.5	5	1.4	502	1.7	2	0.5	140	0.5
その他	5	1.4	3,057	10.2	8	2.2	975	3.3	8	2.2	433	1.4
計	41	11.1	17,645	58.8	48	13.0	5,793	19.3	43	11.7	2,674	8.9

第16期（1895年下期）

居住地	200株以上				100〜199株				50〜99株			
	株主数(人)	比率(%)	株式数(株)	比率(%)	株主数(人)	比率(%)	株式数(株)	比率(%)	株主数(人)	比率(%)	株式数(株)	比率(%)
東京	13	3.0	4,299	14.3	19	4.4	2,074	6.9	22	5.1	1,438	4.8
群馬	5	1.2	1,187	4.0	2	0.5	200	0.7	5	1.2	300	1.0
栃木	13	3.0	2,963	9.9	6	1.4	780	2.6	10	2.3	586	2.0
新潟	5	1.2	5,240	17.5	7	1.6	815	2.7	2	0.5	140	0.5
その他	0	0.0	3,517	11.7	7	1.6	895	3.0	15	3.5	848	2.8
計	36	8.3	17,206	57.4	41	9.5	4,764	15.9	54	12.5	3,312	11.0

第18期（1896年下期）

居住地	200株以上				100〜199株				50〜99株			
	株主数(人)	比率(%)	株式数(株)	比率(%)	株主数(人)	比率(%)	株式数(株)	比率(%)	株主数(人)	比率(%)	株式数(株)	比率(%)
東京	12	2.9	3,830	12.8	19	4.7	2,020	6.7	26	6.4	1,665	5.6
群馬	5	1.2	1,202	4.0	1	0.2	100	0.3	6	1.5	360	1.2
栃木	14	3.4	3,510	11.7	5	1.2	638	2.1	7	1.7	403	1.3
新潟	5	1.2	5,140	17.1	5	1.2	632	2.1	3	0.7	240	0.8
その他	9	2.2	4,917	16.4	6	1.5	660	2.2	10	2.5	530	1.8
計	45	11.0	18,599	62.0	36	8.8	4,050	13.5	52	12.7	3,198	10.7

出典）両毛鉄道会社『株主姓名表』第13・16・18期，石井常雄「両毛鉄道における株主とその系譜」141頁。

第2章 産業革命期の地方における企業経営と株主

株主の地域別・規模別分布

20～49株				19株以下				計			
株主数(人)	比率(%)	株式数(株)	比率(%)	株主数(人)	比率(%)	株式数(株)	比率(%)	株主数(人)	比率(%)	株式数(株)	比率(%)
35	9.9	—	—	74	21.0	—	—	169	48.0	11,564	38.5
12	3.4	—	—	8	2.3	—	—	31	8.8	1,698	5.7
28	8.0	—	—	19	5.4	—	—	69	19.6	3,553	11.8
9	2.6	—	—	6	1.7	—	—	27	7.7	6,824	22.7
17	4.8	—	—	19	5.4	—	—	56	15.9	6,361	21.2
101	28.7	—	—	126	35.8	—	—	352	100.0	30,000	100.0

10～49株				9株以下				計			
株主数(人)	比率(%)	株式数(株)	比率(%)	株主数(人)	比率(%)	株式数(株)	比率(%)	株主数(人)	比率(%)	株式数(株)	比率(%)
90	24.5	1,622	5.4	31	8.4	126	0.4	185	50.3	12,024	40.1
19	5.2	416	1.4	0	0.0	0	0.0	28	7.6	1,913	6.4
29	7.9	700	2.3	7	1.9	26	0.1	62	16.8	4,718	15.7
11	3.0	230	0.8	4	1.1	19	0.1	27	7.3	6,131	20.4
37	10.1	711	2.4	8	2.2	38	0.1	66	17.9	5,214	17.4
186	50.5	3,679	12.3	50	13.6	209	0.7	368	100.0	30,000	100.0

10～49株				9株以下				計			
株主数(人)	比率(%)	株式数(株)	比率(%)	株主数(人)	比率(%)	株式数(株)	比率(%)	株主数(人)	比率(%)	株式数(株)	比率(%)
100	23.1	1,761	5.9	38	8.8	160	0.5	192	44.4	9,732	32.4
21	4.9	504	1.7	2	0.5	10	0.0	35	8.1	2,201	7.3
48	11.1	1,053	3.5	10	2.3	40	0.1	87	20.1	5,422	18.1
21	4.9	335	1.1	8	1.9	34	0.1	43	10.0	6,564	21.9
41	9.5	764	2.5	12	2.8	57	0.2	75	17.4	6,081	20.3
231	53.5	4,417	14.7	70	16.2	301	1.0	432	100.0	30,000	100.0

10～49株				9株以下				計			
株主数(人)	比率(%)	株式数(株)	比率(%)	株主数(人)	比率(%)	株式数(株)	比率(%)	株主数(人)	比率(%)	株式数(株)	比率(%)
94	23.0	1,664	5.5	38	9.3	161	0.5	189	46.3	9,340	31.1
18	4.4	349	1.2	2	0.5	9	0.0	32	7.8	2,020	6.7
46	11.3	969	3.2	7	1.7	28	0.1	79	19.4	5,548	18.5
15	3.7	245	0.8	6	1.5	22	0.1	34	8.3	6,279	20.9
37	9.1	658	2.2	12	2.9	48	0.2	74	18.1	6,813	22.7
210	51.5	3,885	13.0	65	15.9	268	0.9	408	100.0	30,000	100.0

される。したがって，このような中央財界や両毛機業関係者とのコネクションを通じ，株式の大量取得をなし得たのではないかと考えられる。

原秀次郎，多屋寿平次といった和歌山県居住の大株主については，なぜこのような株式の大量取得を行ったのかについて，残念ながら十分な検討はなし得ないが，やはりこのような何らかのコネクションが用いられたのではないかと考えられる。

次に，株主の規模別・地域分布について検討する。ここでは，表2-4における第6期の欄に注目してみよう。大株主，中小株主ともに東京府の分布が多く，株式数，株主数ともに最多となっている。他の県について見ると，地元である栃木県の株主数は東京府に次いで多いが，中小株主の割合が高くなっているため，株式数でいうと全体の11.8％と低位になっている。

一方で，新潟県の株主は，株主数では劣るものの，株式数でいうと東京府に次いで2位となっている。以上の点から，新潟株主の，株主1人あたりにおける，大口出資の傾向を明らかにすることができるであろう。

3．展開期の両毛鉄道

(1) 日本鉄道からの独立自営問題——「売却派」と「非売却派」の動き——

両毛鉄道においては，開業時においてから，「荷物乗客の取扱より機関の運転帳簿の整理に至る迄一に日本鉄道に依頼して営業し」[23] てきた。すなわち，営業の全般において，日本鉄道に業務委託を行って，経営が行われてきたのである。

しかし，両毛鉄道が日本鉄道との間に交わした業務委託契約は5年契約で，1892年8月28日でその期限が切れることになっていた[24]。また，この終了期限に先立つ1892年3月31日をもって，日本鉄道は鉄道庁の監督を離れて独立自営の業務を執ることになっていたため，「両毛鉄道重役諸氏は先頃来屡々日本鉄道会社に至り其正副社長の内一人を両毛鉄道の社長となし来る八月に満期とな

るべき保護契約を継続せられんことを懇請したれど日本鉄道の重役諸氏は更に聞入るゝ処な」[25]かったという。

そこで両毛鉄道では，この8月の契約終了期限に先立って，日本鉄道から完全に独立して営業を行うべきか，それとも水戸鉄道と同様に[26]日本鉄道に吸収されるべきかといったことを決定すべき問題が生じた。こうして，日本鉄道への合併を望む「売却派」と日本鉄道からの自営を望む「非売却派」の二派が，この問題における意思決定をめぐり，対立することになったのである。

両毛機業関係者を中心とする地元側の株主の多くは，日本鉄道からの自立，すなわち「非売却」を支持した。一方，地元以外の株主は売却派，非売却派の二派に分かれることになった。

ここで，『今村清之助君事歴』において，「君（＝今村清之助を指す——引用者）は終に両毛鉄道譲渡の主唱者，即ち独立反対の首領として，ここに株主を誘導するに至れるものなりき」[27]と述べられているとおり，「買収派」を主導したのは今村清之助であった。今村は，発起時から請願委員として会社設立に貢献し，設立と同時に検査委員（監査役）の職に就いていた[28]。そして，1891年4月からは取締役に就任し，1892年3月からは社長代理を兼任していた[29]。このように，両毛鉄道の経営に深く関与していたといえる。

ここで，今村が合併を主張した要因について考えてみよう。『今村清之助君事歴』には，次のような記述がある。

　　日々東京株式取引所に出入りして，其市価の程度をも知了すれば，此際両毛鉄道のために計るに，寧ろ日本鉄道に合するに如かず，何となれば此際日鉄会社に合併を申込めば，同社は固と固と両毛を己が支線と見做せるものなれば，必ずや喜んで之に応ずるならん，既に喜んで之に応ずる気色あらば，之を高価に売附くること敢て難きにあらず，而してかく計へば，両毛の前途に就て，独立自営のこと抔に憂慮するの世話も面倒もなく，綺麗さっぱりと手を引くことを得べし，これ万全の策にあらずや[30]

これによると，経営状況の低迷による株価の下落，今後の経営への不安などに加え，日本鉄道による高値買取への期待などが窺える。そのほかにも，1889年末の両毛鉄道の全通の頃から日本鉄道への合併に向けた話がすでに出ていた[31]という事情も関係していたのであろう。

　このような要因のもと，今村は日本鉄道と合併に向けての交渉を行った[32]。しかし，当初予想した高値での交渉はまとまらず，結局両毛鉄道株1株に付き（額面額1株50円）47.5円で日本鉄道が買収するという合併条件で交渉がまとまった[33]。これは券面額以下の条件ではあるが，当時の両毛鉄道の株価からすると[34]，これでも熱心な交渉の結果であった。そして，この条件については，今村自身も「抑も独立自営の前途を危ぶむ鉄道株が，市価よりも拾弐参円高価に売附け得らゝ、といふは，実に勿気の幸にあらずや，株主は必ず此処分に就て，異議を挟まるべし」[35]として，自信を覗かせていた。

　しかし，このような券面額以下の合併条件は株主，特に大株主の強い反発を買うところとなった。西脇・原といった大株主らは「売買価格に依りては売却に賛成せざるにあらざれど」[36]というように，合併条件によっては「売却派」に応じてもよいという姿勢も見せていた。しかし，この券面額以下での合併条件には「到底話しにならず」[37]とした[38]。また監査役である安田善次郎も，この合併条件を受けて「元々同鉄道は売却するの目的を以て布設したるものにあらざれば，敢て売却を急ぐにも及ばず力の限り独立自営すべし」[39]として「非売却」を唱えることになった。

　こうして，地元株主のほかにも西脇・原といった大株主，あるいは安田といった有力者が「非売却派」にまわることになった。特に，資本的支配を有する大株主の「非売却派」への参加の影響は大きく，今村を中心とする「売却派」と，売却問題を巡って激しい対立をみせることとなった。『今村清之助君事歴』によると，今村は「独立反対の首領」として株主を譲渡に応ずべく誘導し，「両者の間に激烈なる競争が開始せられた」[40]という。そして「君（＝今村——引用者）は行掛上，且つは其性癖としても，此際安坐するを許さざれば，之がために己が味方を作るに奔走尽力」[41]したといい，一方の「反対派も之に対して，

負けず劣らず味方を作ることに汲々たりき」[42]という。このようにして，独立するか合併されるかを巡って二派は激しく対立することになったのである。

そして，このような激烈な競争の末，1892年5月21日の臨時株主総会の場でこの問題は議論されることになった。この臨時総会の様子については，1892年5月22日付の『朝野新聞』に詳しい。

> 今村氏立て自分等は両毛鉄道売却説を可とすれども若し売却せざるの利益あらば其説に従ふべきに付き非売却を可とする方々より充分の意見を述べられんことを求め且つ日本鉄道重役の意見は四十七円五十銭までならば相談せんといふにある由を告げたるに安田善次郎氏は売却を非とせる株主西脇国三郎氏外数十名より本会議へ提出したる意見書ある趣きなれば先づ之れを朗読せんことを要求したるに依り書記乃ち之を読み上げたり同意見書の主意は同鉄道は将来益々見込みあるに依り今日之れを売却するは株主の利益にあらず特に其売価払込に喰込むといふに至りては益々売却すべからずと云ふにありたり依りて今村氏は西脇氏に向て意見書に関する質問を試み安田氏は各鉄道純益の精密なる計算を挙げ且つ甲武鉄道の独立自営に付き却て経費を節し得たるの例証を取り両毛鉄道の地位を論じ徒らに日本鉄道の手を離るゝを恐れて売却すべきにあらざることを弁じ夫より或は売却の利を説或は非売却説を主張し一時は大に激昂せる非売却説株主もありしが結局山中隣之助氏の将来会社の方針を取調ぶる委員五名を選び此委員の報告を待て更らに臨時会を開くべしといふの説に決し同委員は重役以外のものを選ぶこととなる[43]

こうして，「結局処理委員五名を選定して充分利害得失を調査せしむること」[44]となった。そのメンバーは安田善次郎・木村半兵衛・西脇寛蔵・津久居彦七・中澤豊七の五名であり彼らは「悉く非売却派」[45]であったという。そして，同月24日には処理委員の手によって重役会議が開催された。そして，この席上で再び日本鉄道への売非の件について協議されたのであるが，その協議内

容は，次のとおりであった。

> 地方の株主多き事とて何れも曰く同社の株券を高価に買入れ折角今日迄幾多の困難を忍び維持し来りしものは……略……決して一時の投機心に出でたるにあらず然るに今日会社の整理も付き稍や利益を得るに至りしを如何に競争線に当ればとて払込以下の相場にて売渡す事得策なりとも思はれず[46]

このようにして，「断然非売却に決し来る八月日本鉄道との条約満期を機として独立自営する事」[47]が決まった。「総株主三分の二以上の人非売説を唱へ居ることの結果此決議を見るに至りしもの」[48]であった，といい，最後には「売却派」の役員も，「多数派の意見に従ふべしとのことにて穏かに纏」[49]ったという。そして，筆頭株主である西脇国三郎が社長に当選し[50]，独立自営に向けて日本鉄道と交渉することになった。

同年6月6日には日本鉄道社長小野義真と会談し，独立自営についての承諾を得ることとなった[51]。この結果を受け，7月27日の臨時株主総会では，まず処理委員から「本社条約満期の後は独立自営するも何等の差閊無之ものと見認めたるに」等，処理委員報告書の朗読が行われ，そして，「全会一致で10月1日より独立することに決し」[52]た。以上のような経緯で，日本鉄道からの独立が正式に決定したのである。

この決定を受け，「売却派」を主導した今村は役職を辞し，同年8月6日の臨時株主総会において，渡辺洪基が取締役に選出され，次いで西脇社長の後任として社長に就任することになった[53]。そして，9月9日には両毛・日本両鉄道社長が連名で独立自営について届け出を行い，同月20日の井上長官からの回答を受け，10月1日に正式に日本鉄道から独立することになった[54]。

以上が独立自営に向けての主な経緯である。ここで，「売却派」，「非売却派」それぞれの立場について整理してみよう。まず，独立自営を巡る「売却派」「非売却派」の対立には，「中央」と「地元」の対立があった。すなわち，両毛鉄

道経営に関わる立場から見れば，日本鉄道への「売却」による中央企業への合併は，余程の不利益な条件でなければ，安全性の観点からも，むしろ望ましいことと考えられたのであり，当時の経営陣には中央企業家も多く含まれていた。

しかし一方で，当初から「非売却」を唱えた地元株主の多くは，合併条件如何にかかわらずに地元利益を尊重し，中央企業への合併による地元企業の消滅を免れようとしていたのである。とはいえ，この「中央」と「地元」との対立においては，当初は「中央」の方が優位に立っており，問題の生じた当初においては，「売却派」が支持される方向性で動いていた。

しかし，新潟県を中心とする，地元以外における地方資産家が「非売却派」の立場に立つことになり，この状況は一変した。彼らは額面以下の条件による合併に対しては，反対の立場にあった。そして，中央企業家・資産家に対しても，資本的支配の観点から見るならば，むしろ新潟県を中心とする地方資産家の方が，優位な状況にあった。したがって，「非売却」についての支持理由は異なるにせよ，地元株主と，地元以外の地方資産家からなる大株主を中心とする「非売却派」が「売却派」を上回るようになり，日本鉄道からの独立自営が決定した。

このようにして，両毛鉄道は，1892年10月，日本鉄道から経営的に独立し，自主的な経営を行うようになったのである。

(2) 独立自営後の両毛鉄道の経営状況

独立自営後の両毛鉄道の経営動向は，一転して好調となった。ふたたび，財務動向について示した表2－1をみることにしよう。第11期以降，営業収入の増大，利益率の上昇が見られるようになったことがわかる。また，開業時から問題とされてきた配当率も上昇し，8分配当をほぼ維持するようになった。このような好調な経営動向に転じた背景には，幾つかの要因が考えられる。

まず，両毛機業地における織物業の好況の影響が挙げられるが，それ以外にも両毛鉄道役員である木村半兵衛の筆による『両毛鉄道特別取調書』[55]によると，独立自営以前には「総係費」や「諸支払い」といった日本鉄道に対する支

払いが極めて多額であった，ということが明らかにされている[56]。したがって，独立自営により，このような経費が削減されたということも要因として挙げられよう。

また，独立自営以前には旅客，貨物に対する運賃割引，サービスの改善も自由に行えなかったというが[57]，独立自営後の両毛鉄道『実際報告』によると，独立後は運賃割引やシーズンチケットの販売，臨時列車の増発など自主的にサービスの向上を行っていった点が明らかにされている。反対に役員賞与の割合についてはこれを減じたとされている[58]。このように，自主的な経営体質の改善が進んで行われたことも，経営の安定，利益の向上に大きく寄与することになったといえよう。

(3) 株主分析

ここでは，独立自営後の株主構成について検討してみよう。表2-3をみると，主要株主について第6期における主要株主と比べて特徴的な点としては（表2-3の第13期・16期を参照），在京株主数が減少したことである。ここで株式を手放した者の多くは，1892年の独立自営問題において「売却」を唱えた株主だったのではないかと考えられる。

次に株主構成・地域分布について検討するために，表2-4に注目してみることにしよう（表2-4の第13期・16期を参照）。独立前とはあまり変化はないが，あえていうならば栃木県の大株主が増加しており，これは主要株主の変化と合わせて考えると独立自営により「買収派」が放出した株式を地元株主が引き受けていったことをあらわしているのではないかと思われる。加えて，新潟株主の所有株式数が増加した。

また，西脇国三郎を中心とする新潟株主の存在には注目すべきであろう。彼らは他地域における地方資産家とは異なり，初代社長である田口卯吉の罷免や独立自営問題においてもその動きを主導し，独立自営後においては，役員を多く輩出している。したがって，経営への関与は非常に大きなものであった。では，なぜ彼らは両毛鉄道株を大量に所有し，企業経営にも深く関わったのであ

ろうか。

　まず企業経営の側面についていうならば，新潟と東京・横浜との間の中間地点としての両毛地方，という地理的な要因が深く関係していたのではないかと考えられる。前章においてすでに述べたように，筆頭株主である西脇国三郎の弟であり，役員罷免運動を主導した西脇悌次郎は，明治初期には新潟物産会社社長として舟運によって新潟米を東京市場に運んでいたという。したがって，明治中期にさしかかり，輸送手段が鉄道へと移行し，新潟が「裏日本化」するなかで[59]，新潟と東京の市場を結ぶ鉄道路線の重要性を強く認識していたものと思われる。

　それを裏付けるように，両毛地方における鉄道布設運動の開始とほぼ同時期の1882年5月には，日本鉄道第一区線（上野－高崎間）計画に触発されるようにして，長岡（新潟県）において西脇国三郎，山口権三郎らを発起人として鉄道資本会社設立についての出願がなされていた[60]。この鉄道資本会社は，結局は不許可となった[61]ものの，その目的として「当会社（＝鉄道資本会社のこと――引用者）は新潟より高崎へ連絡を通して鉄道を建築し運輸の便を開き興業殖産の途を謀る」[62]ということを掲げていた。

　また，両毛鉄道は，当初は織物輸送を中心とする産業鉄道として設立が計画された鉄道であった。西脇家は，元々は小千谷縮布買継商として財を成した商家であり，その職業的な関連も推測される。

　さらに，株式投資の側面についていうならば，「資産株」に位置づけられる日本鉄道株は華族資本が多数を占めており，一般投資家の大量取得は難しい。そこで，大量保有のきっかけとして，日本鉄道の一支線として開業された両毛鉄道に着目したのではないか，ということが考えられる。しかも，西脇家が株式の大量取得を行ったのは開業後においてであり，事業出資によるリスク（初期リスク）はある程度まで回避されていたといえる。つまり，西脇をはじめとする新潟資産家の株式の大量保有には，「企業家」としての側面と「投資家」としての側面とが併有されていたのである。

　とはいえ，この「企業家」としての側面と「投資家」としての側面の併有は，

谷本雅之・阿部武司「企業勃興と近代経営・在来経営」にいうような「地方企業家的資産家」の類型とは，完全には一致しない。なぜならば，この場合における新潟「地方資産家」による「地方企業」への投資は，谷本・阿部の研究において示されているような，地縁を有する「地元企業」への投資ではなく，あくまで地縁としては間接的な要素しかなかったからである。つまり，地方資産家の出資の類型として，谷本・阿部の研究において明らかにされたような類型とは異なるような——より進んで企業経営に携わるべく，他地域における近代企業の経営に進出するような——地方資産家の行動パターンについて，確認することができたのである。

4．日本鉄道への合併

(1) 路線延長の計画と増資計画

　路線延長の計画は，まず1893年に前橋－渋川間延長計画というかたちで行われた。この区間の延長計画は，独立自営前の1889年にも早々に計画されていた。そして，次なる路線延長の計画は，1895年3月の足利－東京間を結ぶ毛武鉄道の設立出願に対応するかたちで，同年9月4日に足利－神奈川間および大和田－東京間の路線延長計画の出願としてなされた。そして，この計画に沿って資本金を300万円に引き上げることが決定された。

　では，なぜこのような路線延長の計画がなされたのであろうか。最初の前橋－渋川間の延長計画に関しては，前橋，渋川方面の沿線株主の要望だけでなく，本章第2節でも述べたような毛越鉄道設立運動[63]との関係から，新潟株主の意向も強く作用していたものと考えられる。開業直後一度挫折していたにもかかわらず，この時期に再度計画が練られた背景には，大株主の強い要望と，安定した経営動向が存在していたのであった。

　そして，次に出された計画について検討すると，出願時期との関係から考えるならば，競合線出現に対抗し，両毛鉄道の企業価値を下げないためになされ

たものであるとも思われよう。

　しかし，先に出されていた計画と併せて考えるならば，次のように考えるのが妥当ではないか思われる。すなわち，西脇ら新潟大株主の地元である小千谷から，前橋を通って東京のみならず横浜へも路線を直結させ，貨物や旅客の輸送を短距離かつ安価に行うことによって，結果的には地元（新潟）における地域振興を行い，なおかつ両毛鉄道の企業価値の更なる向上をめざすという，積極的な意思決定の帰結であったのではないかということである。すなわち，地方資産家・企業家（新潟）が，地元と関連のある他地域（両毛機業地）に進出し，積極的に企業経営を行おうとする行動がみられたのである。

　次に，この時期の両毛鉄道における主要株主の動向について検討しておくことにしよう。ここでは，表2-3を再び参照してみることにしよう。まず，第18期の主要株主についてみると，特に注目すべき点は，証券業者による株式所有が目立つ点である。また，田中新七[64]が大株主となり，役員にも就任している点も注目に値する。このような事実からは，当時の経営の安定に基づく両毛鉄道株の高値取引を背景に，両毛鉄道株が当時の株式市場において，資本家たちの間で，投資銘柄としてひろく認識されていたのではないか，という考えを導き出すことができる。

　なお，表2-3の第18期において，長らく筆頭株主の地位にあった西脇国三郎の名が消えているのは，43歳の若さで急逝した[65]ためである。代わって株式は，息子である西脇済三郎がこれを引き継いだのであった。

(2) 延長計画，競合会社との合併計画の失敗と日本鉄道への合併

　1895年9月に毛武鉄道と競合するかたちで出願された足利-神奈川間および大和田-東京間の路線延長計画については，1896年3月30日の第7回鉄道会議で取り上げられ，議論された。この様子は「第7回鉄道会議議事速記録」に収められている[66]。この鉄道会議の内容については老川慶喜「両毛鉄道足利～神奈川間路線延長計画について」においてすでに詳細な検討がなされているため，ここではその内容について深く立ち入った検討は行わないが，結果としては会

議メンバーの1人である犬塚勝太郎の強い反対のなか，両毛鉄道の延長計画は却下されたのであった。他の会議メンバーのなかには，「此両毛ノ既得ノ権利ヲ保護シテヤルト云フコトハ必要デアル，ソレカラシテ此小会社ノ分立スルト云フコトヲ防ガンナラヌト云フコトハ鉄道行政上重モナル点デアル」[67]という意見や，「既ニ延長線トシテ願ツテ居ルカラニハ少シク時日ノ前後ト云フコトニ拘泥スルト云フハ余マリ狭イ話デハアルマイカ，付キマシテハ本員（＝八番（子爵岡部部長職──引用者））モ第二番（＝田健次郎──引用者）ノ御説ノ如ク是ハ矢張リ既設ノ鉄道ノ利益ヲ助クルト云フ方ニ致シタ方ガ……略……」[68]という意見を持ち，延長計画の支持を行う者もあった。しかし，犬塚は毛武鉄道の先願権や，一支線・一地方鉄道としての両毛鉄道の性質を変えるべきではないといった論理を用いて一貫して両毛の延長を反対したのである。

では，犬塚が一貫して両毛鉄道の延長を反対したのはなぜであろうか。この点については，老川の研究においてすでに言及されているが，東京を中心に放射状の鉄道網を形成することで中央集権的な国内市場を創出しようとする明治政府の伝統的な鉄道政策[69]が大きく関わっていたものと思われる。そして，すでに出願されていた渋川までの延長計画についても，翌4月4日の鉄道会議で諮問されたものの，前回同様にすぐさま却下された。

このように，相次いで路線延長計画に失敗した両毛鉄道は，東武鉄道[70]との合同を計画した。そして同社の発起人と交渉を進めたが，両毛側の提示した条件を東武側は受け入れず，激論も飛び交うなか1896年6月29日の帝国ホテルでの話し合いを最後に交渉は決裂した[71]。

するとすぐさま[72]両毛鉄道の役員は，今度は日本鉄道に合併を申し込んだ。こちらの話しは順調に進むところとなった。両毛・日本両鉄道の重役間に数回の往復談合を経た末[73]，同年8月末には両社間に協約が成立し，同年12月21日に政府の許可を得，31日に契約を締結した。こうして，1897年1月1日をもって両毛鉄道は日本鉄道に合併されたのである。合併条件は，両毛鉄道が経営の一切を日本鉄道に譲渡するかわりに日本鉄道が両毛に285万円を支払う，というものであった[74]。これは券面額50円の1株につき97.5円で買収されたことを

意味し，1892年時点での47.5円の条件からすれば実に2倍以上の売却価格である。極めて好条件での合併であったということができよう75)。

(3) 日本鉄道への合併の要因

ここでは，日本鉄道への合併の要因について検討したい。直接の要因としては，延長計画の挫折，東武鉄道との合併の失敗が挙げられよう。では，なぜこのような失敗から即座に日本鉄道への合併を申し込んだのであろうか。これにはやはり経営陣である大株主の意向が強く作用していた，ということができる。

経営陣としては，特に西脇国三郎をはじめとする新潟株主の影響力が大きかった。両毛鉄道においては，西脇国三郎のほかにも山口権三郎，高橋九郎，西脇寛蔵など，新潟株主の多くが役員に就任していた。彼らの企業経営への関与の度合いは積極的かつ大きく，その意味では企業家的投資家76)としての態様であったといえる。この点，経営にはほとんど関与せず77)に専らレントナー的株主として株式を所有し続けた原秀次郎，多屋寿平次といった和歌山株主の投資態様との違いがうかがえる。とはいえ，両毛鉄道は彼らにとって地縁的な関連としては間接的なものであり78)，また日本鉄道との合併条件の如何によっては，良い条件で中央資産株たる日本鉄道株を保有することができる可能性があった。つまり，「地元」企業への投資にありがちな名望獲得のためのリスキーな投資の側面は極めて小さかったのである。そして，新潟株主は，株式収益への関心が高いという点については他のレントナー的株主と目的が共通していた。しかし，彼らは実際に経営を主導しており，自らの手で企業価値を最大化させ，合併をするのであればより良い条件を引き出せるように行動することが可能であった。

したがって，このような大株主主導の意思決定により，これ以上の収益増加が見込めないという状況に直面した際に，競合線の開業による収益の低減をみる前にすぐさま高収益を背景に好条件を引き出して日本鉄道に合併をする，という行動に出たのである。ゆえに，両毛鉄道という一地方鉄道でありながら，投資家の株式価値を最大化させるようなかたちでの，すなわち，株主にとって

極めて合理的なかたちでの合併が可能となったのである[79]。

　以上をまとめよう。日本鉄道への合併に向かっての一連の経緯は，株主にとって極めて経済合理的な行動のように思われる[80]が，これを可能にした要因は，次のとおりであった。両毛鉄道では，設立当初は中央企業家が経営を主導したが，役員改選要求運動や独立自営問題といった経営問題を通じ，中央企業家が経営から離れることとなった。その結果，大株主主導の経営へと移行した。

　そして，独立後において経営を主導していた新潟株主にとって両毛鉄道は，①地元と直結するならば地縁的な関連のつよい「地元企業」となる可能性，②東京・横浜と直結するならば，地域的資本の域を越えた企業に成長する可能性，③幹線である日本鉄道に合併されるのであれば「中央企業」となる可能性，という3つの可能性を有する鉄道であった。

　しかし，まず許認可の壁に阻まれることで①の可能性が消え，次に東武鉄道との合併にも失敗することで②の可能性も消え，③の可能性のみが残されることになった。なお，③は他のレントナー的株主と同じ投資理由となる。したがって，大株主の意思は一致し，大株主主導の経営が行われていた両毛鉄道では投資主体の意思は経営主体の意思決定へと転じた。そして，経営主体が好条件での合併により株式利得の最大化を図るべく行動し，それを達成するという結果が導かれたのである。

5．おわりに

　ここでは，本章における分析結果をまとめることにしよう。

　一口に地方企業といっても，両毛鉄道のような資本金150万円の比較的規模の大きな企業においては，その資金調達は，地方においてだけでは到底なしえないものであった。ではどのようにして資金調達を容易になしえたのかというと，前章においてすでに検討したように，木村半兵衛ら両毛機業地における地方企業家が，高名な経済学者であった田口卯吉と結びつき，田口の鉄道計画への参加および両毛鉄道開業に向けての一般に向けての啓蒙活動を引き出すこと

ができたことが，大きな要因のひとつであった。

　また，それだけでなく，木村半兵衛や鈴木要三といった地方企業家が，今村清之助，渋沢栄一，浅野総一郎，安田善次郎といった中央企業家と結びつき，彼らを取り巻く人的ネットワークに支えられて資金調達や設立許可に対する便宜がはかられ，早期の会社設立が実現しえたのであった。すなわち，中央において形成されつつあった人的ネットワークを，地方企業家が有効に利用することによって，第一次企業勃興期という，比較的早い時期においても，地方における大規模な近代企業の設立をなしえたのであった。

　しかし，本章において検討してきたように，設立後の両毛鉄道においては，経営の不振を背景に大株主を中心として田口社長の罷免，日本鉄道からの独立という経営展開のなかで，中央企業家の影響力が後退するなかで，重要な役割を果たしたのは，他地域の地方資産家であった。彼らは大株主として資本的支配をなし，特に新潟株主の多くは役員にも就任し，経営主体としての力も発揮した。

　両毛鉄道は，設立時における資金調達に成功し[81]，独立後は経営も好転して発展し，幹線鉄道への高値合併を実現した。必ずしも良好な成績をあげるものばかりではなかった当時の地方企業のなかでは，数少ない成功例と位置づけられる企業である。したがって，本書における検討結果を，当該期の地方企業一般にいえることとして定義づけるには，幾分かの注意が必要であるといえる。

　しかしながら，本章において検討を行った両毛鉄道においては，所有と経営とが明確に区分されない状況のなかで大株主主導の経営が進められた。そして，両毛鉄道における大株主は，ただ受動的に利益を享受する投資主体であったのではなく，自らが能動的に株式利得向上のために企業価値を最大化させるべく行動する経営主体でもあった。

　こうした投資主体でありかつ経営主体でもあった大株主の行動により，買収価格の面での不一致による独立自営の決定がもたらされた。そして，1896年には延長計画の挫折・競合線との合併破談により企業価値のこれ以上の拡大が見込めなくなるという側面に際して，早急に日本鉄道への合併を選択し，しかも

経営の安定を背景として高値での合併を成し遂げるという，投資家にとっては極めて合理的な結果がもたらされたのである。

こうした合理的な結果は，地方企業ではあるものの，地元利益優先というよりはむしろ，大株主による投資家利益が優先されたからこそ導かれたのであった。そして，投資家利益を優先することができたのは，両毛鉄道においては，幾度の経営紛争を経験するなかで，大株主が経営を主導する体制がとられていたからであった。

このように，企業勃興期において設立された両毛鉄道では，大株主の意思決定が企業経営に色濃く反映されていた。そして，他地域の地方資産家が，単なる投資対象としてではなく，経営にも深く参入してきた。

さらに，地方資産家の投資行動のあり方について目を向けると，本章における分析をつうじて，他地域における企業経営に積極的に進出する地方資産家の行動類型についても確認することができた。このことは，谷本・阿部の研究によって定義された地方資産家の行動類型[82]のうちで，地方企業家的資産家に属する資産家のなかには，新たな投資先もしくは経営を行う場を求めて，積極的に他地域の企業に進出するものも現れたということを示しているといえよう[83]。そして，こうした一部の地方資産家による動きも，未だ萌芽段階にあった地方の時代の活力を下支える力となっていたのである。

以上のように，第1章・第2章では両毛鉄道を事例として，1880年代から90年代にかけての地方企業の設立・展開の過程について明らかにしてきた。ここで明らかになったことは，企業勃興期の地方における起業・経営の場面においては，地方の独力でそれを行うことには困難を伴ったものの，中央企業家や他地域の企業家の参加によりその過程が容易となったということである。そして，古典的な株主主権に近い性格の企業統治が行われていた。なお，中央と地方とをつなぐメカニズムとして人的ネットワークの存在があり，他地域の企業家の参加を容易にした背景には，株主としての参入という，資本市場の発展に伴う理由があったという点は注目に値するといえる。

では次に第3章において，日露戦後期における地方企業の設立過程について，

利根発電を事例として明らかにしていくことにしよう。

注
1) 石井常雄「両毛鉄道における株主とその系譜」『明治商学論叢』第41巻第9・10号，1958年，石井常雄「両毛鉄道会社の経営史的研究」『明治大学商学研究所年報』第四集，1959年，老川慶喜「両毛鉄道足利～神奈川間路線延長計画について」『明治期地方鉄道史研究——地方鉄道の展開と市場形成——』補論（一），日本経済評論社，1983年，老川慶喜「両毛機業地における織物業の展開と鉄道輸送」『産業革命期の地域交通と輸送』第3章第1節，日本経済評論社，1992年。
2) 前掲老川「両毛機業地における織物業の展開と鉄道輸送」250頁。
3) 「収支予算調」(「両毛鉄道第一区線路収支予算調」，「両毛鉄道第二区線路収支予算調」)については，前章脚注36参照のこと。
4) 前掲石井「両毛鉄道会社の経営史的研究」168～170頁。
5) 「臨時総会のお流れ」『下野新聞』1889年9月8日。
6) 同上記事。
7) 「総会遂にお流にならず」『下野新聞』1889年9月11日。
8) 「両毛鉄道会社」『毎日新聞』1889年9月17日。
9) 「再びお流れとなる」『下野新聞』1889年9月20日。
10) 『下野新聞』1889年10月31日。
11) 慶応義塾理財科の出身で，新潟物産会社の社長であったという（新潟日報事業社編『新潟県大百科事典』新潟日報事業社，1977年，1505頁）。
12) 鶴城塩島仁吉編『鼎軒田口先生傳』経済雑誌社，1912年，45頁。
13) 前掲新潟日報事業社編『新潟県大百科事典』1505頁。
14) 「総会遂にお流れにならず」『下野新聞』1889年9月11日。
15) 例えば，「日本鉄道会社の計画」『朝野新聞』1889年8月22日，「日本鉄道会社と両毛水戸両鉄道」『下野新聞』1889年8月22日など。
16) 『上毛新聞』1886年12月2日・6日の「両毛鉄道発起及持主」によると，全株式1万株のうち，東京府の株主の持株数は5,230株であり，これは全体の52.3％であった。なお，この時点での新潟株主の持株数は，まだ150株であった。
17) 1881年4月設立。なお，1893年10月に小千谷銀行に改組し，近代における小千谷町の金融機関として最も需要な役割を果たしていたという。1930年8月に第四銀行に合併された（小千谷市史編集委員会編『小千谷市史』下巻，1967年，273～275頁，前掲新潟日報事業社編『新潟県大百科事典』1504頁）。

18) 前掲新潟日報事業社編『新潟県大百科事典』1504頁。第2代小千谷町長でもあった。
19) 前掲新潟日報事業社編『新潟県大百科事典』1505頁。
20) 前掲小千谷市史編集委員会編『小千谷市史』下巻，275頁。
21) 竜門社編『渋沢栄一伝記資料』第8巻，1956年，6頁。
22) 「毛越鉄道発起人協議会」『毎日新聞』1894年5月2日。なお，伴直之助も発起人に名を連ねていた。
23) 「日本両毛二鉄道の合併」『毎日新聞』1892年4月27日。
24) 足立栗園『今村清之助君事歴』1906年，163頁。
25) 「日本両毛二鉄道の合併」(『毎日新聞』1892年4月27日)。
26) 水戸鉄道は，日本鉄道小山駅から分岐して水戸に至る鉄道として1887年5月24日免許され，1889年1月16日に全通したが，両毛鉄道と同じく日本鉄道の一支線と見做されていた。そして，1892年3月1日，日本鉄道に譲渡，合併された（日本国有鉄道編『日本国有鉄道百年史』第1巻，1969年，632頁）。
27) 前掲足立『今村清之助君事歴』166頁。
28) 前掲石井「両毛鉄道における株主とその系譜」136～137頁。
29) 前掲足立『今村清之助君事歴』159～160頁。当時社長であった奈良原繁（日本鉄道社長と兼任）が宮中顧問官に任ぜられ社長職を辞したため，取締役会の互選により今村が社長代理となった，という。そして，なぜ代理職に就いたのかというと，次の総会において日本鉄道の当時の副社長であった毛利氏を後任に推すことが予定されていたためであった（「両毛鉄道会社社長と配当」『毎日新聞』1892年3月22日）。なお，結局は日本鉄道から独立することに決し，この人事が果たされることはなかった。
30) 前掲足立『今村清之助君事歴』165～166頁。
31) 例えば，「日本鉄道会社の計画」『朝野新聞』1889年8月22日など。
32) 「両毛鉄道会社の合併談」『朝野新聞』1892年4月30日，「両毛鉄道の売却問題」『都新聞』1892年5月13日。
33) 「両毛鉄道会社の合併談」『朝野新聞』1892年4月30日によると，もともと日本鉄道側は1株45円にて買収を行うという条件を提示していた。しかし，交渉の結果，「日本鉄道の重役とても強ち強硬主義を取りて一歩も譲らずと云ふにあらず」（「両毛鉄道」『毎日新聞』1892年5月6日），結局47.5円での条件がまとまった。
34) 前年1891年の株価平均は42.5円であった（東洋経済新報社編『明治大正国勢総覧』東洋経済新報社，1927年，288頁より）。また，前掲足立『今村清之助君事歴』166頁によると，当時の両毛鉄道株の市価は35～36円であったという。

35) 前掲足立『今村清之助君事歴』167頁。
36) 「両毛鉄道は自営することとならん」『朝野新聞』1892年5月20日。
37) 同上。
38) 『都新聞』1892年5月13日によると，西脇・原らの地方大株主は，もともと払い込み額以上で買い取った株主であった。
39) 「日本鉄道の売却問題」『都新聞』1892年5月13日。
40) 前掲足立『今村清之助君事歴』166頁。
41) 同上。
42) 同上。
43) 「両毛鉄道会社臨時総会」『朝野新聞』1892年5月25日。
44) 「両毛鉄道会社臨時株主総会」『都新聞』1892年5月24日。
45) 同上。
46) 「両毛鉄道会社非売に決す」『毎日新聞』1892年5月25日。
47) 「両毛鉄道非売に決す」『都新聞』1892年5月26日。
48) 「両毛鉄道会社非売に決す」『毎日新聞』1892年5月25日。
49) 同上。
50) 「両毛鉄道会社取締役会議」『都新聞』1892年5月25日。
51) 「両毛鉄道会社の臨時総会」『東京経済雑誌』634号，1892年7月30日，170〜171頁。なお，前掲足立『今村清之助君事歴』162頁には6月4日，となっているが，おそらく誤りであろう。なお，『安田善次郎全傳』によると，1892年6月1日，9日，7月13日の両毛鉄道会社処理委員会に安田善次郎が出席したということがわかる（『安田善次郎全傳』第2巻，618〜619頁）。
52) 「両毛鉄道会社の臨時総会」『東京経済雑誌』634号，1892年7月30日，170〜171頁。
53) 「両毛鉄道会社の臨時総会社長の交送」『東京経済雑誌』636号，1892年8月13日，243頁。
54) 前掲日本国有鉄道編『日本国有鉄道百年史』第1巻，631頁。
55) この『両毛鉄道特別取調書』は，前掲石井「両毛鉄道会社の経営史的研究」181頁によると，すでに副社長から検査委員に転じていた木村半兵衛による，「両毛鉄道会社諸事調査ノ結果ニ付将来ノ糞望トシテ日本鉄道会社ヘ協議ノ上差当リ改正履行ヲ要スル件」についての株主に向けての報告書原稿である。この『両毛鉄道特別取調書』は，前掲石井「両毛鉄道会社の経営史的研究」同頁によると木村家所蔵文書とされているが，残念ながら現在のところ所在不明である。したがって，本書では前掲石井「両毛鉄道会社の経営史的研究」を参考にし，適宜引用することにした。

56) 『両毛鉄道特別取調書』（前掲石井「両毛鉄道会社の経営史的研究」183～184頁参照）。
57) 『両毛鉄道特別取調書』（同上、189～190頁参照）。
58) 両毛鉄道『実際報告』第13回、14回、15回、16回、18回の「運輸の景況」を参考にした。
59) この「裏日本」の議論については、古厩忠夫『裏日本』岩波新書、1997年や、老川慶喜・仁木良和・渡邉恵一『日本経済史』税務経理協会、2002年、100～101頁を参照のこと。
60) 廣井重次編『山口権三郎翁伝記』北越新報社、1934年、35頁。
61) 同上、36頁。
62) 同上、35頁。
63) 毛越鉄道は、前橋より渋川、沼、清水、六日町、堀ノ内、小千谷、長岡、三條、新津、亀田を経て新潟へ、また新津より新発田へと結ぶ鉄道布設の計画であった（『毎日新聞』1894年5月2日）が、結局は実現には至らなかった。
64) 田中新七は代々生糸商を営む家に生まれ、合名会社田中商店の代表社員であり、京都電気鉄道、南海鉄道、愛知電気鉄道、北海道炭鉱汽船、日本瓦斯、名古屋電灯などの取締役であった（五十嵐栄吉編『大正人名辞典』第四版、東洋新報社、1918年、1072頁、交詢社『日本紳士録』第15版、1909年）。
65) 前掲新潟日報事業社編『新潟県大百科事典』1504頁には、「1896年2月7日、名医ベルツの来診の効もなく43歳で没した」とされている。なお、十分な確証が得られないためにここでは脚注での推論に留めるが、西脇家本家の第11代当主であり両毛鉄道では長らく取締役の地位にあった国三郎が急逝し、当時まだ16歳の若さであった済三郎が家督を引き継いだという事情も、西脇の企業家的投資家としての側面の後退に関係しているのではないだろうか。
66) 「第七回鉄道会議議事速記録」第十号、1896年3月30日。なお、この速記録は、野田正穂ほか編『明治期鉄道史資料』第Ⅱ期第2集第6巻、日本経済評論社、1989年に収められている。
67) 「第七回鉄道会議議事速記録」第十号、1896年3月30日、86～87頁。なお、この発言を行ったのは、田健次郎である。
68) 同上、87頁。
69) 前掲老川「両毛鉄道足利～神奈川間路線延長計画について」149頁。
70) 競合線として出願されていた毛武鉄道の設立が滞る中、東武鉄道に対して1896年6月に足利－北千住間の鉄道布設の仮免状が下付された。
71) 両毛鉄道『実際報告』第18回より。なお、この会談には東武鉄道側発起人として、

先の独立自営問題の際に「売却派」の主導者として現任役員と争った今村清之助も臨席していた。

72) 『都新聞』1896年7月1日によると東武両毛合併談は「遂に破談せり」という。そしてその4日後の7月5日の『都新聞』には「東武に合併せんとして談判破裂したるを以て更に日本鉄道に合併すべしと云。」とある。

73) 「日本鉄道両毛鉄道を買収す」『東京経済雑誌』第840号, 1896年8月29日, 382～383頁。

74) 合併の経緯につき, 日本国有鉄道編『日本国有鉄道百年史』第4巻, 1972年, 331～332頁参照。

75) ちなみに, 合併前の両毛鉄道株の株価は1896年7月の直取引では88円であった(「東京株式取引所の商況(七月廿三日夕記)」『東京経済雑誌』第835号, 172～173頁より)。また, 『明治大正国勢総覧』によると東京株式取引所株式公定相場では1896度の両毛鉄道株は最高が105円, 最低が69.7円で平均が85.2円であった(前掲東洋経済新報社編『明治大正国勢総覧』288頁)。

76) 地方企業家的資産家など, 地方資産家の投資態様についての議論は, 谷本雅之・阿部武司「企業勃興と近代経営・在来経営」宮本又郎・阿部武司編『日本経営史2　経営革新と工業化』第3章, 岩波書店, 1995年, 110～123頁を参照のこと。

77) ここで「殆ど」と記したのは, 和歌山の大株主原秀次郎は1890年1月の大幅な役員改選の際に取締役に就任していたためである。しかし, 翌年4月には辞任し, これ以降和歌山県の大株主が役員に就任することはなかった。

78) ここで地縁的関連が「無く」ではなく「間接的」と記したのは, すでに述べた渋川－前橋間の延長計画, 渋川－新潟間の鉄道布設計画が実現するならば地縁的な関連が生じる可能性があったためである。

79) このような有利な条件による合併については, 『木村半兵衛傳』においても, 「有利な合併条件となり株主からも好感をもたれた」とされている(宇賀神利夫『木村半兵衛傳』新日本政治経済研究会, 1974年, 26頁)。

80) このように, 両毛鉄道においては主要経営者が大株主であって, その経営者が株主の利益を極大化するようなガバナンスが行われていた。明治中期の地方企業においてこのようなガバナンスが行われていた, ということは興味深い事実である。

81) 野田正穂『日本証券市場成立史』有斐閣, 1980年, 69頁。

82) 前掲谷本・阿部「企業勃興と近代経営・在来経営」112頁。①地方企業家的資産家Ⅰ・②地方企業家的資産家Ⅱ(地方財閥型)・③地方名望家的資産家・④レントナー的資産家の4つの類型があった。

83) なお, 前掲谷本・阿部「企業勃興と近代経営・在来経営」による地方資産家の

類型においては,「地方企業家」が企業経営に関与する場合においては,地元企業であることが前提のように思われる。こうした前提に立つ類型であるならば,本書における新潟資産家の投資行動については,こうした谷本・阿部による類型化を越えた行動類型であった,ということもできよう。

第3章　日露戦後における地方企業の設立
―――利根発電の設立過程と地域・企業家―――

1．はじめに

　本章の主な課題は，利根発電を事例として，日露戦後期における近代企業の設立過程について明らかにするとともに，多額の資金調達を可能にした要因や，設立過程への地域社会や地方企業家の関わりのあり方についての検討を行うことである。

　本章および第4章・第5章において分析対象とする利根発電株式会社（以下，利根発電と記す）は，1909年5月25日に設立され，1910年9月26日に開業した。そして，第一次世界大戦期のブームを経て1920年代の不況期に至る時期にあたる1921年4月1日付で東京電灯に合併された。資本金は，設立当初の60万円から数回の増資を経て，東京電灯への合併時には2,200万円となっていた。

　ではここで，具体的な検討に移るまえに，利根発電の研究史について検討しよう。利根発電のみを対象として分析した研究史は管見の限り見当たらず，高崎水力電気との比較のなかで論じたものとして，小池重喜の研究を挙げ得るにとどまる[1]。しかし，小池による分析は，主に開業後の資本拡大過程について行われており，本章で分析の中心とする設立過程についての史実は，ほとんど明らかにされていない。

　また，東京電力の電気事業史である『関東の電気事業と東京電力』には，利根発電の経営に関する記述があり[2]，これにより利根発電の経営動向についての概観を知ることができる。しかし，新聞や日記といった資料の詳細な検討に欠ける部分も少なくない。したがって，利根発電の設立過程について詳しく明

らかにする本章での作業は，研究史上の空白を埋める一助になるであろう。

なお，本章では分析のための資料として，『高津仲次郎日記』を用いている。この資料は，高津仲次郎が1884年から1926年までの43年間に記した日誌を復刻したものである[3]。

ここで高津仲次郎の出自について簡単に述べておくことにしよう。高津仲次郎は，1857年に上野国緑野郡中島村に生まれた。家業は大規模な養蚕・蚕種業者であった[4]。若い頃より漢学に親しみ，さらに1885年には上京して勉強を続け，東京専修学校や早稲田専門学校，東京英語学校などで学んだ[5]。1888年頃からは政治活動を開始し，上毛政社や上毛民会の設立に尽力し，大同団結運動に取り組んだ。1890年には第1回の衆議院議員選挙に当選し，その後は立憲自由党，後に立憲政友会系の代議士（県会議員，衆議院議員）[6]として活躍した。また政治家としてだけでなく，高津は地元群馬県の地域社会の発展を希求し，新しい産業の導入に努め，近代産業の育成にも力を注ぎ，地方企業家としても活躍した。その中で最も注目したのが水力発電事業であり，利根発電をはじめ本書第6章・第7章において検討を行う群馬電力の経営に携わり[7]，そのほかにも烏川電力，渡良瀬水電などの小規模電力事業にも数多く関わった[8]。地方における企業設立の場面においては，高津のような人物の貢献が必要であったといえよう。なお，こうした水力発電事業のほかにも，高津は自動車運輸事業，鉄道事業などにも関心をもち，群馬県内各地のさまざまな関連会社に関与した[9]。

本章では，高津のような地方企業家の動きや地域社会との関わりに注目しながら，利根発電の設立過程について明らかにしていくことにしたい。

2．利根発電の設立過程

(1) 利根発電成立以前における群馬県下の電気事業展開

群馬県では桐生，伊勢崎をはじめとする諸地域において織物工業が盛んであ

り，工場内での電灯・動力に用いるために比較的早い時期から発電所の設立が試みられた。1890年11月，桐生町にある日本織物会社が社内電灯用および動力伝達用として工場内に水力発電所を建設し，発電を開始したことが，県内での発電所開設のはじまりであった[10]。しかし，これは工場への自家用発電所であり，一般供給用のものではなかった。一般用としての群馬県内での電気供給事業の始まりは，1894年の前橋電灯会社および桐生電灯合資会社の開業に求められる[11]。

前橋電灯は，前橋市の生糸商・勝山善三郎らが発起人となって，1893年3月21日に資本金3万円で設立され，翌1894年5月25日に開業した[12]。灌漑用の天狗岩用水を利用した植野（総社）発電所による水力発電会社は，全国では京都，箱根，日光，豊橋に次ぐ5番目の早さで設立されたものであった[13]。このように全国的にみても早い時期に設立された植野（総社）発電所には，理工科大学生が実地視察に訪れ，その他各地からの見学者も多く集まった。「前橋の繁華に一点紅を与えたる会社の功績は没すべから」ざるものであったという。しかし，「所用の電気水力なるが為に渇水又欠堰によりて，しばしば長期休業と莫大な経費を要」したといい[14]，用水路からの取水であったことや，発電技術が稚拙であったことなどにより，開業当初は赤字経営が続いた。

一方の桐生電灯合資会社は，1893年6月に桐生町の織物買継商・佐羽吉右衛門らの発起により，資本金3万円で設立された[15]。翌1894年5月には送電が開始され，桐生町内300余戸に800灯近くを供給した。とはいえ，同社は前述の日本織物会社の自家発電から発展した電力会社であり，その供給能力には限界があった。

このように，群馬県内においては前橋・桐生両電灯の設立により，全国的に見ても比較的早期に水力発電事業が開始された。しかし，供給能力の制約などの理由から，電灯数・需用家数は非常に限定的であった。

その後，1903年6月25日には，高崎市において高崎水力電気（資本金10万円）が設立された[16]。同社の事業計画は，烏川に上室田発電所を建設し，高崎市を中心に電灯・電力を供給するというものであった。「水源発電池は天然好地形

をなし,費用少くして,水力豊富」[17]であり,出力は300kwにのぼった。同社の開業は,群馬県内における本格的な電気事業の開始を意味するものであったといえよう[18]。1904年12月1日には送電が開始され,開業当日には取附中の者を合わせれば4,000灯の需要を得たという。後に前橋電灯の電力不足を補うため,高崎水力電気から前橋電灯へと電力が供給された。そして,1907年3月に前橋電灯は高崎水力電気に合併された[19]。

1906年5月17日には,渡良瀬川の水力を利用して発電し,栃木・群馬両県へ電力を供給するという目的で,渡良瀬水力電気(資本金20万円)が設立された[20]。開業は1908年2月21日であり[21],同社の開業と同時に桐生電灯は渡良瀬水力電気から電力を購入することとなった。そして,後の1912年5月には,桐生電灯は渡良瀬水力電気に買収された[22]。渡良瀬水力電気の発電設備には,高津戸発電所(第一発電所)と,渡良瀬川の河水を利用した貴船発電所(第二発電所)が用いられたが,設備は依然として貧弱なものであった。また,夏季になると雷雨のために故障が頻発し,さらには増水により堰堤も流され,その都度復旧のために長期の停電になることも多かったという[23]。なお,1912年12月13日には,同社は利根発電に合併されている[24]。

このように,群馬県内においては,織物工場における電灯や動力源の必要性から,全国的にみても,比較的早い時期から発電事業が試みられてきた。そして,1903年の高崎水力電気,1906年の渡良瀬水力電気の設立により,1900年代には,河水を利用した水力発電所の建設が行われていた。利根発電成立以前の群馬県下の電力事業においては,大別して西部を高崎水力電気,東部を渡良瀬水力電気が占めていたということができよう。

(2) 利根川水系における電力会社設立計画と利根発電の開業

利根発電は利根川水系を水源とする電力会社であるが,利根川水系での電力会社設立の動きは,日露戦後の好況の中,利根川水系において資本金1,700万円の大規模電力会社を設立するという計画をもって始められた[25]。『高津仲次郎日記』には,次のような記述がある。

(1906年6月）三十日　水力電気ノ件ニ付県庁出頭，直チニ帰宅
(1906年7月）四日　利根川筋水力電気出願ノ為メ高橋諄三郎，根岸嵋太郎，木暮松三郎，木暮武太夫，後藤文平等ト住吉屋ニ会ス
(1906年7月）十一日　上京，利根，吾妻二川水力電気調査費支出ヲ田島達策氏ニ交渉ノ為メ花屋ニ会ス
(1906年7月）十九日　前橋行ク，水力電気ノ件ニ付田島達策，矢島八郎，高橋諄三郎，木暮松三郎ト住吉屋ニ会ス，高橋氏ヲ会計主任ニ推選ス，利根川ノ分水500田島氏支出，高橋氏預ル……略……
(1906年7月）二十五日　利根水電ノ件ニ付住吉屋ニ会ス，知事及沖技師訪問[26]　　　　　　　　　　　　　　　　　（カッコ内は引用者）

こうした記述から，1906年6月頃には設立計画が開始されていたということがわかる。

この計画には，高津仲次郎をはじめとする地方企業家のみならず，在京の有力者たちも関与していた。例えば，在京の橋本忠次郎や大岡育造らは，4カ所の発電所を建設すべきであると主張した。また地方企業家も多数関与し，高津らのほかにも，前橋では竹内清次郎の一派が，沼田では青木吉右衛門の一派が，それぞれの立場から設立運動を行った[27]。

しかし，このような大規模発電会社の計画も，競願者同士の合同協議が不調であったという事情や，日露戦後の反動不況の影響などの要因も重なり[28]，停滞していった。『高津仲次郎日記』には，次のように記されている。

(1906年8月）廿八日　知事ノ召集ニ応ジ利根川筋水力電気競願者県庁ニ出頭，知事ノ意見ニ基キ合同ノ上更ニ出願スルコトヲ答申ス
(1906年9月）二日　出橋，和泉邦彦，内田真，岡村　（ママ），高橋諄三郎ノ諸氏ト沖技師ヲ県庁ニ訪ヒ相良一部長ヲ自宅ニ訪ヒ，利根川水力電気出願人四派合同ノ協議不調ノ結果ヲ申報ス[29]　　　（カッコ内は引用者）

また，1906年7月16日，8月19日の『高津仲次郎日記』には，次のような記述がある。

　　（7月）十六日　早朝出橋，大沢惣蔵氏ヲ訪ヒ尾高技手ヨリ吾妻川水力電気図面及設計書ヲ請取ル，……略……
　　（8月）十九日　出橋，大沢惣蔵氏宅ニ於テ利根郡片品川水力電気出願ニ付，沼田町茂木蕃栄，林梅次郎，金井佐市ト契約ヲ締結ス[30]
　　　　　　　　　　　　　　　　　　　　　　　　（カッコ内は引用者）

　後に利根発電の経営の中心となる大澤惣蔵は，当時は群馬県庁の土木課の職員[31]であった。大澤は県属として群馬県会にも臨席しており[32]，高津との面識は以前からあったものと思われる[33]が，水力発電事業に関する事務などを取り扱うなかで，大澤の企業家への転身のきっかけが作られていったのではないかと考えられる。
　利根発電の前身である上毛水電は，利根川水系における電気事業計画が停滞していた1906年12月29日に，政友会代議士・大岡育造他19名を発起人として出願され，1907年5月29日には許可されていた。同社設立の背景については，「上毛水電株式会社設立趣意」において以下のように述べられている。

　　吾邦現今経済界不振の時に際し敢て之を行ふは頗る難事とす諺に日物を得るは之を近きよりし事を為すは之を安きよりすと茲に於て吾曹発起人等は利根川水力株式会社と特約をなし先づ最も工事簡易且経済的なる沼尾川の水力を利用し少量の電気を発生し之を近く両毛一帯の地方に供用し，国富増進の一端に供し他日其大成を期せんとす[34]

　この設立趣意によると，上毛水電設立の背景には，元々の利根川水系における電気事業計画では規模が大きく，実際の計画推進は困難であるため，小規模

水力発電会社を設立しようとする意図があったようである。上毛水電設立当初の予定では、利根川の支流で赤城山大沼の湖水が流れ込む沼尾川を水源として1,800kwの発電所を設立し、群馬県下の渋川・大胡・伊勢崎・太田・館林の数カ町およびその附近を供給区域とする予定であった[35]。

このように、比較的早い時期に官庁の許可を受けた上毛水電であったが、在京の有力者を中心に進められた計画であり、後に「世上幾多の中傷讒誣を受けたり」[36]といわれたように、計画はなかなか実現には至らなかった。そこで、大岡らは、1908年に上毛水電の創立と資金確保について、利根川水系での発電事業計画を進めていた高津ら地元企業家に相談を持ちかけた。大岡と高津は同じ政友会系の代議士であり、そのような政治的なつながりも、上毛水電事業計画への勧誘を容易にしたものと思われる。1908年8月5日の『高津仲次郎日記』には、次のような記述がある。

> 沼尾川水力電気事業経営ノ件ニ付大岡育造氏宅ニ委員会ヲ開キ出席ス、午后二時新橋発、三時五十分相州鎌倉着、針谷萬ヲ訪問ヒ同夜投宿[37]

利根川水系での発電事業計画に行き詰まりを感じていた高津は、大岡からの誘いに賛同し、以後、上毛水電の設立に向けて貢献することになったのである[38]。

このように、利根川水系における大規模水力発電会社設立の事業計画が停滞する中で、在京の有力者によって計画されていた上毛水電設立計画は、地元選出議員であり、近代産業の育成に貢献した地方企業家である高津仲次郎や、発電事業の経営を志して県庁を辞した大澤惣蔵[39]などの企業家の力も得ることにより、具体的な実現へと向かった。

1908年12月17日、東京市京橋区日吉町帝国鉄道協会において、上毛水電発起人会が開かれた。33名の発起人が参加し、23名の創立委員が選ばれた[40]。表3-1は発起人会出席者の氏名を示したものであり、上段のカッコで括られた出席者は、その中で創立委員に選出された者である。この会上において、在京

表3-1　上毛水電発起人総会出席者氏名（1908年12月17日開催）

創立委員	竹内清次郎	篠原　叶	小泉善六	平田健太郎
	岩田金次郎	高橋源之助	深町富八	高津仲次郎
	高橋諄三郎	木暮松三郎	葉住利蔵	渋澤金蔵
	大塚久右衛門	羽尾勘七	町田久太郎	武政恭一郎
	笠井愛次郎	内田　眞	斉藤正毅	橋本忠次郎
	山田禎三郎	副島延一	三枝守富	
	多田勇三郎	根岸峇太郎	鈴木直衛	大岡育造
	碓氷教介	山口源八	高柳　亨	大澤惣蔵
	松村初三郎	真下弁次郎		

出典）「上毛水電発起会」（『上毛新聞』1908年12月19日）。
注）上段23名が創立委員に選出された者である。

　の土木技師・工学博士である笠井愛次郎が創立委員長に選出され，常務委員には竹内清次郎，高津仲次郎，葉住利蔵，斉藤正毅，内田眞の5名が選出された。

　発起人会において常務委員に選出された竹内清次郎は，発起人会当時，後に前橋市内での供給権を巡って利根発電と競うことになる，高崎水力電気の取締役であった。しかし，元々は前橋電灯の重役であり，その当時，高崎水力電気との合併に反対する立場にあった41)。ゆえに，競合会社の重役でありながら，地元前橋における新たな発電会社設立の動きに早くから参画したものと考えられる。竹内はまた，前述の利根川水系における電力会社設立計画にも携わっていた42)。

　後に利根発電の社長に就任する葉住利蔵は，群馬県新田郡太田町（現在の群馬県太田市）出身の銀行家・政治家であり，新田銀行頭取，群馬県農工銀行取締役，群馬県議会議員の職に就任していた。葉住を勧誘したのは大澤惣蔵であり，「大沢君が県の一官吏から水力発電に着目して上毛水力電気会社（上毛水電の誤りか──引用者）を起そうとした時に，第一に翁（葉住を指す──引用者）を発起人として勧誘した」43)という。次節でも述べるが，葉住は設立時の資金調達において「翁の信用の絶大」44)を活かし，重要な役割を果たした。

　この発起人会において，当初水源として予定されていた沼尾川では水量が不足するため，事業計画中の利根川水力電気から片品川の水利権を譲り受けるこ

とが決定された。そして，電気工学士である岩田武夫を主任技術者として招き，設計が変更されることになった[45]。なお，利根川水力電気からの水利権の譲り渡しについては1909年5月4日の利根川水力電気委員会において，譲り受けについては同年5月23日開催の常務委員会において，それぞれ議決されている[46]。

1909年5月25日には，上毛水電創立総会が開かれた。この総会上「定款ノ上毛水電株式会社トアルヲ，利根発電株式会社ト改」め，また，「沼尾川筋水力ヲ利用シトアルヲ，片品川云々ト改」[47]められた。当日の出席者は，東京側が笠井愛次郎をはじめ数十名，地方からは竹内，羽尾，小泉，葉住および高津の外十数名であり，上記の変更点は満場一致を以って是認された[48]。同日付けを以て，上毛水電から利根発電へと社名が変更され，利根発電株式会社として設立登記が行われた。

以上のような過程を経て，利根発電としての事業が正式に開始された。資本金は60万円とされ，本社は東京市京橋区弥左衛門町5番地，支店は前橋市竪町87番地に置かれた。取締役には東京から笠井愛次郎，内田眞，橋本忠次郎，斉藤正毅が，群馬県からは高津仲次郎，葉住利蔵，竹内清次郎，羽尾勘七が就任し，監査役には小泉善六，武政恭一郎，正田虎四郎，小林庄太郎が，それぞれ就任した[49]。取締役の互選により笠井愛次郎が社長に選任され[50]，創立事務の一切が常務委員の手から新重役へと引き継がれた。

利根発電では，1910年9月17日に前橋市で開催が予定されていた一府十四県連合共進会への送電を目指し[51]，1909年8月15日から発電所および送電線建設の工事が始められた。発電所は群馬県利根郡利南村大字上久屋石坂に置かれ，送電線は2万2,000ボルトの特別高圧に耐えうるものであった[52]という。

しかし，当時は高崎水力電気が前橋市をすでに営業区域としていたため[53]，前橋市への供給の許可を受けるのは極めて困難なことであった。そこで，利根発電役員たちは公開演説を開く[54]など，認可を得るために奔走した。このような努力の結果，1910年5月19日，前橋市への電力供給が許可された[55]が，その条件として「後発」の利根発電は前橋市内での電気供給用の配電線を，地中に埋めることを命じられた。

この地中線工事の命令により、資本金は60万円であったものの、経費は94万円余り[56]にまで膨張した。資金調達に苦慮していた利根発電は、膨張した経費を借入金に頼らざるを得なかった。そのため、新田銀行・群馬商業銀行・伊勢崎銀行といった地元金融機関や、役員からの借入金などによって、この事態に対応した。『高津仲次郎日記』には、次のような記述がある。

　　七月一日　出橋、利根発電借入金地方引請十万円新田、群馬商業、伊勢崎
　　三銀行及武政氏引請ノ件ニ付協議[57]

また、1910年7月20日に着手された地下送電線の工事[58]は、日本で最初となる工事であった。そのため、工事は困難を極めたが、大澤惣蔵の渾身の指揮[59]も効を奏し[60]、同年9月17日開催の共進会への送電に間に合わせることができた。こうして、同月26日に利根発電は開業した。一府十四県連合共進会の会期は、同年11月15日までの60日間であり、参加連合府県の生産物が陳列され、その価値が競われた[61]。利根発電は共進会場の各館にイルミネーションを施し「一大美観ヲ添ヘ前橋市ヲシテ不夜城ト化セシメ共進会成功ノ一助タルヲ得」[62]たという。

(3) 高崎水力電気との需用家獲得競争と前橋市への本社移転

前橋市への電力の供給を開始した利根発電は、上毛水電として許可を受けた当時から営業区域にしていた渋川、大胡、伊勢崎、太田、館林の各町へと送電を開始した。しかし、前橋市は元々「先発」の高崎水力電気の営業区域であり、需用家獲得のために利根発電と高崎水力電気との間で激しい需用家獲得競争が行われることとなった[63]。利根発電は広範な需用家の獲得に成功し[64]、一方の高崎水力電気は既得権を用いて反対運動を試みた[65]ものの、前橋市での電力供給数を大きく減らす結果となった。

ここで、利根発電が電力供給数を増加させた要因について考えてみよう。利根発電では料金割引のほかに、電灯取付費を一定期間免除して、需用家の獲得

を試みていた[66]。一方の高崎水力電気も同様に料金割引を行って対抗したが，同社は利根発電開業直前の1910年2月から3月にかけて，動力不足を原因として市中電灯を減光させ，被供給区域の住民からの苦情が殺到する[67]という状況にあった。そして，前橋市内の旅館，料理店組合などの需用家から，光力を回復するまでは電灯料を半減するように要求されていた[68]。しかし，交渉の進展も見られず，「会社の猛省を促したるも其効なきより大いに憤慨し」[69]というように，市内需用家の高崎水力電気への信頼は，相当に薄らいでいた。

これとは対照的に，利根発電は実際の開業に先立って，株主や県吏，新聞記者の参加による発電所工事視察を行い[70]，工事が順調に行われている様子や電力が豊富であること，設備の堅実さなどを伝えている。この様子は『上毛新聞』において詳しく報じられており[71]，利根発電に対する供給区域の人々の信頼は，高崎水力電気に対するそれと比べてはるかに大きかったことがわかる。このような地域住民からの信頼も，利根発電による広範な需用家獲得のための大きな要因となったのであろう。

このようにして繰り広げられた競争は，群馬県知事の仲介によって終了した。すなわち1911年2月22日，神山閏次群馬県知事仲介のもと，利根発電・高崎水力電気両社は，次のような案に合意した[72]。それは，利根発電が「渋川町ノ供給権及電気工作物外ニ金九万五千円ヲ高崎水力電気株式会社ニ譲渡シ前橋市ヲ抛棄セシメ其供給権利及電気工作物ノ譲渡ヲ受」[73]けるという内容の和解案であった。この和解案の合意により，利根発電は前橋市における供給権を独占することになった。

注目すべきことは，高崎水力電気との需用家獲得競争の最中に，利根発電では本社の移転と社長の交代が行われたことである。すなわち，1910年11月13日には本社が東京から前橋市へと移転し，同年12月31日付で取締役社長笠井愛次郎が辞任したのである[74]。代わって，互選により取締役葉住利蔵が社長に，前橋支店長であった大澤惣蔵が支配人に選出された[75]。

開業間もないこの時期に，経営トップの交代・本社移転が行われたのはなぜであろうか。この点については，いくつかの要因が考えられる。

第一に，日本電灯への電力供給の可否を巡る経営執行部内の意見の対立である。利根発電では，日本電灯への電力供給を計画していたが，笠井はこれに反対の立場をとっていた[76]。

　第二に，葉住のイニシアティブの問題である。葉住利蔵の伝記である『葉住松堂翁』には，「前橋共進会の点灯に際し，市内供給線を地下線とするので資本が不足し，翁は其の資金調達に敏腕を発揮したので，笠井社長は其の器にあらずとして，翁を社長たらしめた」[77]という記述がある。この記述によるならば，資金調達面における葉住のイニシアティブが，社長交代の要因であったということになる。

　第三に，本社移転を巡る問題である。『高津仲次郎日記』には，本社移転に関して次のような記述がある。

　　（1910年）十月一日　利根発電地方重役ト赤城舘ニ会シ，本社ヲ前橋ニ移スコトヲ協議ス
　　（同年同月）四日　朝上京，葉住利蔵同伴，笠井愛次郎ニ面会シ本社ヲ前橋ニ移スコトヲ勧ム，諾セズ[78]　　　　　　　（カッコ内は引用者）

　この記述によると，需用家獲得競争の最中に地方重役によって本社移転の計画が立てられたこと，そして本社移転に関しても，笠井は反対の立場であったことがわかる。このような意見の対立の中，笠井は1910年10月23日の重役会の席上，社長辞任の申し出を行っている[79]。以上の内容をまとめると，地元重役の主導のもとで資金調達，経営判断，さらには本社移転計画までも進められる中，在京の笠井社長との間に溝が深まり，社長交代，本社移転がなされたということができよう[80]。

　もともとは在京有力者の出願によってスタートした利根発電（上毛水電）の事業計画は，地元企業家の参加によって計画が実現化され，地元開催の共進会への送電を成功させた。このようにして地方企業として成長する中で，次第に経営のイニシアティブが地元重役の手に移っていった。そのことを象徴するの

が，社長交代，本社移転であった。

　以上のような経緯で，利根発電では，開業間もなくして本社を東京から前橋市に移転し，葉住利蔵，大澤惣蔵を中心とした新しい経営体制が築かれたのである。

3．利根発電会社成立期における資金調達

(1) 開業に向けての資金調達

　関東地方では，投資機会が東京・横浜に集中していたため，その他の各県は中心都市の結集力が弱く，電気事業の資金調達に大変苦しんだ[81]とされる。そこでここでは，地方の電力企業である利根発電が，いかにして多額の資金調達を成し得たのかについて検討を行いたい。

　すでに述べたように，利根発電が設立されたのは1909年5月25日であるが，設立に至るまでには，資金調達において相当に苦慮したという。群馬では大澤が中心となり，東京では鈴木直衛が主任となり，群馬，東京の二派に分かれて株式募集が行われた[82]というが，それ以外の創立委員のメンバーも，資金調達には大きく貢献した。例えば『高津仲次郎日記』には次のような記述がある。

　　(1909年1月) 六日　上毛水電株式募集ノ為メ高橋亭 (前橋市議会議員高
　　柳亨の誤りか――引用者) 氏同伴，渋川ニ到リタ刻帰橋
　　(1909年3月) 十五日　前橋行，上毛水電株式払込ノ件ニ付高柳亨氏同伴，
　　渋川行，町田久次郎面会ノ上沼田行，青池屋投宿，古馬牧村真庭澳之助氏
　　ヲ訪ヒ，同夜十時半帰宿[83]　　　　　　　　　　　（カッコ内は引用者）

　ここで，高柳亨，町田久次郎は創立委員のメンバーであり[84]，真庭澳之助は発起時に株式を引き受けた人物[85]である。上記の記述から，常務委員であった高津は渋川，沼田といった群馬県内北部の地域，とりわけ古馬牧村のような

供給地以外の地域にまで赴き,積極的に資金調達を行っていたことがわかる。また,同じく常務委員であった竹内清次郎も,桐生電灯の大澤福太郎取締役と会見し,「上毛水電企業完成の上は桐生電燈の現在供給地に於ける不足分の動力の価格を協定して賣却すべきを条件として此際株式応募の件を要求し」[86]たとされる。

栃木県佐野町[87]でも,創立委員は地元有力者らと株式引受の件で大いに交渉し,「同地（佐野町――引用者）一流の有力家たる津久居代議士（代議士佐野銀行頭取津久居彦七のこと――引用者）が眼疾の為め東京の病院に入院中なるを以て幾分取纏め上遅延を来したるも東京株式取引所理事にして大隈伯夫人の令兄たる三枝守富氏が同事業発起者たるより東京に於て津久居氏との間に目下交渉中なり」[88]というように,円滑な資金調達のために東京,地元双方の創立委員が連携することもあった。このように,株式引受人を募るために,創立委員たちは各地に赴き,人的ネットワークにもとづきつつ,精力的に資金調達活動を行っていたのである。

前橋市においても,一府十四県連合共進会の開催が決定していたため,市会を開いて利根発電設立を応援し,県知事自ら県下の資産家を説得して資金集めに参加した[89]。そして,前節においてすでに述べたように,大澤惣蔵が葉住利蔵を事業計画に引き込んだことにより,葉住をとりまく人的ネットワークの利用が可能となった。そして,館林方面の株主が拡大することになった[90]。そしてこの結果,利根発電の資金調達は大きく進展したのである。

しかしながら,1万2,000株すべての引受を達成することはできず,3,279株の不足株が発生した。そこで,創立総会前日の1909年5月24日,内田,斉藤,笠井,竹内,葉住,高津の各常務委員が,不足株分を約束手形のかたちで引き受けた。『高津仲次郎日記』においても,次のように記されている。

> (1909年5月)二十四日 日吉町鉄道協会ニ於テ上毛水電創立委員会ヲ開キ,……略……前日ノ協議ニ基キ不足株一千七百七十九株,此株金第一回払込金二万二千二百三十七円五十銭,約束手形内田眞振出シ,斉藤正毅,笠井

表3-2 発起時における株主数・株式数の分布

府県名	株主数（人）	構成比（％）	株式数（株）	構成比（％）
群馬県	60	69.8	2,935	54.5
前橋市	26	43.3	950	17.6
新田郡太田町	18	30.0	1,110	20.6
その他	16	26.7	875	16.3
東京府	21	24.4	1,950	36.2
埼玉県	3	3.5	200	3.7
その他	2	2.3	300	5.6
計	86	100.0	5,385	100.0

出典）「株式申込書」（『藤川栄一家文書』群馬県立文書館所蔵）。
注）網かけ部分は、群馬県内における地域別分布を表したものである。

愛次郎，竹内清次郎，葉住利蔵，高津仲次郎裏書ヲナシ，東京矢沢銀行ヘ差入レ一千五百株，此株金一万八千七百五十円，斉藤正毅振出シ，内田，笠井，竹内，高津裏書ヲナシ，新田銀行ヘ差入レル[91]（カッコ内は引用者）

このように，創立委員らによる精力的な株式募集活動と，常務委員の資金供給とが相俟って，創立総会までに第1回の株式払い込みを全額終了させることができたのである。

(2) 成立期における株主の分析

表3-2は，1909年1月における上毛水電株式会社の発起人引受株数および住所氏名一覧[92]に基づき，株主数，株式数を府県別に整理したものである。これによると，1909年1月現在の株主数86名，株式数5,385株の内で東京は21名，1,950株，群馬は60名，2,935株となっている。群馬・東京の二派に分かれて資金調達が行われたことを裏付ける構成になっている。

また，群馬県内についてさらに細かく地域別に分類してみると，前橋市が26名，950株であるのに対し，新田郡太田町の株主は18名，1,110株である。地元である前橋市以上に太田町の株主の引受株式数が多くなっている理由は，やは

表3-3 利根発電第1期(1909年上期)における株主の地域別・規模別分布

府県名	500株以上		200〜499株		100〜199株		50〜99株		10〜49株		9株以下		計	
	株主数(人)	比率(%)	株主数(株)	比率	株主数	比率	株主数	比率	株主数	比率	株主数	比率	株主数	比率
群馬	0	0.0	2	0.3	7	1.2	17	3.0	125	21.7	331	57.5	482	83.7
栃木	0	0.0	0	0.0	1	0.2	1	0.2	21	3.6	4	0.7	27	4.7
埼玉	0	0.0	1	0.2	1	0.2	2	0.3	16	2.8	6	1.0	26	4.5
東京	3	0.5	1	0.2	6	1.0	11	1.9	11	1.9	5	0.9	37	6.4
その他	1	0.2	0	0.0	1	0.2	0	0.0	1	0.2	1	0.2	4	0.7
計	4	0.7	4	0.7	16	2.8	31	5.4	174	30.2	347	60.2	576	100.0

府県名	500株以上		200〜499株		100〜199株		50〜99株		10〜49株		9株以下		計	
	株式数(株)	比率(%)	株式数	比率	株式数	比率	株式数	比率	株式数	比率	株式数	比率	株式数	比率
群馬	0	0.0	500	4.2	984	8.2	1,012	8.4	2,533	21.1	897	7.5	5,926	49.4
栃木	0	0.0	0	0.0	150	1.3	50	0.4	220	1.8	20	0.2	440	3.7
埼玉	0	0.0	400	3.3	160	1.3	116	1.0	240	2.0	29	0.2	945	7.9
東京	2,146	17.9	300	2.5	711	5.9	608	5.1	291	2.4	22	0.2	4078	34.0
その他	500	4.2	0	0.0	100	0.8	0	0.0	10	0.1	1	0.0	611	5.1
計	2,646	22.1	1,200	10.0	2,105	17.5	1,786	14.9	3,294	27.5	969	8.1	12,000	100.0

出典)利根発電『株主名簿』第1期。

り資金調達における葉住利蔵の影響力によるものではないかと考えられる。

次に,表3-3は,利根発電『第1期営業報告書』所収の株主名簿にもとづき,株主・株式数の規模別・府県別分布を表したものである。これによると,資金調達の1つの中心地であった地元群馬県の株主数は,総株主576名中482名と全体の83.7%に達し,圧倒的な比重を占めたということがわかる。

しかし,株式数では約半数の49.4%であり,群馬県内の株主には中小株主が多いという特徴があったといえる。一方,もう1つの中心地であった東京では,株主数は37名であり,全体の6.4%であったにもかかわらず,株式数では全体の34%に達している。大株主の割合が多いことが特徴であるといえよう。

また,表3-2で示した発起時の株主分布においては,栃木県の株主は0名,埼玉県も3名にとどまっていたが,第1期には栃木県では27名,440株,埼玉県では26名,945株となっている。これは,すでに述べたような,創立委員らによる資金調達活動の成果の現れであるといえる。

4. おわりに

　ここでは，本章において明らかにしてきた利根発電の設立，資金調達の過程についての検討をふまえ，当該期における近代企業の成立への地域社会や地方企業家の関与のあり方についてのインプリケーションを述べていくことにしよう。

　まず，電力業のような近代産業の地方への導入には，地方企業家の事業への参加や，設立に向けての熱心な働きかけが重要な要素であった。また，本章において取り上げた高津仲次郎のような地方企業家にとって，水力発電事業への参加は，単にビジネス・チャンスを求める行動ではなく，地方にもいち早くインフラとしての電力を導入し，地方の近代化を促進するという，地域振興の意図をも含む行動でもあった。

　そして，このような認識があったからこそ，在京の事業家のみではその動きが停滞していた利根発電の設立計画を，地方企業家の参加により早期に実現させることができたのである。また，このような地方企業家による働きかけのみならず，近代産業，特に電力産業のような「未知の」産業に対しては，地域社会からの承認，信頼を得るということも，企業設立の成功のための重要な要素であった。例えば，利根発電設立に先立つ利根川水系の発電事業計画において，設立運動者たちがまず行ったことは，発電所計画地附近の地域住民の承認を得るための活動であった[93]。

　さらに，資金調達面においても，地方企業家や地域社会は大きな役割を果たした。この時期においても，地方においては東京などの大都市に比して資本市場の発達が遅れており，株式の公市場における売買といった匿名的な企業金融を行うことには限界があった。したがって，地方における資金調達においては，非匿名性を前提とする人的ネットワークの必要性が，より強く求められていた。本書第1章で検討した両毛鉄道の事例においては，中央政財界における人的ネットワークの利用が有効な手段となり得たが，これとは逆に，中央から地方へ

と設立準備への協力が要請された利根発電の事例においては，地方企業家や地域社会の有力者が，自身の地元を中心として，精力的に資金調達活動を行った。こうした資金調達のあり方については，部分的にみるならば地縁・血縁を中心とした人脈の利用にとどまっていたようにも考えられるが，こうした人脈をたどった資金調達の動きが複数に絡み合い，全体として地域内において構築された人的ネットワークを利用した資金調達が行われた。

もちろん利根発電は，元々は在京の事業家により計画されたものであり，東京（中央）においても資金調達が行われていたという事実について，看過することはできない。しかし，地元の株主数・株式数の多さからみても，やはり地方の果たした役割は大きかったといえるのである。

この点について，地元株主の資本的な脆弱性について示した両毛鉄道の事例と比較すると，この時期における地方資本市場の特質が浮かびあがる。それは，大都市と比べて発達が遅れていたとはいえ，地方がイニシアティブを持ち資金調達を行える程にまで，その発達が見られたということである。利根発電の設立過程においては，地方企業家が設立準備や資金調達において主導権を握り，地方企業家自身や他の地方資産家が協力して，株式の多くを引き受けることになったのである。

このような事実は，先行研究において述べられた見解に相対する，新たな視点の提示にもなるであろう。すなわち，1880年代から1890年代において最も活発であったとされる「地方の時代」の活力，すなわち，地方が産業化に対して主導権を持っていたとされる点に関しては，むしろ日露戦後の1900年代後半以降のほうが，活発であったという可能性を示唆しているのである。

また，人的ネットワークという側面に関して検討してみても，地方におけるネットワークの形成が未熟な段階であっため中央において形成されていたそれの利用が不可欠であった両毛鉄道の事例と比べ，利根発電の事例においては，地縁・血縁を越えた，議会・事業のつながりのような地域内における人的ネットワークの形成が進み，その利用が活発に行われた。すなわち，人的ネットワーク形成という観点からみても，この時期の地方の活力は，前時期に比して

明らかにその力を増していたということができるのである。

　以上のように，本章では，利根発電の設立過程について明らかにし，同社の設立過程への地方企業家や地域社会の関わり方，資金調達のあり方について検討を行った。その結果，同社の設立過程においては，資金調達面も含め，高津仲次郎のような地方企業家の果たす役割が極めて大きかったということが明らかになった。そして，地域社会による下支えも，設立過程やその後の企業経営のためには重要な要素であり，地域社会の果たした役割も地方企業家の果たしたそれと同様に大きなものであったことが確認された。その後の同社の事業展開や，同時期における株主・資産家に関しての分析は，次章ならびに第5章において行うことにしよう。

注
1）　小池重喜「第一次大戦前後の群馬県電力産業」『高崎経済大学附属産業研究所紀要』第21巻第1号，1985年。
2）　東京電力株式会社編『関東の電気事業と東京電力』東京電力株式会社，2002年，140～144，220～223頁。
3）　丑木幸男編『高津仲次郎日記』第1巻，群馬県文化事業振興会，1998年，丑木幸男編『高津仲次郎日記』第2巻　群馬県文化事業振興会，1999年，丑木幸男編『高津仲次郎日記』第3巻　群馬県文化事業振興会，2000年は高津仲次郎が1884年から1926年までの43年間に記した「日誌」10冊（群馬県立文書館所蔵『高津和子家文書』所収）を，原本のとおり翻刻したものである。
4）　丑木幸男『評伝　高津仲次郎』群馬県文化事業振興会，2002年，13頁。
5）　同上，13～15頁，丑木幸男『近代政党政治家と地域社会』臨川書店，2003年，11～12頁。なお，上京に際しては1884年に上野－東京間に開通した日本鉄道を頻繁に利用したといい，それまで徒歩で3日かかっていた移動時間が，4時間に短縮されたという（同左，11頁）。
6）　高津は1884年から1928年にかけて県会議員・衆議院議員に断続的に当選し続け，衆議院議員には合計4回当選した。県会議員としては，県会議長も歴任した（前掲丑木『近代政党政治家と地域社会』156頁，195頁）。
7）　前掲丑木『近代政党政治家と地域社会』109頁，112頁。
8）　同上，124～126頁。
9）　同上，124頁，128～133頁。

10) 田村民男『群馬の水力発電史』七月堂，1979年，9頁。
11) 同上，11頁。なお，前橋電灯の開業は1894年5月，桐生電灯の開業は同年6月であった（同左，13頁，14頁）。
12) 群馬県『群馬県百年史』上巻，1971年，743頁，前掲田村『群馬の水力発電史』13頁。
13) 同上，742〜743頁。なお，東京では1887年から一般向けの電気供給事業が開始されていたが，火力発電であった。
14) 野条愛助「前橋案内」（同上，744頁）。
15) 同上，748頁。
16) 前掲田村『群馬の水力発電史』22頁。
17) 「高崎繁盛記」（前掲田村『群馬の水力発電史』22〜23頁，前掲群馬県『群馬県百年史』上巻，750頁）。
18) 前掲群馬県『群馬県百年史』上巻，748頁。
19) 前掲田村『群馬の水力発電史』23頁。
20) 前掲群馬県『群馬県百年史』上巻，752頁。当時の役員は，取締役社長に森宗作，取締役書上文左衛門，大澤福太郎，登坂秀興，岩下善七郎，荻野万太郎，中島宇三郎であった。後に渡良瀬水力電気は利根発電に合併されるが，同社の役員から利根発電の役員へと移行した者も多かった。
21) 「上毛の電気（二）」『電気之友』第273号，1911年2月15日，275頁。
22) 前掲東京電力株式会社編『関東の電気事業と東京電力』80頁。
23) 八木昌平「桐生の今昔」（前掲群馬県『群馬県百年史』上巻，753頁），前掲田村『群馬の水力発電史』40頁。
24) 利根発電『第8期営業報告書』7頁。同社の合併により，利根発電の資本金は153万5,000円から213万5,000円へと増加した。
25) 『群馬新聞』1919年11月5日（利根発電祝賀記念）。
26) 前掲丑木編『高津仲次郎日記』第2巻，51〜53頁。
27) 「水力電気事業（六）」『上毛新聞』1906年6月30日。
28) 『群馬新聞』1919年11月5日（利根発電祝賀記念）。
29) 前掲丑木編『高津仲次郎日記』第2巻，54〜55頁。
30) 同上，52頁，54頁。
31) 役職は，土木課長であった（新井章治伝刊行会編『新井章治』新井章治伝刊行会，1957年，37頁）。
32) 例えば，大澤は，1899年の通常県会において，河川堤防工事についての県当局の意向について発言している（群馬県議会事務局編『群馬県議会史』第2巻，

1953年, 865頁)。
33) 大澤, 高津の出席していた群馬県会には, 後に利根発電の社長となる葉住利蔵も出席していた。大澤が葉住を利根発電事業計画への参加を誘ったというが(『群馬新聞』1919年11月5日 (利根発電祝賀記念), 葉住松堂顕彰会編『葉住松堂翁』葉住松堂顕彰会, 1962年, 7頁), 大澤と葉住とは県会を通じて以前から面識があったのではないかと考えられる。
34) 「上毛水電事業 (一)」『上毛新聞』1908年10月24日。
35) 前掲田村『群馬の水力発電史』34頁, 前掲東京電力株式会社編『関東の電気事業と東京電力』140～141頁。
36) 「上毛水電成立」『上毛新聞』1909年5月28日。
37) 前掲丑木編『高津仲次郎日記』第2巻, 93頁。
38) 1908年8月5日の記述以降, 『高津仲次郎日記』には, (10月)「八日　出橋, 同夜上毛水電ノ件ニ付金井, 斉藤, 橋本ノ三氏来橋」,「九日　上毛水電株式募集ノ件ニ付事務所 (柴町玉突所三階) ニ水利権者ノ会集ヲ開ク, 同夜帰宅」,「十四日　十五日　上毛水電ノ件ニ付築地橋本忠治郎宅ニ会ス」など, 上毛水電についての記述がなされるようになった。したがって, この時期から高津が上毛水電事業計画に参加するようになったのではないかと考えられる。
39) 大澤惣蔵は, 群馬県庁の土木課の職員であったが, その職を辞し, 利根発電の経営に参画した。前掲丑木編『高津仲次郎日記』第2巻, 100頁によると, 「(1908年——引用者) 十月三日　前橋行, 大澤惣蔵県属ヲ辞シタル為メ送別会ヲ臨江閣ニ開ク, 出席ス」とある。
40) 前掲丑木編『高津仲次郎日記』第2巻, 103頁。
41) 例えば,「前橋電燈高崎水電両社合併問題 (三)」『上毛新聞』1905年7月20日によると, 同年度に前橋電燈は高崎水力電気から電力供給を受けることになっており, その際に合併をするべきではないか, という意見もあったが, 竹内ら「前橋電燈会社の重役は唯高崎に屈するが如きことあるを主張して土地観念より合併を排斥」したという。結局, この際には電力購入をすることに決し (「前橋電燈高崎水電両社合併問題 (六)」『上毛新聞』1905年7月23日), 両社の合併は1907年3月に行われた。
42) 「水力電気事業 (六)」『上毛新聞』1906年6月30日。
43) 前掲葉住松堂顕彰会編『葉住松堂翁』7頁。
44) 同上, 7頁。
45) 「利根発電株式会社」『電気之友』第234号, 1909年7月1日, 8頁。
46) 前掲丑木編『高津仲次郎日記』第2巻, 115, 116頁。

47) 同上，116頁（1909年5月25日の日誌）。
48) 「上毛水電成立」『上毛新聞』1909年5月28日。
49) 『電気之友』第234号，1909年7月1日，8頁。なお，大澤惣蔵は，会社設立当時には前橋支店長に就任していた（『群馬新聞』1919年11月5日（利根発電祝賀記念））。
50) 前掲丑木編『高津仲次郎日記』第2巻，117頁。
51) 前述の5月25日の発起人総会において，笠井社長は株主一同に，明年（1910年）6月を以って必ず営業を開始すべき旨を宣言している（「上毛水電成立」『上毛新聞』1909年5月28日）。
52) 「利根発電の内容」『上毛新聞』1909年5月29日。
53) 前橋市は元々，前橋電燈の供給区域であったが，1907年3月に前橋電燈は高崎水力電気に合併されたため，同社の営業区域となっていた。
54) 例えば，「内田眞氏の演説（上）」『上毛新聞』1910年4月20日，「内田眞氏の演説（下）」『上毛新聞』1910年4月21日。これは内田が利根発電の過去現在の状況および将来に対する抱負を演説したもので，水力電気の応用の必要性などについて説いている。この演説の最後に内田は「終りに臨で御願致し度のは来るべき本秋九月に開催さるべき府縣連合共進会の電力供給に付ては会社に於ても極力これにつとめ違算なく必ずこれに間に合せ有終の美を収め度と思ひ升依て本問題に付き最も関係深き縣官諸公におかれましても前橋市の供給区域を一日も早く許可相成様其筋へ御進達の手続等事情の許す限り便宜の処置を与えられ最大多数の国民の福利増進を図られんことを吾輩の希望として茲に一言申上げて結論とします」として，前橋市への供給権の許可を求めている。
55) 利根発電『第3期営業報告書』8頁。
56) 94万6,915円70銭であった（利根発電『第3期営業報告書』12頁）。
57) 前掲丑木編『高津仲次郎日記』第2巻，152頁。
58) 利根発電『第3期営業報告書』8頁。
59) 『群馬新聞』1919年11月5日（利根発電祝賀記念）。
60) 例えば，「利根発電の近況」『上毛新聞』1910年8月11日によると，「着々工事進捗し市内地下線工事も雨中に拘らず工事を続行し予定の期限迄には竣工せしむべき意気込なる」とあり，共進会への送電に向けて急ぎで工事が行われていた様子が窺える。
61) 前橋市史編纂委員会編『前橋市史』第4巻，1978年，764頁。
62) 利根発電『第3期営業報告書』10頁。
63) 「前橋市は需用家の争奪戦地と化し」たという（『群馬新聞』1919年11月5日（利

根発電祝賀記念))。
64)「上毛の電気事業を評す」『電気之友』第273号，1911年2月15日，263～264頁。
65)『群馬新聞』1919年11月5日（利根発電祝賀記念)。
66)「上毛の電気事業を評す」『電気之友』第273号，1911年2月15日，264頁，「利根式経営法」『電気之友』第388号，1915年12月1日，1091頁。
67)「電燈減光の取調」『上毛新聞』1910年3月6日，「電燈需用家の不満足」『上毛新聞』1910年3月8日。
68)「電燈減光の不平」『上毛新聞』1910年3月6日。
69)「減光問題の会合」『上毛新聞』1910年3月18日。
70) 工事現況視察は，1909年9月26・27日，1910年4月16・17日に行われている（前掲丑木編『高津仲次郎日記』第2巻，126頁，149頁)。
71) 例えば，「利根の水は前橋の火（上)・（下)」『上毛新聞』1909年9月29日・30日，「発電工事の概況」『上毛新聞』1910年4月20日など。
72) 利根発電『第4期営業報告書』11頁，『群馬新聞』1919年11月5日（利根発電祝賀記念)。
73) 利根発電『第4期営業報告書』8頁。
74) 同上，7頁。なお，11月13日には前橋市竪町87番地に移転して前橋支店が廃止され，さらに翌1911年1月6日には本社は前橋市北曲輪町乙50番地に移転した。東京の旧本社は東京出張所とされたが，1911年1月18日には廃止された。
75) 同上，2～3頁。
76) 1910年10月4日の『高津仲次郎日記』には次のように記されている。「四日　笠井氏面会ノ際日本電灯会社ヨリ利根発電会社ノ電気供給ノ契約ヲ締結シタキ旨ノ申込アリタル旨協議アリタレ圧承諾セズ」（前掲丑木編『高津仲次郎日記』第2巻，159頁)。
77) 前掲葉住松堂顕彰会編『葉住松堂翁』7～8頁。
78) 前掲丑木編『高津仲次郎日記』第2巻，159頁。
79) 同上，160頁。
80) 本社移転の翌年の1912年上半期をもって，創立常務委員時代から利根発電の経営に深く関係していた高津仲次郎，内田眞も取締役を辞している。彼らの辞任に対する笠井の社長辞任の影響については定かではないものの，『高津仲次郎日記』記述から検討すると，笠井のように葉住らとの意見の相違があったというよりも，むしろ元々企図していた利根川水力電気事業計画が具体化されてきたため，その活動を優先させた結果であると考えられる。
81) 前掲東京電力株式会社編『関東の電気事業と東京電力』83頁。

82) 『群馬新聞』1919年11月5日（利根発電祝賀記念）。
83) 前掲丑木編『高津仲次郎日記』第2巻，107頁，112頁。
84) 創立委員の氏名については，表3-1を参照のこと。
85) 持株数についていうと，町田は30株，真庭は100株であった。「株式申込書（上毛水電株式会社株式5株）」（『藤川栄一家文書』請求番号 H12-1-1近現　文書番号15/17 群馬県立文書館所蔵）。
86) 「上毛水電と桐生」『上毛新聞』1908年10月27日。
87) 栃木県佐野町は，出願当初は供給地とはされていなかったが，第一期工事計画のときには，館林方面の供給の終点地として，足利町とともに供給が予定されることとなった。(「上毛水電事業（二）」『上毛新聞』1908年10月25日）しかし，1910年1月17日付の申請に対し，栃木県下については許可を得ることはできなかった（利根発電『第3期営業報告書』3頁）。
88) 「上毛水電と各地」『上毛新聞』1908年11月10日。
89) 『群馬新聞』1919年11月5日（利根発電祝賀記念）。
90) 同上。また，『上毛新聞』1909年1月1日にも，館林方面の株式募集の状況について「委員葉住利蔵氏等の尽力にて悉く一致歓迎するに決定した」とされている。
91) 前掲丑木編『高津仲次郎日記』第2巻，116頁。
92) 「株式申込書（上毛水電株式会社株式5株）」（『藤川栄一家文書』請求番号 H12-1-1近現　文書番号15/17 群馬県立文書館所蔵）。
93) 「水力電気事業（六）」『上毛新聞』1906年6月30日。

第4章　第一次世界大戦期における地方企業の経営と企業統治
―――利根発電を事例として―――

1．はじめに

　本章では，前章に引き続いて利根発電を事例とし，本社移転から東京電灯への合併に至るまでの企業経営について検討する。そして，地方企業がその域を越えて成長しようとするときに直面した企業統治を巡る意思決定過程の解明に焦点をあてながら，戦前期，特に1910年代における企業経営と企業統治のあり方について明らかにすることを主な課題とする。

　前章においてすでに述べたように，利根発電は，1909年に資本金60万円で設立され，設立当初は群馬県内を供給区域とする地域的な電力企業であった。しかしその後，近隣の電力企業の合併や供給地域の拡大を続け（図4－1），1920年には資本金が2,200万円となり，群馬，埼玉，栃木，東京の4県にわたる供給地域を持つ，地域的企業の域を越えた大企業に成長した。しかし，その成長途上にあった1921年4月，利根発電は東京電灯に吸収合併されたのであった。

　ここで，本章に関連する研究史について述べることにしよう。1921年に利根発電を合併した東京電灯は，1920年代に関東地方の電気事業者の多くを合併・買収し，それによりいわゆる「五大電力」[1]の一角を占める有力な電気事業者となった。東京電灯による企業合同のあり方については，橋本寿朗，橘川武郎，加藤健太の研究において明らかにされている[2]。

　まず，橋本寿朗によると，1920年代前半における東京電灯の企業吸収，合併には大別して2つの性格があり，その1つは供給区域の拡大をもたらしたもので，いま1つは供給力の増大を目的としたものであったとし，利根発電の合併

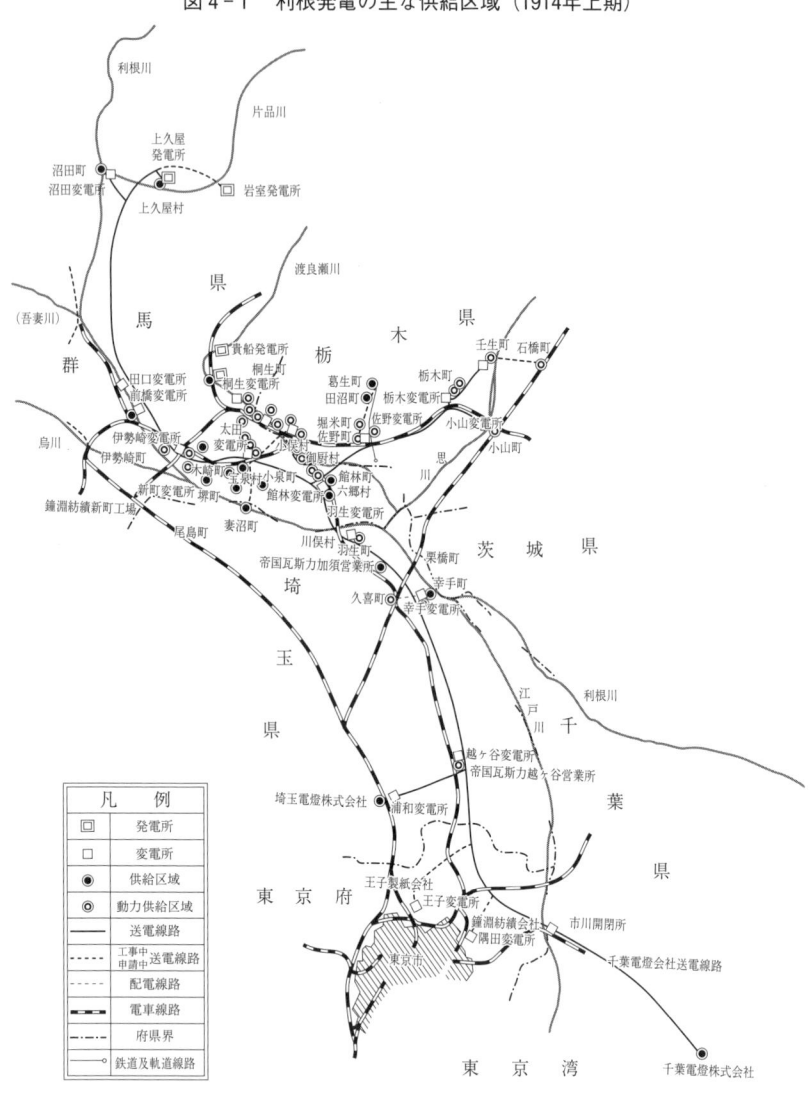

図 4-1　利根発電の主な供給区域（1914年上期）

出典）田村民男『群馬の水力発電史』46頁および利根発電『営業報告書』第11期をもとに筆者作成。

はこの2つの性格を併有したものであるとしている[3]。一方，橘川武郎は，東京電灯が推し進めた企業合同により，その後の同社の業績悪化がもたらされたとし，その基本的な要因を若尾璋八ら「甲州財閥」系経営者の先見性を欠いた経営行動に求めている[4]。

また，加藤健太によると，東京電灯の企業合併は，1920年代初頭には発電費用の節減と収益性の向上に寄与し，20年代後半においては，資産の膨張とそれに伴う利益率の低下を招いたが，その一方で，電力連系によるネットワーク経済性を実現した，という意味で戦略的側面を持っていたとし[5]，利根発電の合併は，同社が持つ広汎な供給区域や水利権に加え，発送電網の拡充という戦略的な重要性を有していたという[6]。

このように，利根発電を合併した東京電灯サイドからの分析については，すでに多くの研究があるといえる。しかし，利根発電自体に関する研究の蓄積は少なく，前章でも述べたとおり，東京電力の電気事業史と，小池重喜による研究を挙げ得るにとどまる[7]。このなかで，東京電力株式会社編『関東の電気事業と東京電力』では，利根発電の経営史について概観を提供しているものの，主に利根発電『営業報告書』から得られる経営状況についての分析に主眼が置かれており，企業統治に関する記述は少ない。すなわち，利根発電の企業統治に関して「1911年下期に行った倍額増資の際，東武鉄道社長の根津嘉一郎が筆頭株主となり，……略……根津はこれ以降，利根発電の経営に強い影響力を及ぼすことになった」[8]という興味深い指摘が見られるが，それ以上の立ち入った検討は行われていないのである。

一方，小池重喜によると，利根発電の営業成績を高崎水力電気と比較しているが，東京電力株式会社編『関東の電気事業と東京電力』と同様に，企業統治には関心を払っていない。また小池は，早期の東京電灯への合併要因について，「9年上期迄の経営状態がその1つの背景にあったと言ってよい」[9]として，経営状態の悪化をその要因として挙げながら，他方で「但し，利根発電の経営状態が非常に悪化していたといった兆候は，なお現れていなかったと言えよう」としている。すなわち，小池が一方では東京電灯への合併要因としてあげ

ている利根発電の経営悪化という理由は, 同一論文内において, 「非常に悪化していたわけではない」というような, あいまいな表現によって締め括られている。このような点は, 利根発電の東京電灯への合併の理由について再検討の余地があることを示しているのである。

　本章では以上のような研究動向をふまえ, 利根発電が地方企業として出発しつつも, その域を越えた成長を遂げた点に注目し, 企業成長とその過程で生じた企業統治構造の変化, およびその変化が経営上の具体的な案件に与えた影響について検討を行う。そのうえで, 本書第1章・第2章において検討した両毛鉄道における企業経営のあり方と, 利根発電におけるそれについての比較を行い, 同一地方における企業経営の時期的な変化についても検討することにしたい。

2. 利根発電の成長と終焉

(1) 「利根式経営法」と会社の拡張

① 「利根式経営法」

　前章においてすでに述べたとおり, 開業後間もない時期に, 前橋市における供給権の独占, 本社移転, 経営トップの交代を経験した利根発電では, 新たな経営体制のもとで事業展開が行われることとなった。社長は葉住利蔵であったが, 実際の経営の実権は, 県職員出身の大澤惣蔵が握った[10]。そして, 葉住・大澤ともに, 電気事業家のあり方に関して, 次のような考え方を持っていた。

　　日本帝国の経済基礎は工業にあり之を発達せしめざれば帝国を発達せしむるを得ず, 将来世界に覇を為すべき我日本帝国は, 必ず工業発展時代を現出すべきを以て之れに処する唯一の途, 而して電気事業家たる以上, 発電出力を増加し, 工業の生命たる大動力を供給するにあり[11]

これは，日本の工業化を電力供給という側面から支えていこうとする考え方であり，それはつまり，今後の経営方針として電力供給量を増加させ，積極的に事業規模を拡大していくということを意味していた。

利根発電のこのような積極的な経営姿勢は，雑誌『電気之友』第388号において，「利根式経営法」として次のように記されている。

> 利根発電株式会社の営業法は薄利多売主義なり，低廉なる工事費と営業費の節約とにより料金を低廉ならしめ以て短期間に多数の需用家を獲得し利益の増進を図るもの即ち利根式経営法なり，換言すれば吾社の経営法は積極的なり[12]

この記事では，「短期間に多数の需用家を獲得」した要因について，①無料取附と五燭灯無制限，②工場内取附電灯の割引，③支線付鉄塔の工費，の3項目が挙げられている。以下，これらについて簡単に説明しよう。

まず，①の無料取附とは，一定の期間，器具取付料を無料としたことをいい，新聞広告への掲載，勧誘員による勧誘も積極的に行われた。その結果，「其都度一地方に於て数百灯を増加したる例少なからず」[13]となったという。また，五燭灯無制限についていうと，地方では一般的に五燭灯取付には制限が付され，「軒灯，若くは便所等の場所以外には此を取附けざる」[14]ことになっていた。しかし，利根発電はこの制限を撤廃し，屋内の何れにおいても五燭灯を設置できることとした。これにより，数千個の灯数増加がみられた[15]。

②の工場内取附電灯の割引とは，職工1人に対して1灯の割合で1年契約において電灯取付を行う工場に対し，電灯料金の割引を実施したことをいう[16]。この割引の背景には，生糸または機織工場での電灯普及の促進という，地元産業と関連した理由があった。そして，この割引の結果，「五燭灯を取附くる工場著しく増加して灯数激増の一因を為」[17]したという。

また，③の支線付鉄塔の工費とは，送電線路用鉄塔の建設において支線付鉄塔を採用し，工費の大幅な節減を行ったことを指す。支線付鉄塔とは，電信線

用木柱にステーおよび支柱を取り付けるのと同様に，鉄塔の四方に支線（ステー）を取り付けたものである[18]。この支線付鉄塔は，利根発電初代技師長・岩田武夫の考案によるものであり，通常の鉄塔と比べて使用する材料が約3分の1で済み，経費の大幅な節減が可能となった[19]。なお，利根発電ではこのような支線付鉄塔だけでなく，「本社発電所の如きも所謂利根式と称し出来る限り設備を簡単にし工費を低廉ならしめた」[20]という。徹底した経費節約の方針がうかがえる。

このように，利根発電の経営方針は，経費節約，需用家還元を図りながら「終始一貫，まず設備を完成して後需用の増加を図るの方針」[21]であった。

②専門経営者・大澤惣蔵について

由井常彦によると，日本の近代企業を組織的にも経営的にも大企業へと成長させるうえで革新的な役割を果たした人々，換言すれば大企業への発展への主動力となった経営者は，社長よりむしろ専務取締役の中から現れた[22]という。利根発電においても，経営の実権を握っていたのは専務取締役であった大澤惣蔵であり[23]，彼の経営手腕は，利根発電を短期間の内に大きく成長させる原動力となったのであった。このように，大澤惣蔵は利根発電の経営の中心人物であったが，その出自については余り知られておらず，大澤の経歴について記載されたものも殆どないが，大澤の死去を伝える『上毛新聞』（1920年6月27日）によると，

> 壮時故後藤伯の麾下に其寵愛を受け政界に馳駆し早くも霹靂手として前途を嘱望されたるも伯の薨去と共に志しを政界に断ち後明治廿三年本縣土木課に官吏たりしも嚢中の錐は本縣水電事業の勃興に依って頴脱し野に退いて苦心惨憺現利根発社長たる葉住氏を補佐して明治四十三年六十万円の利根発電をして関東北唯一の水電王たるの偉観を呈するに至らしめ半面心血を縣実業界の発展に灌ぎ貢献する処少からず

とされている。上記の記事によれば，大澤惣蔵は1890年に群馬県庁の土木課の職に就く以前は後藤伯のもとで「政界に馳駆」していたという。実際どのような活動を行っていたのかについては，残念ながら詳しく知り得ることはできないものの，1つの手がかりとして，大澤は1888年6月1日創刊の雑誌『政論』の発行人兼編輯人であったという点を指摘することができる。

表4-1 利根発電合併・買収企業一覧

合併・買収企業名	合併買収年月
利根電力	1911.11
栃木電気	1912.7
前橋電気軌道	1912.12
渡良瀬水力電気	1912.12
幸手電灯	1914.3
前橋瓦斯	1915.2
利根川水力電気	1920.2

出典）田村民男『群馬の水力発電史』38頁。

この雑誌は，「後藤伯ニ親善ナル人士」がその主筆を担当し，「伯モ亦此雑誌ヲ以テ機関トシ政治上ノ持論ヲ吐露」するものであったという[24]。なお，「後藤伯」は，1889年4月1日発行の『政論』第16号において「後藤伯ガ政府ニ入テ内閣ニ列シ，逓信大臣ノ椅子ヲ占ムルニ至リ」[25]との記述があるため，1889年3月22日に黒田清隆内閣の逓信大臣として入閣した後藤象二郎を指すといえる[26]。

このように，後藤象二郎のもとで雑誌の発行，編集を行っていた大澤惣蔵であったが，1888年11月6日発行の『政論』第11号が発行停止処分となった[27]。なお，その後『政論』の発行人，編集人はそれぞれ西野友由，大磯彦六という人物に代わっている。そして，上記の新聞記事によれば，大澤は後藤象二郎の薨去により1890年に政界を断念して群馬県庁の職員になったとされているが，実際に後藤象二郎が死去したのは1897年のことであるため，1890年に県庁職員に下野した直接の要因には，雑誌編集をめぐる一連の動きがあったのではないかと考えられる。

こうして群馬県庁土木課の職員となった大澤は，県の土木事業の当局者として群馬県会にも臨席し，治水工事の件などに関して，議会における発言も行っていた[28]。後に利根発電において大澤は工事の指揮監督等において大きな力を発揮することとなるが，その基礎は県庁職員時代に培われたものであると考えられる。また，人脈という面においても，大澤が県職員として臨席していた群

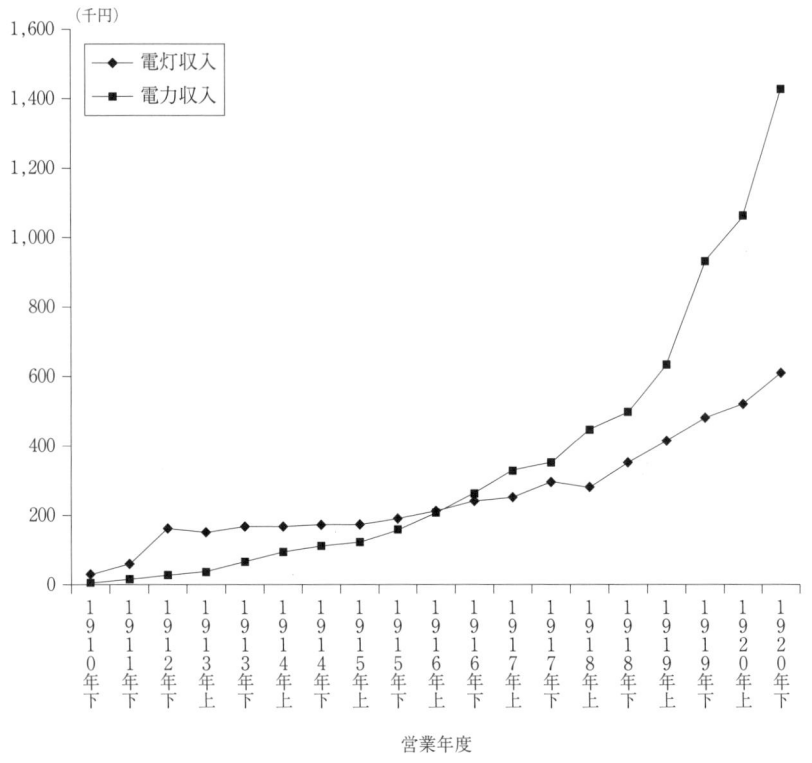

図4-2　利根発電における電灯・電力収入の推移

（縦軸：千円、横軸：営業年度　1910年下～1920年下）
凡例：◆電灯収入　■電力収入

出典）利根発電『営業報告書』各期。

馬県会には，後に利根発電の役員となる高津仲次郎，葉住利蔵なども県会議員として参加していた。利根発電の起業・経営をめぐるネットワークを構築するうえでも重要な時期であったといえよう。

　このように，利根発電において経営のイニシアティブを握っていた大澤惣蔵は，群馬県庁職員出身であり，それ以前においては中央政界とも深く関連する人物であった。こうした中央での経験は，地方企業でありながらもその域を越えて成長しようとする利根発電の経営方針に少なからず影響を与えていたものと考えられる。また，県庁職員としての経験は，発電事業における経営手腕を

表4-2 利根発電経営状況

(単位：千円)

	資本金	払込資本金	借入金	積立金	収入	支出	利益金	ROE (％)	配当率 (％)
1910年上期	600	600	337						
1910年下期	600	600	530		44	21	23	7.7	
1911年下期	1,200	887	530	7	93	55	38	8.6	8.0
1912年下期	2,135	2,135	1,090	44	290	182	108	10.1	9.0
1913年上期	6,000	3,101	1,500	57	273	106	167	10.8	9.0
1913年下期	6,000	3,101	1,750	77	312	144	168	10.8	9.0
1914年上期	6,000	3,101	2,625	54	378	217	161	10.4	9.0
1914年下期	6,100	4,152	3,565	64	367	189	178	9.8	9.0
1915年上期	6,100	4,168	4,000	74	384	188	196	9.4	9.0
1915年下期	6,100	4,747	4,000	84	438	288	150	6.7	6.0
1916年上期	6,100	5,327	3,570	94	523	274	249	9.9	7.0
1916年下期	6,100	5,411	3,750	114	606	364	242	9.0	8.0
1917年上期	6,100	6,100	3,380	134	705	384	321	11.2	9.0
1917年下期	6,100	6,100	3,389	154	927	545	382	12.5	10.0
1918年上期	6,100	6,100	3,560	174	887	522	365	12.0	10.0
1918年下期	6,100	6,100	3,280	194	1,013	542	471	15.4	10.0
1919年上期	16,000	8,575	2,500	219	1,243	506	737	20.1	10.0
1919年下期	22,000	10,075	3,500	259	1,655	857	798	17.1	12.0
1920年上期	22,000	13,947	2,500	299	1,957	1,143	814	13.6	12.0
1920年下期	22,000	14,050	3,500	344	2,382	1,291	1,091	15.6	

出典）利根発電『営業報告書』各期。
注）1911年上期，1912年上期は営業報告書欠号のため不明。

発揮するうえでも，また地元におけるネットワーク形成という観点からも，大きな影響を与えていたものと考えられる。

③**会社の拡張**

　積極的経営方針のもとで，利根発電は近隣企業の合併を積極的に行った。表4-1は，利根発電が合併した企業を一覧にしたものである。1911年の利根電力の買収をはじめとして前橋電気軌道，渡良瀬水力電気，幸手電灯，前橋瓦斯，利根川水力電気というように，近隣企業を次々と合併した。そして，1912年11月の前橋電気軌道の合併により，電車運輸事業を兼営するようになり，1920年1月の利根川水力電気の合併により，利根川水域全体の水利権を掌握した。利

根発電は，積極的に近隣企業を合併しつつ企業規模の拡大を行っていったのである。

また，会社設立当初は地元への電灯供給を中心としていたが，1912年8月における上久屋発電所－市川町間の送電線の完成[29]を受け，帝国瓦斯力電灯越ヶ谷変電所，千葉電灯市川開閉所，埼玉電灯浦和変電所へと電力供給を開始した[30]。その後も，発電量の増加とともに電力供給量，供給先も大幅に増加した[31]。

図4-2は，利根発電の電灯収入と電力収入の推移をグラフ化したものである。1916年上期を境として電力収入が電灯収入を上回るようになり，その後も電力収入は著しい伸びを示し，1921年の合併直前には電灯収入の2倍以上の額となっている[32]。

供給地の拡大や大戦ブームの影響による電力需要の増加に対応して，発電所の拡大も計画された。1918年11月27日の臨時株主総会で，上久屋発電所の拡張を行うことが決定された[33]。そして，建設費への充当のため，資本金を610万円から1,600万円に増資することも決定された[34]。

このような利根発電の規模拡大にあたり，開業初期には株式による資金調達が難航し，借入金にも多く依存していた[35]（表4-2）。しかしその後，電力供給先の確保による営業収益の拡大によって利益率の上昇が見られ，配当率も1917年下期以降は1割以上を維持するようになった。このような経営の安定に加え，大戦ブームにより株主層も拡大して増資が順調に行われ，借入金への依存度が低下した。

(2) 利根川水系水利権の掌握と東京電灯への合併

利根発電は，1910年代後半にも積極的な供給区域の拡大を続け，1917年12月には東京電灯，東京市電気局，日本電灯の3社による激しい需用家獲得競争の中で「まだ穴の明いてゐ」[36]た東京府南葛飾郡への電力供給を開始した[37]。この東京進出について，専務取締役の大澤惣蔵は，後に次のように述べている。

会社の前途は供給区域を広く取るのに限ると信じて,遮二無二,関東一円を荒らそうとして遂に東京府下に侵入し得たので,大いに安心をしたが,その成功までには人知れぬ一大苦心もあつた[38]

東京への進出は,大澤にとっての大きな目標であったことがわかる。とはいえ,この東京への進出は,皮肉にも後の東京電灯による買収の端緒を開くことになった。

さらに1920年2月には,利根川水力電気の買収を行った。利根川水力電気は,1907年前後に起源を持ち,利根川水系に合計11カ所・約4万8,000kwの水利権を獲得していた。資金調達難などによる約10年間の事業停滞の後,1917年7月26日に創立総会が開かれ,1919年9月には発電所建設工事が着工された[39]。しかし,再び資金調達難に陥った同社は,豊富な水利権保有を背景に,桂川電力もしくは利根発電への合併を企図した[40]。そして,より有利な条件を提示した利根発電に買収されたのである。

利根川水力電気の買収により,利根発電は利根川水系全域の水利権を得ることになった。電力供給会社にとって,大量で安定的な電源の確保,水利系統による統一は極めて重要なことである[41]。すでに述べたように,利根発電は今までに多くの近隣電力企業の買収を行ってきたが,利根川水力電気の買収は,利根川水系全域の水利権を手中に収めるという点において,特に大きな意味を持つものであった。こうして,会社設立からわずか10年ほどの間で,利根発電は「群馬県内最大の事業会社」[42]へと成長し,さらには「本邦電気事業界一方の雄鎮たるに至り,更に将来を嘱望さるるの盛運を迎えた」[43]のである。

「関東水力電気王の観」[44]があるといわれるまでに成長した利根発電は,これにとどまらずに更なる事業拡大をめざした。1920年に買収した利根川水力電気においては,利根川・湯檜曽川に水源を有する小松発電所の建設が着工されていた。利根発電ではその当時,上久屋発電所の拡張工事が予定されていたが[45],この予定を変更し,まずは小松発電所の建設を進めることにした。そして,小松発電所の完成を待って上久屋発電所の建設を行うことになった[46]。

また，高崎水力電気の合併も計画された。「高崎水電は高率配当をして表面を繕つてゐたが，経営は相当苦し」[47]かったという。利根発電は，地元供給権の掌握を目指し，「次は高崎水電に狙ひをつけた」[48]のである。そこで，高崎水力電気買収に向けて，当時の支配人新井章治，株式主任石田重利らによる実地調査が開始された[49]。

しかし，更なる企業規模拡大が企図される中，1920年6月25日に大澤惣蔵が急逝し，その後東京電灯への合併計画が表面化した[50]。この経緯については後述するが，この合併計画を強く推進したのは，利根発電の筆頭株主・根津嘉一郎であった。合併計画は急速に実現に向かい，1920年12月28日開催の臨時株主総会上，東京電灯への合併が議決された[51]。合併条件は以下のとおりであった。

甲（東京電灯——引用者）ハ甲乙（利根発電——引用者）合併ノ結果トシテ資本金弐千弐百万円ヲ増加シ合併期日ニ於ケル乙ノ最後ノ株主ニ対シ其所有株式額面五拾円全額払込済ノモノ拾弐万弐千株ニ対シ壱株ニ付五拾円全額払込済ノモノ壱株同弐拾五円払込ノモノ参拾壱万八千株ニ対シ壱株ニ付同額払込ノモノ壱株ノ割合ヲ以テ交附スルモノトス[52]

つまり，1対1の対等合併であり，当時の株価の違いなどから見ると，これは利根発電の株主にとって有利な合併条件であった[53]。

こうして，1921年4月1日付で利根発電は東京電灯に合併され，同社は解散することになった[54]。解散後は，利根発電本社跡地が東京電灯前橋支店として引き継がれ，合併時において利根発電社長であった葉住利蔵は東京電灯取締役に，専務取締役であった武政恭一郎・大島戸一はそれぞれ取締役・監査役に，取締役支配人であった新井章治は前橋支店長に就任した[55]。このようにして利根発電は，1909年の設立からわずか10年余りで東京電灯に合併されたのである。

(3) 小括

1909年に設立された利根発電は，設立当初には本社は東京に置かれ，在京の

役員も多く存在していた。しかし，前橋市開催の共進会への送電の成功，高崎水力電気との間の需用家獲得競争の勝利，本社移転を経て，経営のイニシアティブは地元役員のもとへと移行した。そして，前橋支店長から専務取締役に昇進した大澤惣蔵が経営の実権を握り，「利根式経営法」と称される積極的経営を展開した。積極的経営方針のもと，大幅な需用家の獲得，供給地の拡大を行った利根発電は，利根川水系全体の水利権を統一し，資本規模も2,200万円という，群馬県内最大規模を誇る企業[56]へと成長した。

また，設立当初は周辺地域への電灯供給を中心とする企業であったが，次第に卸売電気事業者としての性格を強めるようになった。供給区域についてみても，1917年には東京府下にまで供給区域を拡げ，地域的電力企業の範囲を越えた発展を遂げた。しかし，更なる成長が期待されるなか，大澤惣蔵が死去し，その後間もなくして東京電灯への合併が決定された。

このように，利根発電は，結果的には設立から10数年で東京電灯に合併された。しかし，①県職員出身の大澤惣蔵主導のもと，積極的経営方針が採られたこと，②そのような方針のもとで着実に会社規模を拡大し，経営も安定したこと，③前橋に本社を置き，地元出身の経営陣中心の経営体制でありながら，地域的電力企業の域を越えた成長を遂げたということに，その特色があったといえる。

3．利根発電の役員と主要株主

(1) 役員の推移

ここではまず表4-3に注目することにしよう。同表は，利根発電における役員（社長・取締役・監査役・相談役）の在任期間を示している。

この表によると，開業当初の利根発電においては，創立委員として設立に関係した人物を中心に役員が構成されていた。前章においてすでに述べたように，開業直後に社長が笠井愛次郎から葉住利蔵に交代し，その後も役員に若干の異

表4-3　利根

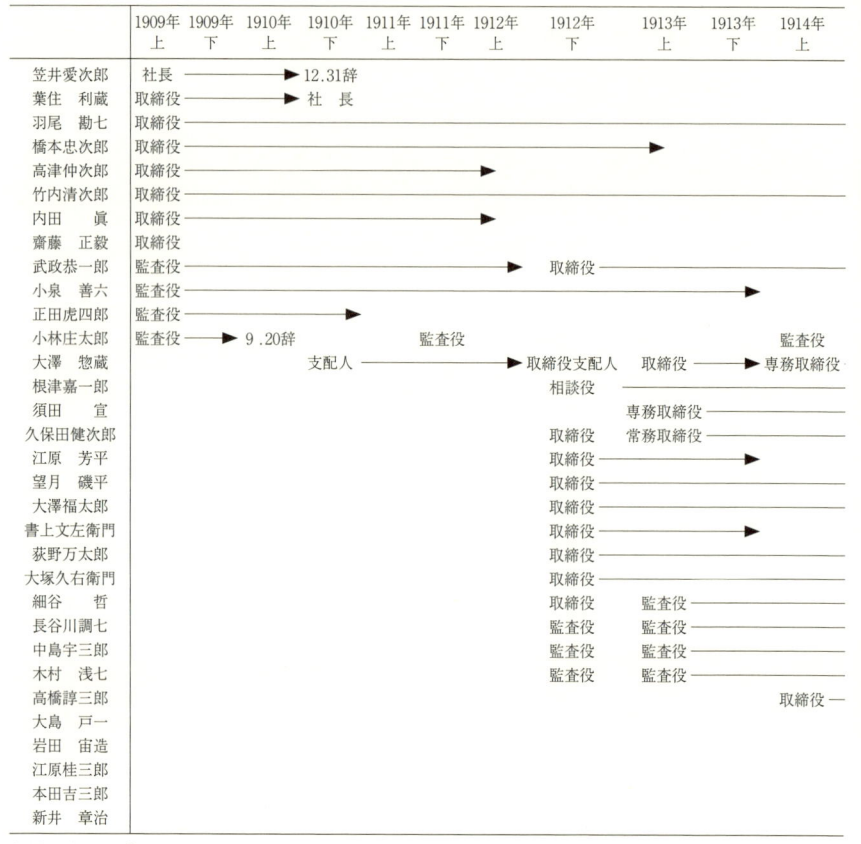

	1909年上	1909年下	1910年上	1910年下	1911年上	1911年下	1912年上	1912年下	1913年上	1913年下	1914年上
笠井愛次郎	社長 ────→ 12.31辞										
葉住　利蔵	取締役 ──→ 社長 ──────────────────────────────→										
羽尾　勘七	取締役 ──────────────────────────────────────→										
橋本忠次郎	取締役 ──────────────────────────────→										
高津仲次郎	取締役 ──────────────→										
竹内清次郎	取締役 ──────────────────────────────→										
内田　眞	取締役 ──────────────→										
齋藤　正毅	取締役										
武政恭一郎	監査役 ──────────────────→ 取締役 ────────────→										
小泉　善六	監査役 ───────────────────────────────────────→										
正田虎四郎	監査役 ──────→										
小林庄太郎	監査役 → 9.20辞　　監査役 ─────────────────────　監査役										
大澤　惣蔵	支配人 ─────→ 取締役支配人　取締役 ─→ 専務取締役										
根津嘉一郎	相談役 ──────────→										
須田　宣	専務取締役 ─→										
久保田健次郎	取締役　常務取締役 ───→										
江原　芳平	取締役 ─────────→										
望月　磯平	取締役										
大澤福太郎	取締役										
書上文左衛門	取締役 ─────────→										
荻野万太郎	取締役										
大塚久右衛門	取締役										
細谷　哲	取締役　監査役 ─────→										
長谷川調七	監査役　監査役 ─────→										
中島宇三郎	監査役　監査役										
木村浅七	監査役　監査役										
高橋諄三郎	取締役 ─										
大島　戸一											
岩田　宙造											
江原桂三郎											
本田吉三郎											
新井　章治											

出典) 利根発電『営業報告書』各期。

動が生じた。1911年下期の倍額増資の際に筆頭株主となった根津嘉一郎は，相談役[57]に就任し，以後1921年の東京電灯への合併まで相談役の地位にあった。

また，近隣電力会社の合併により，被合併会社の役員が利根発電の役員に就任するケースもみられた。1912年下期に新たに取締役ないしは監査役に就任した者のうちで，久保田健次郎，大澤福太郎，書上文左衛門，荻野万太郎，中島宇三郎，木村浅七は，渡良瀬水力電気の役員であったが，利根発電が同社を合併した際の合併契約に，同社から役員（取締役4名・監査役2名）を選任する

発電役員一覧

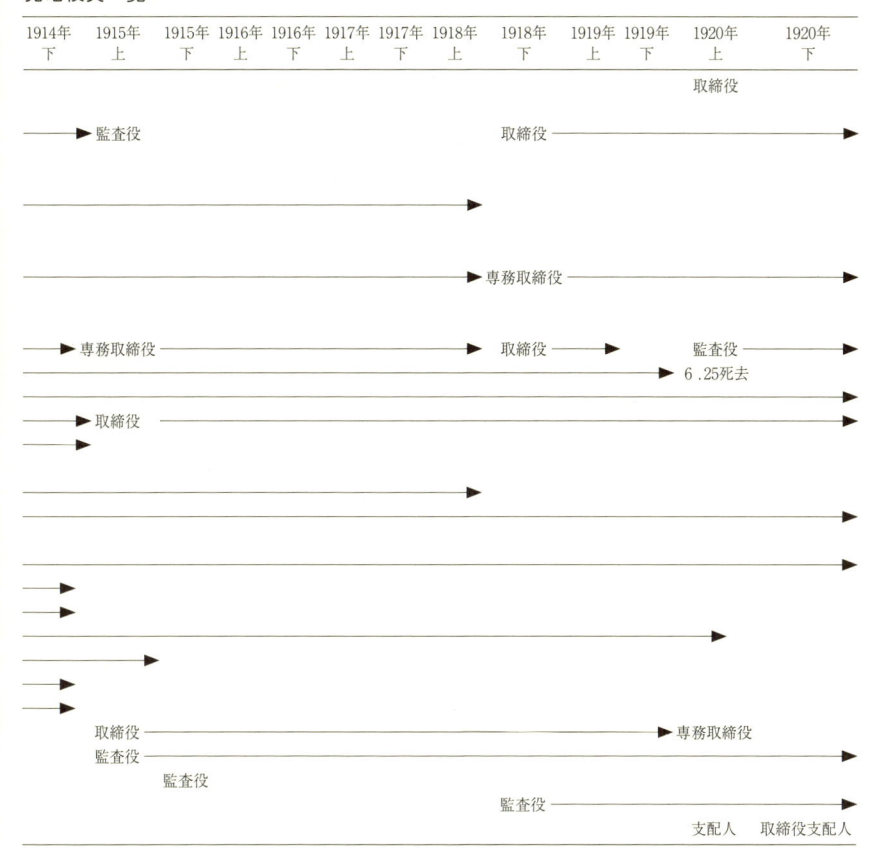

1914年下	1915年上	1915年下	1916年上	1916年下	1917年上	1917年下	1918年上	1918年下	1919年上	1919年下	1920年上	1920年下
											取締役 →→→	
→ 監査役 ―――――――――――――――→ 取締役 ――――――――――――――→												
――――――――――――――――→												
――――――――――――――→ 専務取締役 ―――――――――――→												
→ 専務取締役 ―――――――――→ 取締役 →→ 監査役 ―――→												
									6.25死去			
→ 取締役 ――――――――――――――――――――――――→												
→												
―――――――――――――→ ――――――――――→												
→												
→												
→												
→												
取締役 ―――――――――――――――→ 専務取締役 ――→												
監査役												
監査役 ―――												
監査役 ―――――――→												
支配人 取締役支配人												

ことが定められていたことから[58]，この契約に基づいて利根発電の役員に就任したのである。その際，利根発電では定款改正を行い，役員数を増加させた[59]。また，1913年上期に新たに専務取締役に就任した須田宣は，後述する1913年役員総辞職問題の際に，根津の意向により選任された[60]。このように，根津が利根発電の大株主として資本的に参入するようになってからは，資本的な参加のみならず，こうした役員選定の場面においても，影響力をもつようになったのである。

表4-4 利根発電の主要株主(上位30名)

第1期(1909.5.25~9.30)

順位	姓名	居住地	株式数(株)	比率(%)	職業等
1	橋本忠次郎	東京	1,146	9.6	利根発電取締役・橋本組(土木請負業)・国光印刷社長・肥後酒精社長
2	藤 金作	福岡	500	4.2	衆議院議員
3	笠井愛次郎	東京	500	4.2	利根発電社長・東京護謨取締役社長・土木技師
4	中平治三郎	東京	500	4.2	経国銀行取締役・国光印刷監査役・札幌市街軌道取締役
5	武政伊三次	埼玉	400	3.3	深谷銀行取締役
6	大塚久右衛門	群馬	300	2.5	利根発電創立委員・新田銀行取締役
7	内田 眞	東京	300	2.5	利根発電取締役・大谷炭鉱取締役
8	渋澤 金蔵	群馬	200	1.7	利根発電創立委員・新田銀行取締役・江戸川煉瓦取締役
9	葉住 利蔵	群馬	190	1.6	利根発電取締役・新田銀行頭取
10	荒瀬久四郎	東京	174	1.5	利根発電主事
11	清水 源六	群馬	174	1.5	
12	竹内清次郎	群馬	160	1.3	利根発電取締役・群馬商業銀行監査役・上毛物産銀行監査役
13	武政恭一郎	埼玉	160	1.3	利根発電監査役・深谷銀行取締役
14	高津仲次郎	群馬	150	1.3	利根発電取締役・衆議院議員
15	小林庄太郎	栃木	150	1.3	利根発電監査役・佐野商業銀行頭取・上毛モスリン監査役・貸金業
16	大岡 育造	東京	134	1.1	衆議院議長
17	高橋諄三郎	群馬	110	0.9	利根発電創立委員・群馬県農工銀行取締役
18	三枝 守富	東京	103	0.9	利根発電創立委員・東洋食塩監査役・東京株式取引所監査役・小倉鉄道取締役
19	羽尾 勘七	群馬	100	0.8	利根発電取締役・伊勢崎銀行取締役・伊勢崎倉庫取締役
20	副島 延一	東京	100	0.8	利根発電創立委員・満州煉瓦取締役・日本安全油取締役
21	根岸粕太郎	群馬	100	0.8	
22	中島 行孝	東京	100	0.8	東京株式取引所理事・前橋馬車鉄道社長
23	野村久一郎	福岡	100	0.8	博多瓦斯取締役
24	齋藤 正毅	東京	100	0.8	利根発電創立委員
25	荒井 藤吉	東京	90	0.8	
26	木暮松三郎	群馬	85	0.7	利根発電創立委員
27	小泉 善六	群馬	85	0.7	利根発電監査役・前橋市参事会員・貸金業
28	大澤 惣蔵	群馬	76	0.6	利根発電前橋支店長・元群馬県庁職員
29	阿久澤太郎平	群馬	70	0.6	大地主
30	高柳 享	群馬	66	0.6	前橋市議会議員・糸商

第6期(1911.10.1~1912.3.31)

順位	姓名	居住地	株式数(株)	比率(%)	職業等
1	根津嘉一郎	東京	5,500	22.9	利根発電相談役・東武鉄道社長・東京電燈取締役・日清製粉社長等
2	橋本忠次郎	東京	2,047	8.5	利根発電取締役・橋本組(土木請負業)・国光印刷社長・肥後酒精社長
3	江原 芳平	群馬	863	3.6	上毛物産銀行頭取・群馬銀行頭取
4	葉住 利蔵	群馬	634	2.6	利根発電社長・新田銀行頭取
5	横地 桂作	群馬	607	2.5	貸金業
6	藤井新兵衛	群馬	526	2.2	上毛貯蓄銀行頭取・前橋商工会議所会長
7	藤 金作	福岡	500	2.1	衆議院議員
8	大塚久右衛門	群馬	450	1.9	新田銀行取締役

第4章　第一次世界大戦期における地方企業の経営と企業統治　131

順位	姓名	居住地	株式数(株)	比率(%)	職業等
9	武政　恭一郎	埼玉	345	1.4	利根発電監査役・深谷銀行取締役
10	山口　源八	埼玉	342	1.4	深谷商業銀行取締役
11	竹内清次郎	群馬	315	1.3	利根発電取締役・群馬商業銀行監査役・上毛物産銀行監査役・竹内撚糸取締役
12	細谷　哲	群馬	261	1.1	貸金業・町会議員・世良田銀行監査役
13	本間千代吉	群馬	245	1.0	上毛貯蓄銀行取締役・伊勢崎銀行監査役
14	大澤　惣蔵	群馬	236	1.0	利根発電支配人
15	内田　眞	東京	225	0.9	利根発電取締役・大谷炭鉱取締役
16	高津仲次郎	群馬	215	0.9	利根発電取締役・衆議院議員
17	笠井愛次郎	東京	200	0.8	利根発電前社長・東京護謨取締役社長・土木技師
18	正田虎四郎	群馬	192	0.8	利根発電前監査役
19	羽尾　勘七	群馬	165	0.7	利根発電取締役・伊勢崎銀行取締役・伊勢崎倉庫取締役
20	田島　達策	東京	165	0.7	三鱗合資会社代表社員・明治運送取締役
21	高橋磯五郎	群馬	157	0.7	
22	林　小兵衛	東京	150	0.6	
23	若旅喜一郎	群馬	150	0.6	大地主
24	渋澤　金蔵	群馬	150	0.6	新田銀行取締役
25	小林庄太郎	栃木	140	0.6	利根発電監査役・佐野商業銀行頭取・上毛モスリン監査役・貸金業
26	小泉　善六	群馬	131	0.5	利根発電監査役・前橋市参事会員・貸金業
27	石井　一郎	群馬	118	0.5	織物製造業
28	南雲　實平	群馬	116	0.5	上毛貯蓄銀行専務取締役
29	本島　自柳	群馬	107	0.4	新田銀行取締役
30	阿久澤太郎平	群馬	105	0.4	大地主・貸金業

第18期（1917.10.1～1918.3.31）

順位	姓名	居住地	株式数(株)	比率(%)	職業等
1	根津嘉一郎	東京	6,870	5.6	利根発電相談役・東武鉄道社長・東京電燈取締役・日清製粉社長等
2	江原　芳平	群馬	3,675	3.0	上毛物産銀行頭取・群馬銀行頭取
3	村上　蓬	東京	2,113	1.7	
4	山中　光	東京	1,960	1.6	
5	橋本信次郎	東京	1,662	1.4	橋本組取締役・肥後酒精取締役
6	葉住　利蔵	群馬	1,624	1.3	利根発電社長・新田銀行頭取・群馬県農工銀行頭取・日本鉄合金取締役
7	望月　磯平	栃木	1,539	1.3	利根発電取締役・栃木商工会議所副会頭
8	長谷川調七	栃木	1,362	1.1	利根発電監査役・日本製氷監査役・栃木商業会議所議員
9	大塚久右衛門	群馬	1,247	1.0	新田銀行取締役・前橋製氷取締役・群馬貯蓄銀行取締役
10	武政恭一郎	埼玉	1,207	1.0	利根発電取締役・深谷銀行取締役・東洋絹糸紡績取締役
11	横地　桂作	群馬	1,138	0.9	貸金業
12	山口　源八	埼玉	1,117	0.9	深谷商業銀行取締役
13	武政　郁三	埼玉	1,030	0.8	
14	小林庄太郎	栃木	878	0.7	利根発電専務取締役・八十一銀行取締役・日本鉄合金取締役
15	高橋諄三郎	群馬	858	0.7	群馬県農工銀行取締役
16	渋澤　金蔵	群馬	804	0.7	新田銀行取締役・上野銀行取締役
17	大谷藤三郎	埼玉	770	0.6	高崎水力電気取締役・深谷銀行専務・関東水電監査役
18	大島　戸一	群馬	734	0.6	利根発電取締役・新田銀行取締役
19	荒井　籐七	群馬	730	0.6	大地主・生糸販売
20	大島　はん	群馬	710	0.6	
21	細谷　哲	群馬	687	0.6	貸金業・町会議員・世良田銀行監査役
22	本間千代吉	群馬	671	0.6	伊勢崎銀行取締役・上毛貯蓄銀行取締役

順位	姓名	居住地	株式数（株）	比率（％）	職業等
23	井上道三郎	群馬	665	0.5	
24	半田善四郎	群馬	656	0.5	
25	大澤　惣蔵	群馬	650	0.5	利根発電専務取締役・利根軌道取締役
26	小川市太郎	東京	650	0.5	小川商事合名会社代表社員
27	正田虎四郎	群馬	625	0.5	
28	久保田健次郎	群馬	602	0.5	利根発電元常務取締役
29	竹内清次郎	群馬	574	0.5	利根発電取締役・群馬銀行取締役・前橋商工会議所常議員・竹内撚糸取締役
30	原田金三郎	栃木	570	0.5	館林貯蓄銀行監査役

第22期（1919.10.1〜1920.3.31）

順位	姓名	居住地	株式数（株）	比率（％）	職業等
1	根津嘉一郎	東京	16,195	3.7	利根発電相談役・東武鉄道社長・東京電燈取締役・日清製粉社長等
2	江原　芳平	群馬	9,387	2.1	上毛物産銀行頭取・群馬銀行頭取
3	葉住　利蔵	群馬	4,900	1.1	利根発電社長・新田銀行頭取・群馬県農工銀行頭取・日本鉄合金取締役
4	大塚久右衛門	群馬	3,317	0.8	新田銀行取締役・前橋織物取締役・群馬貯蓄銀行取締役
5	竹原友三郎	大坂	3,255	0.7	両替業
6	武政恭一郎	群馬	3,017	0.7	利根発電取締役・深谷銀行取締役・東洋絹糸紡績取締役
7	大岡　育造	東京	3,000	0.7	衆議院議員
8	橋本信次郎	東京	2,665	0.6	橋本組取締役・肥後酒精取締役
9	富永　金吉	栃木	2,647	0.6	煉瓦製造業
10	大島　戸一	群馬	2,585	0.6	利根発電取締役・新田銀行取締役
11	武政　郁三	埼玉	2,575	0.6	
12	石井駒次郎	岐阜	2,570	0.6	茨城無煙炭鉱会長・坂炭鉱監査役
13	笠井愛次郎	東京	2,450	0.6	揖斐川電力社長
14	荒井　藤七	群馬	2,350	0.5	大地主・生糸販売
15	小林庄太郎	栃木	2,195	0.5	利根発電専務取締役・八十一銀行取締役・日本鉄合金取締役
16	山口　平八	埼玉	2,142	0.5	
17	荒井籐太郎	群馬	2,075	0.5	大地主・生糸販売
18	大谷藤三郎	埼玉	2,000	0.5	高崎水力取締役・深谷銀行専務・関東水電監査役
19	小川市太郎	東京	2,000	0.5	小川商事合名会社代表社員
20	永井篤三郎	群馬	2,000	0.5	上野銀行取締役・前橋製作所取締役・阪東電気商会会長
21	鈴木義多郎	群馬	1,800	0.4	
22	渋澤　金蔵	群馬	1,785	0.4	新田銀行取締役・上野銀行取締役
23	本間千代吉	群馬	1,677	0.4	伊勢崎銀行取締役・上毛貯蓄銀行取締役
24	安部幸之助	神奈川	1,650	0.4	日清製粉役員・砂糖雑穀業
25	武政　俊次	埼玉	1,640	0.4	
26	井出　郷助	東京	1,630	0.4	日東保証信託取締役
27	大澤　惣蔵	群馬	1,625	0.4	利根発電専務・利根軌道取締役・阪東電気商会取締役
28	新井慶太郎	埼玉	1,545	0.4	埼玉興業取締役
29	竹内清次郎	群馬	1,512	0.3	利根発電取締役・群馬銀行取締役・前橋商工会議所常議員・竹内撚糸取締役
30	久保田健次郎	群馬	1,505	0.3	利根発電元常務取締役

出典）『日本全国諸会社役員録』、『大正期日本全国諸会社役員録』、『銀行会社要録』等。
注）空欄は不明であることを示す。

このように,開業初期においては笠井愛次郎,橋本忠次郎,内田眞,斉藤正毅といった在京役員の名も多くみられたが,会社の発展とともに地元役員の占める割合が増えた。また須田宣のように,根津嘉一郎の意向により役員に選任される者も現れた。

(2) 主要株主

表4-4は,主要株主30名の持株数と持株比率,そして主な職業について表したものである。ここでは,同表に関する分析を行うことにしよう。なお,表において示した第1期(1909年上期),第6期(1911年下期),第18期(1917年下期),第22期(1919年下期)は,資本金額がそれぞれ60万円,120万円,610万円,2,200万円の期にあたる。

まず,第1期について記した部分について注目すると,第1期における筆頭株主は,取締役であり利根発電の工事請負業者でもあった橋本忠次郎である。そのほかにも笠井愛次郎,内田眞,葉住利蔵など,利根発電設立時において役員に就任したものの多くが主要株主になっている。役員以外では,創立委員として設立に携わった者が主要株主に名を連ねるケースもあった。衆議院議員や前橋市会議員の名が見られるのは,利根発電が元々は政友会系代議士によって計画されていたこと,および共進会への送電を目指して前橋市会の応援を得ていたことなどを反映しているからであろう。

次に,第1期と比較した場合の第6期における最大の変化は,根津嘉一郎が発行株式の22.9%を所有する筆頭株主となっていることである。第2位株主である橋本忠次郎の保有割合が8.5%であったことと比べると,その保有割合の差は歴然としていた。そのほかにも,江原芳平[61]や横地桂作といった,創立事務には関わらなかった地元資産家も,大株主として名を連ねるようになった。

第18期には,村上蓬,山中光といった在京の資産家が,第3位・第4位株主となっている。そのほかにも,被合併会社の大株主であった者などの名も多い。また,第22期になると,大阪,岐阜,神奈川といった,供給区域外の資産家の名も見られる。しかし,この期においても,シェアは低下したものの,根津嘉

一郎は依然として筆頭株主の座にあった。

4．利根発電における企業統治

すでに述べてきたように，利根発電では近隣企業の買収や数次の増資に伴って，主要株主の構成が変化した。特に，1911年下期の倍額増資の際に根津嘉一郎が5,500株（総株数の22.9％）[62]を引き受けて筆頭株主となり，相談役に就任したことは重要な変化であった。東武鉄道の再建などの実績を持つ事業家である根津の参入は，利根発電の企業統治に大きな影響を及ぼすことになった。

本節では，根津嘉一郎が関与したと考えられる企業経営上の諸問題を取り上げ，根津の行動が利根発電の企業統治にどのような影響を与えたのかについて検討を行っていくことにしたい。

(1) 1913年役員総辞職問題

1913年度における第二（岩室）発電所新設工事起工の際，葉住社長以下役員全員が辞職するという事件が起こった。1913年8月20日付『上毛新聞』の記事「利根発電重役総辞職説伝はる――東武合併不調の為――」は，役員総辞職の経緯について次のように報じている。

> 利根発電株式会社社長葉住利蔵，専務取締役大澤惣蔵氏以下現重役の総辞職説突如として伝はれり本社の探聞する処に依れば過般来同社の大株主にして東武鉄道会社長たる根津嘉一郎との間に合併の議起こり交渉中なりしが利根発電現重役側は此の合併を時期にあらずとして否認し其理由とする処は同社が先に前橋軌道を合併したると今次の東武鉄道とは全く趣を異にし電気及び鉄道会社の合併は其将来の経営上に多大の相違を来すのみならず両社株券の時価より見るも利根発電側が有利なる合併条件を得るは至難なるべし且つ利根発電は既に数種の電気会社と合併し来たりたる結果株主中は合併に次ぐに合併を以てするは不安の念に堪へざる者あるやも知らず

又同社は今回多額の借入金をなし第二発電工事に着手し既定の方針に基き着々社業を進め居れる矢先なれば如上の不利を忍んで合併を決行し一朝株主間に動揺を招くが如き事ありては容易ならざる等何れの点より見るも今日の合併は時機にあらずとし遂に之を否認し去るや根津氏一派に属する株主の大反感を招きて事態容易ならざる場合となり到底自分等が起って社等を経営する能はざる立場となりたればこゝに断然辞表を提出し不明の罪を株主に謝すると共に其の処決を仰がんと斯くは決心せるものの如く一両日中各重役の辞表を取纏むる運びに至れりといふ[63]

この記事によれば，役員総辞職の要因は，東武鉄道との合併交渉が不調に終ったことに対する根津氏一派の不満にあったということになる。しかし，1913年8月23日付『時事新報』紙上において根津自身が「重役総辞職の真相なりとして」[64]述べた要因は，次のとおりであった。

利根川水力電気（利根発電の誤りか――引用者）株式会社にては予て第二発電所新設の計画なりて設計中なりしが六月二十五日頃大沢常務取締役は上京して設計内容を予に示したれども予は技術上には素人なれば更に経験に富める技術者の鑑定を乞うの安全に如かざるを説き且つ旨を葉住社長に伝う可しと言いて別れたり然るに越えて七月七日に至り突然葉住社長自ら来訪し該工事は既に工費百三十八万余円を以て取締役たる橋本忠次郎氏に請負契約を了せる旨を語れるを以て予は其理由を訊したるに氏はこは六月二十七日重役会に於て決議せられたるものなることを告げたり而して予が斯る大工事を競争入札の方法を採らずして随意契約とせる理不尽を責むるや氏は競争の結果は入札者間の馴れ合い等の弊害あり却って不利なる可き旨を弁解せるも斯る行為は世の疑惑を招き株主に危惧の念を起さしむる虞あるを以て幸い契約後の日も浅き事とて該契約を取消す可しとの忠告を為したり然るに社長は其後上京して取消の不能なるを伝えたるを以て予は重役一同の東上を促し七月二十五日頃築地精養軒に於て会見し其契約書を一

覧したるに驚く可し契約の成立は七月四日なるに同時に納入せらる可き保証金は二十一日迄遅延し而して規定上の百分の十たる可き保障金額の半額を納入せるに過ぎざるを以て予は大に其非理を鳴らし且つ斯の如き重役に対しては甚だ不安心なりと述べたるに一同は二十七日重役会にて可決せるは予の同意ありたるものと誤信せるに基きたるものなるが今に及んでは致し方なし一同其責めを負う可しとて翌日に至り総辞職を通じ来りたるを以て予も亦其意を諒したり然るに八月二三日頃又葉住氏来訪して大沢常務一人の辞職に止めんとの意を伝えたるも斯る場合常務一人の引責は穏当ならず社長は当然辞職す可きものなれども其他の取締役并に監査役はその儀にも及ばざる可しと説きたるに拘らず十五日いよいよ全部の重役総辞職を申出でたり今や詮方なければ目下重役中より六名の委員を選定し予と共に後任重役詮衡中なり事件の経過斯の如し東武鉄道云々の巷説は全然虚構の推測なり65)

　この記事によると，役員総辞職の要因は，工事随意契約を結んだことについての引責であったということになる。これらを総合すると，1913年役員総辞職の要因は，東武鉄道との合併案が破談した直後の第二発電所建設の際，橋本組との工事随意契約に対し根津が異議を唱え，これに応じて利根発電の全役員が辞職し，改選によって株主の信認を得ようとしたものと解することができる。
　また根津らは，『株主諸君に計る』と題する文書を利根発電本社に郵送し，『時事新報』上で述べられたような重役総辞職までの経緯を明らかにし，橋本組との工事契約は「橋本氏請負の事は六月末即ち橋本氏が取締役在任中に決せし……略……故に請負ふ（請負人――引用者）と請負はせし人（取締役――引用者）とは同一体なりといふ者にして橋本氏が株式の大部分を所有する会社ならばいざ知らず橋本氏が只大株主の一人なるに止まれる利根発電会社としては道義上容る可らざる請負の仕方といふべし」66)であるとした。
　根津の主張によるならば，橋本組との随意契約は明らかに経営陣の専断的行為であり，重役の総辞職は当然のことのようにも思われる。しかし，根津の行

第4章　第一次世界大戦期における地方企業の経営と企業統治　137

動に対して地元である前橋の株主の多くは「所謂会社荒らしの一流」[67]，あるいは「現重役に対する挑戦状」[68] であるといった否定的な見方をし，現経営陣を擁護する立場を採った。地元株主がこのような立場を採った理由としては，次のような事情が考えられる。まず，地元株主は，今回の根津の行動を，利根発電に対する敵対的買収であると判断していた。そして，本社が再び東京に移転することに対する危機感を有していた。以下の記事は，このような事情を端的に示しているといえる。

　　根津一派の利根発電乗っ取り策首尾よく成功せんか本社の東京移転は易々実行さるべし這は前橋市の為には容易ならざる問題にして同社が前橋市を其供給区域に独占せんとせる以来市は陰に陽に同社を保護して今日の発展を致さしめ又市が同社に負う処も決して少なしとせずに殊に同社は本社建築地として旧桃井学校跡の広大なる敷地を買収しあり然るを一朝東京に奪い去られんか市の繁栄に少なからざる影響を及ぼすべければ此際市民の輿論を喚起し飽迄反対の態度に出でざるべからず……略……一部私欲家の為めに同社を蹂躙され本社を再び東京に奪わるるが如き事ありては折角地方資産家，創立者の苦心も水泡に帰するのみならず地方事業界を萎靡せしむるものなれば此際地方人士は其の株主たると否とを問はず地方事業界の為め本社の維持に努力すべは勿論いやしくも同社の株主たるものは先づ会社本位より虚心に利害を講究し公平の判断を下し会社に不忠実なるの徒は重役たると将た相談役に拘わらず断然排斥して鷹懲の実を挙げ世間滔々たる会社騒動の轍を踏む勿れ[69]

　また，橋本組との工事随意契約についても，根津はこれを「工事費の中より重役連が私服を肥すが為めに橋本忠次郎と随意契約をなし」[70] としていたが，地元株主はむしろ次のように捉え，この契約について肯定的に評価していた。

　　同社が（利根発電を指す——引用者）随意契約を結びたるは近来請負者間

の通弊として公入札を為す場合には数名の請負者一致して落札したる者より多額の金円を出費せしめ之を請負者間に於て分配し更に請負者は工事中途に及んで故意に工事を遅延せしめ工事の割増金を要求し会社が之に応ぜざる場合には工事を中止せしむるが如き行動に出で会社をして大損害を蒙らしむるに至るは鬼怒川水電を始めとして其他における実例少なからず[71]

そして，地元株主は会合を開き，善後の処決につき協議を行った。早くも同年8月20日には，地元株主は赤城舘に集り，今後の運動方針について協議した。この席上，藤井新兵衛・江原桂三郎・高橋源之助・篠原叶の4名が常務委員として選出された[72]。同月25日開催の会合では，常務委員4名のほかに亀井勝次・中原仙蔵を加えた計6名が，上京委員に選出された[73]。そして，翌26日に東京米穀取引所において根津と会見の場を設けることになった[74]。この会見の席上，根津に利根発電を乗っ取る意思はないこと，本社移転の可能性もないことが確認された[75]。また，前橋の株主だけでなく，館林・足利・佐野町方面の株主も同月25日，館林町魚惣において地方株主協議会を開いた[76]。ここにおいて，「会社本位より裁断を下す事に決し総会には結束して出席する旨申合せ」[77]が行われた。

このような地元株主による行動の成果もあいまって，同年9月4日開催の臨時株主総会[78]において，根津との和解案が採決された。すなわち，工事請負人である橋本忠次郎が取締役を辞して工事随意契約は維持することになり，責任上大澤惣蔵が取締役を辞し，代わりに根津の意向により須田宣が専務取締役に就任した。そして，他の役員は再選されたのであった[79]。なお，このように大澤は責任をとっていったん役職を辞したものの，発電所工事指揮監督の必要性から，間もなく取締役に復帰した[80]。次いで1914年6月5日には処務規定が改定され，社務が第1部と第2部に分割されることとなり，第1部長に須田が，第2部長に大澤がそれぞれ就任し，大澤は専務取締役に昇格した[81]。

以上が「1913年役員総辞職問題」の主な経緯である。この事例についていうと，最終的な結果からみるならば，取締役に若干の異動が生じただけに過ぎな

い。しかし，根津の動きを通じ，経営陣の専断的行為に対しては，主要株主が実効的な牽制を行い得ることが示された。また，利根発電の企業統治においては，単に経営陣対株主という構造だけでなく，主要株主の利害が一枚岩ではなく，その中に根津と地元株主との利害対立が存在し，異なる立場から発言，行動するということが明らかとなった。

(2) 戸倉山林買収問題

戸倉山林とは，群馬，栃木，福島，新潟の４県に跨る尾瀬沼・尾瀬原一帯１万8,000町歩の原始林地帯である[82]。戸倉山林の所有者は，政友会系衆議院議員であり「大正末期の政界で原敬の一の子分と言われていた」[83]横田千之助であった。戸倉山林買収問題は，1915年末頃，横田が利根発電に，水源涵養地としてこの山林の買収を持ちかけたことに端を発する。

これに対し，利根発電は当初，山林全体を80万円と評価し，利根発電が40万円を提供して横田と山林を共有するという仮契約を締結した[84]。このような仮契約締結の背景には，政治的な思惑が大きく作用していた。横田は地方政界への影響力も大きく，売却の目的は政治資金への充当であった。一方，利根発電社長の葉住利蔵も政友会系衆議院議員であり，買収を積極的に進言したとされる支配人・新井章治[85]も，政界進出に強い関心を持っていた[86]。つまり，「いわば当時の習慣から，売りこまれた尾瀬原は値段が少々荒っぽかろうと，その使用価値に疑問があろうと，とにかく引き受けざるを得ない」[87]状況にあったのである。これは明らかに経営陣の私的利害に基づく専断的行為であった。

この専断的行為に対し，根津は「トンデもなき事柄にて断じて承認し難し」[88]と大反対を唱え，葉住社長と専務，常務取締役であった大澤惣蔵・須田宣・久保田健次郎が引責辞任する事態となった[89]。そして，社長不在の間の「摂政的中間内閣」として，重役中から武政恭一郎・望月磯平・竹内清次郎が選出されて社長を代行し，「其間戸倉山林の調査に関し大株主会議より委員を設け，買収の可否を研究せしめ」[90]たのである。

実地調査の結果，調査委員は山林価値を10万円と評価し，10万円で山林を購

入するという方向で，横田と交渉を開始した。しかし，この案に対し横田は憤慨し，交渉は難航したのであった。そこで，横田と利根発電側の調査委員との間で再三の話合いが重ねられ，その結果，30万円で山林を購入するという案で話合いは一致点を見出した。

しかし，この結果について調査委員が根津嘉一郎に申し出たところ，根津はこれにも反対をし，「会社の召集したる臨時株主総会（1916年2月28日開催——引用者）に自ら出馬して之を否決せしめ，重役全体の責任を問はんと鼻息荒く，事局の拾収見込なき難局に遭遇し」[91]た。そこで総会前夜の2月27日，取締役武政恭一郎・荻野万太郎・大島戸一の3氏が上京し，根津に対して山林購入の承認を求め，粘り強い説得を行ったのであった[92]。

説得の甲斐あって夜半漸く根津の承認を得，翌日の臨時総会を迎えた。臨時総会は，「買収反対者の攻撃鋭利を極め」[93]，「反対の急先鋒斉藤與左衛門氏の毒舌……略……喧々囂々，前後未曾有の光景であった」[94]ものの，総会前夜の根津説得の甲斐あって，結局賛成多数を以て購入案は可決した。次いで重役選挙が行われ，葉住社長以下，辞任重役も含め，再任されたのである[95]。

以上が「戸倉山林買収問題」の経緯である。ここで注目すべき点は，経営陣が筆頭株主である根津の説得を重要視していたということである。この事例においては，本節（1）の場合とは異なり，他の株主の反対も多かったものの，総会直前の段階で根津の同意を得ていたため，結局購入案は可決された。この事実は，会社の意思決定における大株主の同意が重要であったことや，その同意を得るために，経営陣が大株主対策を重視していたことを示しているのである。

(3) 東京電灯への合併と根津嘉一郎

利根発電は，1921年に東京電灯へと合併されたが，その際に大きな推進力となったのは，ここでもやはり筆頭株主である根津嘉一郎であった。合併への経緯に関しては，新井章治についての伝記『新井章治』には，次のような記述がある。

大澤の入院中から合併談は急速に進んだ模様である。東電としては関東に覇をなす為には，逐次地方の電力会社を吸収してゆかねばならぬ。利根発電は放つて置けばぐんぐん伸びて来る。既に東京府下に地盤を築き始めたので，速かにこれを自家薬籠中のものにしておく必要がある。従来は大澤が頑強に反対していたが，いまやその妨害者がなくなり機は熟した。さう判断した東電の若尾璋八は，同じ甲州財閥で東電との縁りの深い根津嘉一郎に橋渡しを依頼した。根津は快諾して，赤城山を観光地として開発するという触込みで前橋に来て，葉住社長以下の重役の案内で赤城山に登つた。案内人の一人に新井も加はつてゐたことは勿論である。それは大正九年八月十五日であつた。山頂でどんな話が取り交はされたか判らないが，それから数日後，葉住は軽井澤に行き，根津と最後の打合はせをした。そこで合併談が表面に現はれて交渉が進捗し，正式に合併が成立したのは，翌十年四月一日であつた[96]。

　専務取締役であった大澤惣蔵が，腸疾患のために死去したのは1920年6月25日のことであるから[97]，大澤の死後2カ月も経たないうちに合併が決定されたことになる。創立10周年祝賀の際に次のように語り，「利根発電をもっと大きくするつもりだった」[98] 大澤惣蔵の死により，東京電灯側の意向を実現するうえでの大きな障害がなくなった。

　　十年前に県庁を辞めて，一つ新しい電気事業を起こそうと思って始めたのであったが，却々予想通りに行かず，苦心惨憺であったよ，共進会の時に君等の力を借りて高崎と決戦した頃は面白くもあるし，勇気もあったが，今日では年を重ねてしまった
　　岩室の工事で，日立に誂えた水車が，日本最初の試みであったので随分ヒヤヒヤしたけれど，其の枢機が僅かの油の小杭に過ぎなかったのを発見して成功した時の喜びは生れて初ての感がした，夫から会社の前途は供給区

域は広く取るのに限ると信じて，遮二無二，関東一円を荒さうとして遂に東京府下に侵入し得たので，大いに安心したが，其成功までには人知れぬ一大苦心もあつた，送電線を鉄塔式に断行した時も今から考へると頗る無茶であつたけれどもグズグズしてゐては駄目だつた

十年後の今日の社業を見て，当時を顧みると，克くも世の中がコンナに発達進歩したものだと驚くの外はない，まア諸君のおかげでドウやら世間並のお附合が出来るやうになつて，衷心から十周年の祝賀式を喜んでゐるのだ，併し今日で漸く第一期事業を終つたやうなもので会社の仕事は之からだよ，成功も不成功もあるものではない，之からが本舞台に掛るので，今迄は支度中であつたのさ，出来る限り大いにやる決心だ[99]

　すでに述べたように，東京電灯はその当時，近隣電力企業の合併を強く推し進めていた。そのような中，供給区域・電力供給量ともに大規模で，東京府下にも供給区域を持つ利根発電は，東京電灯にとって早期に合併しておきたい企業であった。そして，上記記述によるならば，根津はこの場合において一見，東京電灯常務（当時）・若尾璋八の意向を代理し，東電・利根両社間の単なる仲介役として動いたようにも見える。しかし，若尾と根津との間には，東電経営をめぐる対立関係があり，根津は「甲州財閥」系経営者の一員ではあったが，若尾の経営行動には批判的であった[100]。

　では，なぜこのように若尾の行動に批判的であった根津が，利根発電との合併に際して仲介役として動いたのであろうか。

　この点を検討するに際しては，まず，根津が経営者として「最も渾身の力を尽くした」[101]東武鉄道側の理由を考慮する必要がある。東武鉄道では，利根発電合併後の1922年から鉄道電化事業が進められ，1931年にはその殆どが電化された[102]。東武鉄道への電力供給は，東京電灯が行っていたが，「東電・東力戦」[103]後直ちに，根津は東武鉄道の電気料金値下げを東京電灯に申し出た[104]。

　この申し出に対し，旧利根発電出身の東部営業所長（当時）・新井章治は丁重に拒絶したところ，「利根発電を合併するときにも一肌ぬいで貰つてゐ

る」105)。若尾璋八は，新井を社長室に呼んで，根津には義理があるから何とか顔を立てる方法はないかと相談した106)。新井は値下げには反対の立場を貫き，「何と言っても根津は怒らしてはまずい」107) と考えていた若尾は説得を重ねたものの，結局「押し負けてしまった」108) という。

このように，根津側の料金値下げ要求は，結局は拒絶されたものの，このような要求を強く主張し，若尾も新井に対して説得を試みた背景には，利根発電合併の際の根津の若尾に対する「貸し」があった。東京電灯内における発言力を強めるため，敢えて対立関係にある若尾の仲介役を買って出たのであろう。

また根津には，単なる発言力の増強の意図を越え，利根発電を自らの手中に収めたいという思いもあった。すでに述べたように，東武鉄道は1913年に，利根発電との合併を打診しているが，同年4月6日付の『群馬新聞』には，次のような興味深い記述がある。

> 利根発電株式会社が大英断を以て其の送電線路全部を鉄塔に改造すべきに付ては予て報せし如くなるが該工事は館林町を基点とし先づ東武鉄道線路に副い南下して利根川を横断し羽生加須を経て幸手町まで完成し更に東京府下に達すべき工事を急がせつつあり109)

つまり，1911年下期に多数株式を引き受けて筆頭株主になった根津は，その後，東武鉄道線路沿いに送電鉄塔が完成した頃に，合併について交渉を行っていたことになる。なぜ館林－幸手間の鉄塔工事から開始されたのか，その意思決定に至る経緯や，根津の意思決定への影響の有無については，残念ながら知ることはできないものの，この時期における合併交渉と鉄道電化計画との間には，何らかの関連があったことが推測できる。

また，利根発電における根津の持株数および持株比率が極めて大きかったということは，前節（2）においてすでに述べたとおりであるが，根津だけでなく鎮目泰甫110)，福島良111) といった，根津に縁の深い株主も，大株主に名を連ねた112)。このような根津関係者による株式所有については，東京電灯側の事

情とは異なる根津サイド固有の要因が考えられ,その一因としては,東武鉄道側の事情が深く関連していた。

つまり,将来における鉄道電化による大量な電力需要に備え,豊富な電力供給力を持つ利根発電における支配権・発言力を保つ必要性があったのである。合併交渉がいったんは不調に終わったにもかかわらず株式の大量保有を行い,本節（1）（2）において検討したような介入を行った背景には,根津の利根発電内における支配権・発言力の維持,増強という意図も存在していたのである。

とはいえ,すでに述べてきたとおり,利根発電においては経営陣や地元株主の壁は厚かった。そのようななかで沸き起こった東京電灯による企業合同の動きは,東京電灯の取締役でもある根津にとって,間接的ではあるものの,利根発電を自らの領域に引き込むチャンスであった。と同時に,投資利益の側面から見ても,株価や担保価値において有利な東京電灯への対等合併は,望ましいことである。

すなわち,若尾に対して「貸し」を作りつつ,企業合同の機運に乗じて利根発電を東京電灯に引き込むということは,東武鉄道の経営者であり投資家でもある根津にとって,どちらにせよ有益なことであった。ゆえに,根津は仲介役として動き,東京電灯への合併を強く推し進めたのである。

1920年12月28日に開催された臨時株主総会において,合併案は決議された。出席株主と委任状を合わせて2,338名,権利株総数にして28万9,532株であった[113]。「橋本氏其他二三の反対者」[114]が「葉住社長に迫る所」[115]はあったものの,葉住社長は日本銀行担保品としての価値等について詳細に説明し,「結局反対少数にて破れ賛成説成立,合併を認容することに決し」[116]たのである。

では,なぜ東京電灯への合併において,他の経営陣や株主からの大きな反対もなく意思決定が行われたのであろうか。この点について検討する際には,『上毛新聞』掲載の専務取締役・大島戸一と大株主である江原芳平の談話が,1つの手掛かりとなる。まず,大島戸一は合併に関し,次のように述べている。

　急遽東電と合併を遂行せんとするは経済界の大勢なかんずく電力事業界は

漸次大合同の機運熟し来り政府は其の方針として当業者の合同を強要もしかねまじき形勢に在り電力事業の合同は時代の大勢が促す必然の結論……略……葉住社長にとりても牛後とならんよりはむしろ鶏口にて利根発電を経営し一方に覇を唱ふるとは利益にもあり決して不可能ならざる事実にもあるが然しながらこれを国家的見地より考察し電力事業の大勢より見，更に一般株主の利益より考ふるときは自個の利益によりて去就を決せざる可からず此の覚悟を以て天下に先んじて大合同の先駆者たらんとし若しくは大合同の大勢を作る可く今回の計画を樹立せるなり，……略……余輩の如きは実は岡崎に在りて奉公に抗せんとせる家康の郎党として葉住氏を助けて事業を大成せんとの意志ありしが今氏の英断と識見とに依り此の計画に就いては又当時の決心を捨てて葉住社長に殉せんとするものなり所謂葉住内閣の基礎成るの日に於て此の事ありしは財界の覇王東電をして対等の条件にて合同を承諾せしむるに至りし原因と同するを得べきか豈他あらん[117]

この内容から，大島専務は本心としては，合併せずに利根発電として事業拡大を行う意思を持っていたものの，合併は「経済界の大勢」であり，対等条件での合併は株主利益にも帰するため，葉住社長の決定に従うこととした，ということがわかる。また，ここでは明言されていないものの，経営の中枢として「創立以来，会社内外のことを一人で切盛りして来た実力者」[118] であった大澤惣蔵の死も，大島のような他の経営陣にとっての大きな痛手だったのであろう。

次に，江原芳平の談話をみよう。江原は，第24期（1920年下期）における第2位株主であり[119]，利根発電取締役経験者でもあった（表4-3参照）が，東京電灯との合併に際して次のようにコメントしている。

合併は株主及会社の利益なり斯くなるべきは当然の運命にて漸く今日時機到来せるものなりと謂ひ得べし東電はその営業成績と其資本とに比較して電力僅少なり然も多々益々発展せんとするに際して利根発電を合同するは

最も策の得たるものならむ利根発電の水力は恐らく全国無比なるべく然も東電の営業区域なる東京に最も近し是非東電が対等の条件を以て田舎会社と合併したるは余程利根発の実力を認めたる為なる可し利根軌道を併せたるは将来利根片品の水力を利用すべく缺く可からざるものありしを以てならん利根発の力を以てするよりは東電の大資本を以てする方効果多かるべし，前橋市としては税金其他に於て損失少なかるべきも時代の大勢には抗し難かるべく市より東電に重役一人を推薦すると云ふが如きは不可能ならん，銀行との取引も群馬貯蓄に幾分の関係はあらんも是とて不都合を感ずると云ふ程度にはあらざれば財界には左程の影響なからん，然も一般需用者は東電の大資本に依りて営業せらるるが故に直接間接改善さるる所も多く利益あるべく，且つ株主としても配当の多きのみならず担保品としての価値は比較にならぬ程利益を有すれば恐らくは全賛成を以て此の合同は認めらるるならん要するに電力合同は時代の大勢にして止むを得ざると共に財界の覇者たる東電と対等条件にて合同したる点に於て重役の手腕を知るに足る可し[120]

　江原芳平も，大企業である東京電灯との合併は，需用家並びに株主にとっては利益となる点を指摘している。とはいえ，地元株主である江原は，大島同様本心としては利根発電の存続を望んでいた。しかし，電力合同は時代の大勢にして止むを得ないとし，かつその妥協点を東電との対等合併に見出していた，ということがわかる。

　このように，役員・地元株主の中には，その本心としては利根発電の存続を望むものも少なくなかった。しかし，経営の中枢にあった大澤を欠き，根津からの強い要請を受けて葉住社長が合併の決断を下すという状況のもとで，その決断に委ねることとした。そして，その妥協点を，電力企業合同は政府の要請であるという点，有利な合併条件で中央大企業である東京電灯に合併されるという点に見出していたのである。

(4) 小括

本節では，根津嘉一郎が深く関与した，①1913年役員総辞職問題，②戸倉山林買収問題，③東京電灯への合併，という3つの具体的事例について検討してきた。これらの事例から引き出される，根津の行動が利根発電の企業統治に与えた影響についてまとめておこう。

まず，①の1913年役員総辞職問題についてまとめよう。通常，企業統治について考える場合には，株主対経営陣という対立構造が考えられるが，利根発電においては，この事例を通じて根津対経営陣，さらには株主中における地元対根津といった対立構造が浮彫りとなった。したがって，根津の行動は経営陣に対し，意思決定を行う際には，地元株主を中心とする地元利益への配慮のみならず，筆頭株主である根津に対しての配慮を行うべき必要性を認識させる効果があったものといえる。また，大澤惣蔵らによる専断を抑止する一定の効果もあったものと考えられる。

次に，②の戸倉山林買収問題についてまとめよう。この事例は，経営陣の専断的行為に対して根津が介入を行った事例であったということができ，①の場合より一層の，専断抑止の効果があった。確かに，戸倉山林は水源涵養地としての機能を果たしはするものの，やはり横田からの政治的背景に基づく押し付けであった。そして，結果的には戸倉山林は横田から購入され，経営陣の意思決定が実編したかたちになったものの，購入金額の大幅な削減が成された。根津の行動により，株主利益保護についての一定の効果があったといえる。

最後に，③の東京電灯への合併についてまとめよう。東京電灯への早期の合併の背景には，根津の強い働きかけが存在していた。また，その働きかけには，東武鉄道側の事情も深く関連していた。そして，①や②の場合とは異なり，筆頭株主である根津の意向が強く反映される結果となった。この理由としては，大澤惣蔵の死去により経営の中枢を欠いていたということや，株主利益を損なわないかたちでの合併であったということが考えられる。

5．おわりに

　利根発電は，設立当初は「群馬県下へのみ供給の目的」[121]とする地域的電力企業であったが，開業後間もなくして高崎水力電気との間の激しい需用家獲得競争を経験し，それを経て地元前橋市での電力供給を独占するに至った。そして，本社を東京から前橋市に移転させ，地方企業家である大澤惣蔵が経営の実権を握り，「利根式経営法」と称される積極的経営が展開された。

　このように，利根発電は，本社を地方に置き，地方企業家を中心に経営を行うという点では，典型的な地方企業であったといえる。しかし他方で，積極的経営方針のもとで資本を拡大し，中央進出も企図するという特殊性を有していた。

　積極的経営のもとで急成長を遂げた利根発電は，短期間の内に急速な発展を行うことに成功したものの，多額の資金を調達するためには地元資本だけでは限界があり，外部からの資金調達が必要とされた。外部資本家の参入は，利根発電の企業統治構造に変容をもたらした。それを象徴するのが根津嘉一郎の大株主としての関与であった。筆頭株主である根津嘉一郎の影響力は大きく，その実力行使によって，ときに地元株主・地元役員の結束が強まり，ときに役員の行き過ぎた行為が牽制されるという事態がもたらされた。

　このような利根発電における企業統治のあり方を，戦前日本の企業統治に関する近年の論議の中に位置づけると，どのようになるであろうか。まず，経営者の性格と地位について述べよう。利根発電において「本社の柱石」[122]として経営の実権を握っていたのは大澤惣蔵であった。大澤は群馬県庁の職員出身で，利根発電には初め前橋支店長として入社し，後に支配人，専務取締役へと昇進した。このように，大澤は管理職社員から取締役に転じ，その後もトップマネジメントとしての職責を果たした。他方で，大澤は上位株主に名を連ねており，雇用経営者出身の大澤が，経営者としての地位を維持するためには一定の株式所有が前提とされていたといえる。この点，宮本又郎・阿部武司「工業

化初期における日本企業のコーポレート・ガヴァナンス」が指摘したような経営者による支配は，利根発電においては確立されつつも，未だ不完全なかたちであった。

　また，株主主権の観点からみると，利根発電においては，筆頭株主である根津嘉一郎は，会社の意思決定に関して大きな影響力を及ぼした。その影響力は，役員選定や東京電灯への合併といった，経営の重要な諸問題にも及んでいた。そして経営陣は，根津の発言・行動には特別の配慮を行う必要があった。他の株主についてみても，特に前橋を中心とする地元株主は経営への関心が高く，経営上の混乱に際しては株主協議会を開き，団結して行動することもあった。そのため，経営陣は根津だけでなく地元株主の利益をも重視して経営を行う必要があった。

　以上をまとめると，株主の発言権が大きく，経営者も支配権行使の前提として一定の株式所有を行っていたという側面から見れば確かに，利根発電においては依然として「古典的な株主主権に近い性格」[123]が維持されていたといえる。とはいえ，経営の中枢にあった大澤は雇用経営者出身であった。また，主要株主の利害は一枚岩ではなく，それぞれに異なる立場・利益から発言し行動した。

　この点，本書第1章・第2章において検討した大株主主導の企業経営，企業統治の行われていた両毛鉄道の事例と比較すると，明らかにその内容が変容していた。つまり，戦前期の日本企業におけるコーポレート・ガヴァナンスのあり方は，1910年代の利根発電においては，その基本的性格は維持しながらも，変容・移行の過程にあったのである。

　しかし，その変容のあり方については，宮本・阿部の研究によって明らかにされた大阪紡績や日本生命の事例とは異なる点が見られた。主な相違点は次のとおりである。

　まず，地方企業である利根発電においては，大阪紡や日本生命におけるケースとは異なり，地元株主の利益に配慮する必要があった。次に，地方企業であるとはいえ，単なる地方企業の域を越えて成長した利根発電においては，地元株主以外の他の株主についても配慮する必要があった。とりわけ，筆頭株主で

ある根津嘉一郎には特別の配慮を要した。そして，日本生命社長・片岡直温のような株式所有を前提としない雇用経営者の台頭は，利根発電においては未だ見られなかった。

したがって，戦前期の日本企業におけるコーポレート・ガヴァナンスのあり方は，19世紀におけるそれと20世紀におけるそれとの間には明らかに差異が生じており，この時期において変容・移行の途を辿っていたといえる。しかしながら，その変容・移行のあり方については，その径路は一様ではなく，地域差ないしは業種による違い，企業ごとの特殊性があったのではないかと考えられるのである。

以上のように，本章では，利根発電を事例として，1910年代の地方企業における企業経営・企業統治のあり方について検討してきた。次章では，前章・本章では詳しく検討することのできなかった株主の投資行動に関する分析を，第一次大戦ブーム期を中心に行うことにしたい。さらに，1920年代になると，同地方（関東地方），同業種（電力業）における企業経営のあり方はどのように変容していたのだろうか。その様相については，本書第6章・第7章において検討することにしよう。

注

1) 「五大電力」とは，東京電灯，東邦電力，大同電力，宇治川電気，日本電力の5大電力企業のことを指す。
2) 橋本寿朗『戦間期の産業発展と産業組織Ⅱ——重化学工業化と独占——』東京大学出版会，2004年，橘川武郎『日本電力業の発展と松永安左ヱ門』名古屋大学出版会，1995年，加藤健太「東京電灯の企業合併と広域電気供給網の形成」『経営史学』第41巻第1号，2006年。
3) 前掲橋本『戦間期の産業発展と産業組織Ⅱ——重化学工業化と独占——』68頁。
4) 前掲橘川『日本電力業の発展と松永安左ヱ門』88頁。
5) 前掲加藤「東京電灯の企業合併と広域電気供給網の形成」22頁。
6) 同上，10頁。
7) 東京電力株式会社編『関東の電気事業と東京電力』東京電力株式会社，2002年，小池重喜「第一次大戦前後の群馬県電力産業」『高崎経済大学附属産業研究所紀要』

第21巻第1号，1985年。
8) 前掲東京電力株式会社編『関東の電気事業と東京電力』143頁。
9) 前掲小池「第一次大戦前後の群馬県電力産業」62頁。
10) 新井章治伝刊行会編『新井章治』新井章治伝刊行会，1957年，37頁によると，「葉住はその頃すでに群馬県下有数の実業家で……略……多くの公職に就いてゐたから，利根発電の経営のみに没頭する訳にゆかない。そこで……略……大澤惣蔵をして経営の衝に当らせた」という。そして，「何といつても葉住，大澤のコンビでこの会社は動いてゐた」という（同書，38頁）。
11) 『群馬新聞』1919年11月5日（利根発電祝賀記念）。
12) 「利根式経営法」『電気之友』第388号，1915年12月1日，1091頁。
13) 同上。
14) 同上。
15) 同上。
16) 同上，1092頁。なお，五燭灯1灯1カ月あたり，38銭から25銭（定額制）へと割引された。
17) 同上。
18) 「ステー付鉄塔の得失」『電気之友』第336号，1913年10月1日，627頁。なお1913年当時，横浜電気・鬼怒川水力電気・桂川電力・富士瓦斯紡績・利根発電などが送電線路に鉄塔を採用していたが，このうちで支線付鉄塔を採用したのは，利根発電だけであった（同記事）。
19) 「普通鉄塔に要する材料は一基二噸以上なるに反し，利根発電のものは一基僅に〇・〇七噸にて十分」であったという（同上「ステー付鉄塔の得失」627頁）。また，支線付鉄塔の採用により，材料費だけでなく，材料の軽量化により運搬費も節減され，コンクリート地固が不要なため建設費も節減された。
20) 前掲「利根式経営法」1093頁。
21) 同上。
22) 由井常彦「概説　1915-37年」由井常彦・大東英祐編『日本経営史3　大企業時代の到来』岩波書店，1995年，第1章，33頁。
23) 社長であった葉住利蔵は，多くの会社の役員を兼任しており，実際の経営は専務であった大澤惣蔵に任されていたという（本章脚注10参照）。
24) 政論社『政論』第1号，1888年6月1日，2頁。なお，『政論』はいわゆる大同団結運動の機関紙としての位置づけにあったという（大橋昭夫『後藤象二郎と近代日本』三一書房，1993年，263頁）。
25) 政論社『政論』第16号，1889年4月1日，12頁。

26) 前掲大橋『後藤象二郎と近代日本』267頁。
27) 政論社『政論』第12号，1889年3月4日，1頁。なお，発行停止に際し，大澤は禁固8カ月罰金50万円の刑に処せられたという。
28) 群馬縣議会事務局編『群馬縣議会史』第2巻，1953年，695頁，1062頁，1108頁，1177頁，1220頁，1401頁など。1899年度から1907年度までの議会における発言が確認される。
29) 利根発電『第9期営業報告書』6頁。
30) 同上，7頁。
31) 例えば，合併直前の24期においては，電力供給先は26カ所に上り，最大供給電力は，昼夜合わせて259万4,788kwであった（利根発電『第24期営業報告書』13〜14頁）。
32) 利根発電『第24期営業報告書』22頁によると，同期において，電灯収入60万6,272円に対し，電力収入は142万7,092円であった。
33) 利根発電『第20期営業報告書』2頁。
34) 同上，3頁。
35) 借入は東京海上保険，明治生命保険などからなされた（利根発電『第4期営業報告書』7頁）。
36) 前掲新井章治伝刊行会編『新井章治』45頁。
37) 利根発電『第18期営業報告書』6頁。
38) 「今昔　大澤惣蔵氏談」『群馬新聞』1919年11月5日（利根発電祝賀記念）。
39) 前掲小池「第一次大戦前後の群馬県電力産業」58頁。
40) 同上，59頁。
41) 家仲茂『池尾芳蔵氏を語る』松室重行，1939年，117頁。
42) 「面目一新せる利根発電　供給範囲は一府五県下　社礎確立と将来の運命」『万朝報』1919年2月12日。
43) 同上。
44) 「創立10周年を迎へたる利根発電祝賀会」『上毛新聞』1919年11月6日。
45) 「電力不足の急に応ずる利根発電増資計画」『上毛新聞』1918年11月14日。
46) なお，小松発電所の建設費も見込んで，利根川水力電気の合併に際し，資本金は2,200万円に増資された。
47) 前掲新井章治伝刊行会編『新井章治』45頁。
48) 同上。
49) 同上，46〜47頁。
50) 「大澤氏逝＝実業界功労者　廿八日に葬儀＝」『上毛新聞』1920年6月27日。

51) 利根発電『第24期営業報告書』2頁。
52) 同上，2～3頁。
53) 「合併直前の利根発電の株価は，額面を割つて三十八円位であつたが，東電は六十七，八円してゐた」（前掲新井章治伝刊行会編『新井章治』49頁）。なお，利根発電の株価が安かった理由は，「建設工事を手堅くやつてゐたので，資金が固定してゐた為めである」という（同書）。
54) 利根発電『第24期営業報告書』3頁。
55) 前掲新井章治伝刊行会編『新井章治』52頁。
56) 例えば，東京興信所編『銀行会社要録』第二十四版，1920年（後藤靖解題『銀行会社要録』第1巻，柏書房，1989年）の「群馬県之部」に掲載された銀行会社232社のなかから，本社所在地の関係から他県の部において掲載されている銀行会社（第二銀行，七十四銀行，八十一銀行，足利銀行，明治商業銀行，東陽，鐘淵紡績，武蔵水電，帝国撚糸織物，三鱗合資会社，三越呉服店）の11社を除いた221社のなかで，利根発電の資本規模は最大であった。
57) 相談役の職務の詳細については，残念ながら現時点では不明である。しかし，『上毛新聞』1913年8月24日号には，「相談役たる根津嘉一郎氏に一応の相談なかりしは不当なり」という記述がある。この記述によるならば，実際の経営には携わらないものの，重要な意思決定に際し相談役は経営陣からの報告を受け，それに承認を行うというような職務内容であったと推測される。
58) 荻野万太郎『適斎回顧録』荻野万太郎，1936年，154頁。
59) 利根発電『第8期営業報告書』1頁。
60) 須田宣は，山梨県出身で，日本麦酒東京工場長や，東武鉄道・大阪高野鉄道・加富登麦酒等の重役を歴任した。根津を中心とする実業家団体「清交会」の一員でもあった（勝田貞次『大倉・根津コンツェルン読本』春秋社，1938年，289頁）。
61) 江原芳平は，1870～80年代において前橋の代表的生糸商の地位を占め，その後地元銀行（前橋第三十九国立銀行）の支配権を握り，金融業者として活躍した（石井寛治『日本蚕糸業史分析』東京大学出版会，1972年，101～104頁）。
62) 利根発電『第6期株主名簿』によると，同期における総株数は2万4,000株であった。したがって，根津嘉一郎（5,500株保有）の保有割合は22.9％となる。
63) 「利根発電重役総辞職説伝はる――東武合併不調の為――」『上毛新聞』1913年8月20日。
64) 「利根水電と根津氏　紛優の原因は請負契約」『時事新報』1913年8月23日。
65) 同上。
66) 「根津一派の挑戦状――暫く其言を聞き徐ろに処決せよ」『上毛新聞』1913年8

月24日。
67)「利根発電の大動揺――一歩を過れば地方的大恐慌来らん地方株主赤城舘に集り密議を凝す」『上毛新聞』1913年8月21日。
68)「根津一派の挑戦状――暫く其言を聞き徐ろに処決せよ」『上毛新聞』1913年8月24日。
69)「利根発電の大動揺――一歩を過れば地方的大恐慌来らん地方株主赤城舘に集り密議を凝す」『上毛新聞』1913年8月21日。
70)「地方株主結束して起てり――根津一派に対する憤慨極度に達す――」『上毛新聞』1913年8月24日。
71) 同上。
72)「利根発電の大動揺――一歩を過れば地方的大恐慌来らん地方株主赤城舘に集り密議を凝す」『上毛新聞』1913年8月21日。
73)「利根発電妥協成立――株主上京委員選任」『上毛新聞』1913年8月26日。
74)「前橋委員の上京――根津氏との会見」『上毛新聞』1913年8月27日。
75)「上京委員の報告」『上毛新聞』1913年8月29日。
76)「館林方面株主会」『上毛新聞』1913年8月29日。なお,「三町方面の株主所有株は殆ど同社総株数の三分の一を有する」状況であったという。
77) 同上。
78)「大株主の勧告状」『上毛新聞』1913年8月21日。
79) 前掲荻野『適斎回顧録』158～159頁。
80)『群馬新聞』1919年11月5日（利根発電祝賀記念）。
81)『利根発電第11期営業報告書』4頁。なお,第1部には庶務・経理・運輸の3課,第2部には営業・電気・土木の3課が置かれた。
82) 永塚利一『新井章治の生涯』電気情報社,1962年,12頁。
83) 同上。
84) 前掲荻野『適斎回顧録』159頁。
85) 新井章治は,葉住利蔵の女婿にあたり（葉住の長女ひさと結婚）,葉住の勧めで1913年に利根発電に入社した。新井は積極主義を掲げる大澤惣蔵と,経営方針において意見を同じくしていたという。東京電灯への合併後には前橋支店長に就任し,1930年には本社営業部長,1937年には副社長,1940年には社長へと昇進した。後に,関東配電社長,日本発送電第3代総裁,東京電力会長といった,本邦電気事業界の重職を歴任した（前掲新井章治伝刊行会編『新井章治』・前掲永塚『新井章治の生涯』・前掲東京電力株式会社編『関東の電気事業と東京電力』参照）。
86) 前掲永塚『新井章治の生涯』14頁。

87) 同上。
88) 前掲荻野『適斎回顧録』159頁。
89) 『群馬新聞』1919年11月5日（利根発電祝賀記念）。
90) 同上。
91) 前掲荻野『適斎回顧録』159頁。
92) 同上，160頁。
93) 『群馬新聞』1919年11月5日（利根発電祝賀記念）。
94) 前掲荻野『適斎回顧録』160頁。
95) 『群馬新聞』1919年11月5日（利根発電祝賀記念）。
96) 前掲新井章治伝刊行会編『新井章治』48頁。
97) 「大澤氏逝＝実業界功労者　廿八日に葬儀＝」『上毛新聞』1920年6月27日。なお，享年は58歳であり，葬儀は「本市空前の盛儀を極めた」という（「大澤氏の葬儀＝朝野名士悉く参列盛儀空前＝」『上毛新聞』1920年6月29日）。
98) 前掲新井章治伝刊行会編『新井章治』47頁。
99) 「◇今昔　大澤惣蔵談」『群馬新聞』1919年11月5日（利根発電祝賀記念）。
100) 前掲橘川『日本電力業の発展と松永安左ヱ門』159頁。
101) 根津翁伝記編纂会編『根津翁伝』根津翁伝記編纂会，1961年，95頁。
102) 東武鉄道年史編纂事務局編『東武鉄道六十五年史』東武鉄道，1964年，265頁。
103) この「東電・東力戦」とは，1920年代を中心に本州中央部において繰り広げられた「電力戦」と呼ばれる熾烈な大口電力需要家の争奪戦のうちで，1926年から1927年にかけて東京電灯と東京電力との間で繰り広げられた競争を指す（橘川武郎『日本電力業発展のダイナミズム』名古屋大学出版会，2004年，84～85頁）。なお，1928年4月には，両社は合併している。詳しくは本書第7章を参照のこと。
104) 前掲新井章治伝刊行会編『新井章治』85頁，前掲永塚『新井章治の生涯』32頁。
105) 前掲新井章治伝刊行会編『新井章治』86頁。
106) 前掲永塚『新井章治の生涯』33頁。
107) 同上。
108) 同上，34頁。
109) 「送電鉄塔工事」『群馬新聞』1913年4月6日。
110) 鎮目泰甫は山梨県出身で，「根津財閥仔飼の人物」（前掲勝田『大倉・根津コンツェルン読本』289頁）であり，1920年発足の根津合名の支配人となった（同左，294頁）。
111) 福島良は，1909年9月時点から東武鉄道の大株主であり（前掲東武鉄道編『東武鉄道六十五年史』549～550頁参照），人物の詳細については不明であるものの，

根津合名会社の出資者「家族姻戚合せて五人」(前掲根津翁伝記編纂会編『根津翁伝』153頁)中の1人(福島りやう)にあたると考えられるため,根津とは姻戚関係にある者であったと考えられる。

112) 例えば,鎮目泰甫は第18期(1917年下期)には500株保有(第34位株主)であり,1919年上期における増資の際には750株買い増している(1,250株保有,第30位株主)。とりわけ,福島良の保有のあり方は特徴的であり,根津が唯一筆頭株主ではなかった第23期に突如7,985株を引き受けて第2位株主となり,翌24期には株式すべてを放出している。ちなみに,23期には鎮目も株を買い増し,2,400株保有していた。なぜ根津が第23期のみ株式を大量に売却していたのかについて,残念ながら確証はないものの,1920年11月25日の根津合名会社発足に際して代表社員である根津は448万5,000円(資産総額は500万円)を出資していたため,出資金の補充の目的があったものと考えられる(前掲根津翁伝記編纂会編『根津翁伝』153〜154頁)。なお,根津,鎮目らの第一次大戦ブーム期における株式所有構造については,次章において詳しく検討する。

113) 利根発電『第24期営業報告書』2頁。

114) 「利根発電合併認容＝昨日臨時株主総会開会」『上毛新聞』1920年12月29日。

115) 同上。

116) 同上。

117) 「時代に促進されて電力事業合同の先駆者となった利根発電葉住氏の英断と見識を推奨して　大島専務語る」『上毛新聞』1920年12月16日。

118) 前掲新井章治伝刊行会編『新井章治』47頁。

119) 利根発電『第24期株主名簿』によると,1万5,452株保有の根津嘉一郎に次ぎ,江原は8,002株の保有であった。

120) 「合併は当然と　大株主たる江原翁語る」『上毛新聞』1920年12月16日。

121) 「利根式経営法」『電気之友』第388号,1915年12月1日,1092頁。

122) 前掲荻野『適斎回顧録』161頁。

123) 岡崎哲二「日本におけるコーポレート・ガバナンスの発展――歴史的パースペクティブ」青木昌彦／ロナルド・ドーア編『国際・学際研究　システムとしての日本企業』NTT出版,1995年,452頁。

第5章　第一次世界大戦ブーム期における資産家の投資行動
——『全国株主要覧』を手がかりとして——

1. はじめに

　第一次世界大戦期には，企業利潤の好転，高配当，株価上昇の関連のなかで，未曾有の株式ブームが発生し，株式発行市場は不完全なかたちとはいえ急速に拡大した。そして，株主層についてみると，地方都市においても株式ブームが生じ，株式の場外現物取引が活発になった。本章の課題は，このような地方都市をも巻き込んだ大戦ブームのなかで，地方企業の株式を保有する株主が，どのような投資行動をとっていたのかについて，1917年度版および1920年度版『全国株主要覧』[1]を手がかりとして，具体的に明らかにすることである。

　本書第3章・第4章では，利根発電の設立過程および，同社における経営と企業統治のあり方について明らかにしてきた。しかし，株主についての詳細な分析は，未だ行ってはいない。そこで，本章では，利根発電主要株主の株式所有についての検討を中心に行い，第一次世界大戦ブーム後期における発展の可能性が指摘されつつも詳細な分析がなされてこなかった，関東地方における投資家の投資行動のあり方の一端を明らかにしたい。そしてさらに，同社において，いかなる株主層が出資の担い手となっていたのか，中央株主・地方株主の投資パターンには相違があったのか，といった点についても，できうる限り明らかにしていきたい。

　ここで本章に関連する研究史について述べることにしよう。序章2（4）においてすでに取り上げた研究のほかに，花井俊介は，大阪府貝塚の商家・廣海家の1912年から1926年における投資行動の分析を行い，経済合理的な商人の株

式投資活動について明らかにしている[2]。そして，地元企業株で安定した収益を上げ，非地元企業株の低収益性を補完する廣海家の投資パターンを明らかにしている。戦前期の日本の資本市場に関する研究史についてみると，こうした一連の研究においては[3]，大別して2つの問題点があるように思われる。

　その1つは，まず，志村嘉一[4]や武田晴人[5]の研究に見られる問題点であるが，大量観察データによる一般的特徴を示すという域を越えないという点である。特に，志村嘉一の研究では，分析対象の多くが法人株主であるため，個人株主についての立ち入った分析の余地を残している。これについて批判的に再検討した武田晴人による一連の研究も，個人株主についての興味深い論点の提示が行われているものの[6]，個別実証の余地を多く残しているといえる。

　また2つめの問題点として，よりふみ込んで個別実証を行った花井俊介においても，それは廣海家という「投資主体」に着目した個別実証であるという点である。この点については，逆に投資家の投資対象となる「企業」の側面に着目した個別実証の余地を残すものである。さらには，商家以外の株主（投資家）の投資行動についても検証を行う必要性があるといえよう。また，廣海家は大都市である大阪在住の投資家であるため，大都市以外の地方における投資家の投資行動についての検討の余地もある。

　以上のような研究史における問題点をふまえ，本章では利根発電という地方における特定の「企業」への投資を行った株主の投資行動に焦点を当て，第一次大戦ブーム期における投資家の投資行動のあり方の一端を明らかにするのである。

　ではここで，ややくりかえしとなる感があるものの，本章で分析の主な対象とする，利根発電について簡単に説明することとしよう[7]。利根発電は，1909年に資本金60万円で設立され，設立当初においては，群馬県内を主な供給区域とする地域的な電力企業であった。しかしその後，近隣の電力企業の合併や供給区域の拡大を続け，1920年には資本金2,200万円となり，群馬・埼玉・栃木・東京の4県にわたる供給区域を持つ企業へと成長した。しかし，その成長途上にあった1921年4月，同社は東京電灯に合併された。

表5-1 利根発電増資合併状況

(単位:万円)

		資本金	払込資本金	合　併　状　況
1909年上期	第1期	60.0	60.0	
1910年下期	第3期	60.0	60.0	
1911年下期	第6期	120.0	88.7	1911.11：利根電力（買収金5.5万）
1912年上期	第7期	140.0		1912.7：栃木電気（+20万）
1912年下期	第8期	213.5	213.5	1912.12：前橋電気軌道（+13.5万）・渡良瀬水力電気（+60万）
1913年上期	第9期	600.0	310.1	
1913年下期	第10期	600.0	310.1	1914.3：幸手電燈
1914年上期	第11期	600.0	310.1	
1914年下期	第12期	610.0	415.2	1915.2：前橋瓦斯（+10万）
～				
1917年上期	第17期	610.0	610.0	(1917.8に全額払込)
1917年下期	第18期	610.0	610.0	
1918年下期	第20期	610.0	610.0	
1919年上期	第21期	1,600.0	867.5	（上久屋発電所拡張のため）
1919年下期	第22期	2200.0	1,007.5	1920.2：利根川水力電気（+400万+200万）
1920年上期	第23期	2,200.0	1,394.7	
1920年下期	第24期	2,200.0	1,405.0	

出典）利根発電『営業報告書』各期。

　そして，その出資者の特徴として，①地元株主による出資，②根津関係者による出資，③地元・根津以外の，全国的に分布する株主による出資（中央株主中心），というように，大きく分けて3つの分類に株主を類型化することができる，という点が挙げられる。したがって，利根発電における主要株主の投資行動についての分析を行うことによって，こうしたさまざまな属性をもつ投資家の投資パターンの特徴についても明らかにすることができるであろう。

2. 利根発電における資本金・主要株主・株主の地域分布の動向

(1) 資本規模の推移および主要株主の推移

　ここでは，表5-1を用いて，利根発電の増資過程について検討することにしよう。この表を一覧してわかるように，資本金は設立から10年ほどで約37倍

表5-2 主要株主

第1期 (1909.5.25～1909.9.30)

順位	姓　名	居住地	株式数(株)	比率(％)
1	楠本忠次郎	東京	1,146	9.6
2	藤　金作	福岡	500	4.2
3	笠井愛次郎	東京	500	4.2
4	中平治三郎	埼玉	500	4.2
5	武政伊三次	東京	400	3.3
6	大塚久右衛門	東京	300	2.5
7	内田　眞	東京	300	2.5
8	澁澤　金藏	東京	200	1.7
9	棄住　利藏	群馬	190	1.6
10	荒井久四郎	埼玉	174	1.5
11	清水　源六	群馬	174	1.5
12	竹内清次郎	群馬	160	1.3
13	武政恭三郎	埼玉	160	1.3
14	高橋仲次郎	群馬	150	1.3
15	小林庄太郎	栃木	150	1.3
16	大岡　青造	東京	134	1.1
17	高橋譚三郎	群馬	110	0.9
18	三枝　守富	東京	103	0.9
19	羽尾　勘七	東京	100	0.8
20	副島　延一	東京	100	0.8
21	根岸礼太郎	群馬	100	0.8
22	中島　行孝	東京	100	0.8
23	野村久一郎	福岡	100	0.8
24	齋藤　正毅	東京	100	0.8
25	荒井　藤吉	東京	90	0.8
26	木暮松三郎	群馬	85	0.7
27	小泉　善六	群馬	85	0.7
28	大澤　惣藏	群馬	76	0.6
29	阿久澤太郎平	群馬	70	0.6
30	髙柳　享	群馬	66	0.6

第6期 (1911.10.1～1912.3.25)

順位	姓　名	居住地	株式数(株)
1	根津嘉一郎	東京	5,500
2	楠本忠次郎	東京	2,047
3	江原　芳平	群馬	863
4	棄住　利藏	群馬	634
5	横地　桂作	群馬	607
6	藤井新兵衛	群馬	526
7	藤　金作	福岡	500
8	大塚久右衛門	東京	450
9	武政恭三郎	埼玉	345
10	山口　源八	埼玉	342
11	竹内清次郎	群馬	315
12	細谷　哲	群馬	261
13	本間千代吉	埼玉	245
14	大澤　惣藏	群馬	236
15	内田　眞	東京	225
16	高津仲次郎	群馬	215
17	笠井愛次郎	東京	200
18	正田虎四郎	群馬	192
19	田島　達策	東京	165
20	高橋磯五郎	東京	165
21	林　小兵衛	群馬	157
22	若旅惣一郎	東京	150
23	阿久澤太郎平	群馬	150
24	澁澤　金藏	群馬	150
25	小林庄太郎	栃木	140
26	小泉　善六	群馬	131
27	石井　一郎	群馬	118
28	南雲　實平	群馬	116
29	大島　自柳	群馬	107
30	阿久澤太郎次	群馬	105

第17期 (1917.4.1～1917.9.30)

順位	姓　名	居住地	株式数(株)
1	根津嘉一郎	東京	6,870
2	江原　芳平	群馬	3,675
3	望月　磯平	栃木	2,429
4	村上　逢	東京	2,113
5	楠本信次郎	東京	2,022
6	長谷川調七	群馬	1,862
7	棄住　利藏	群馬	1,624
8	大塚久右衛門	群馬	1,247
9	武政恭三郎	埼玉	1,207
10	横地　桂作	群馬	1,138
11	山口平四郎	埼玉	1,089
12	山口　源八	埼玉	1,067
13	武政　郁三	栃木	1,030
14	小林庄太郎	栃木	878
15	高橋譚三郎	群馬	858
16	大谷藤三郎	埼玉	770
17	大島　戸一	群馬	734
18	荒井　藤七	群馬	730
19	大島　はん	群馬	710
20	細谷　哲	群馬	687
21	本間千代吉	群馬	671
22	井上道三郎	群馬	665
23	半田善四郎	群馬	656
24	小川市太郎	東京	650
25	大澤　惣藏	群馬	650
26	正田虎四郎	群馬	625
27	澁澤　金藏	群馬	624
28	久保田健次郎	群馬	602
29	竹内清次郎	群馬	574
30	手束藤三郎	栃木	565

第5章 第一次世界大戦ブーム期における資産家の投資行動　161

第21期（1919.4.1～1919.9.30）

順位	姓名	居住地	株式数（株）	比率（％）	職業等
1	根津嘉一郎	東京	17,175	5.4	貴族院議員・多額納税者・前橋商工会議所特別議員・三十九銀行、上毛物産頭取
2	江原芳平	群馬	9,387	2.9	多額納税者
3	森澤鳳三郎	東京	5,632	1.8	？
4	葉住利蔵	群馬	4,400	1.4	利根発電社長・新田銀行頭取・群馬県農工銀行頭取・日本鉄合金取締役
5	大塚久右衛門	群馬	3,317	1.0	多額納税者・群馬貯蓄銀行・利根発電取締役、群馬県農工銀行監査役
6	武政恭一郎	埼玉	3,017	0.9	利根発電取締役・深谷商業銀行専務取締役・㈱東洋絹糸紡績取締役
7	山口源八	群馬	2,592	0.8	深谷商業銀行専務取締役・埼玉銀行監査役
8	大島戸一	群馬	2,585	0.8	利根発電取締役・新田酒造監査役
9	武政郁三	埼玉	2,575	0.8	武政恭一郎次男
10	横田千之助	東京	2,400	0.8	衆議院議員（栃木県都郡選出）、弁護士、栃木県平民
11	荒井廉七	群馬	2,350	0.7	大地主・生糸販売
12	小林太郎	栃木	2,195	0.7	佐野商業銀行頭取、小林銀行代表社員、日本鉄合金、共同生命保険取締役
13	富永金吉	栃木	2,162	0.7	煉瓦製造業
14	大谷藤力造	埼玉	2,000	0.6	深谷銀行専務取締役・高崎水力電気取締役
15	小川市太郎	東京	2,000	0.6	小川商事合名会社代表社員・河内屋
16	橋本信太郎	東京	1,980	0.6	滴蒙貿易合名会社代表取締役、橋本佐、利根川水力、日本電気製鉄取締役・宮城県平民
17	澁澤金蔵	群馬	1,785	0.6	新田銀行取締役・妻はるゑ、葉住利蔵姪。
18	大澤惣蔵	群馬	1,725	0.5	利根発電専務・利根軌道取締役・阪東電気取締役等
19	木間千代吉	群馬	1,677	0.5	葉住利蔵五男
20	竹内清次郎	群馬	1,542	0.5	利根発電取締役・生糸商・明治商業銀行、上毛物産取締役・前橋商工会議所常議員
21	山中光	東京	1,520	0.5	
22	久保田健次郎	群馬	1,505	0.5	
23	小野伊與吉	群馬	1,500	0.5	館林貯蓄銀行監査役
24	原田金三郎	栃木	1,425	0.4	
25	正田虎四郎	群馬	1,382	0.4	大間々銀行頭取、日本鉄合金取締役、足尾鉄道
26	中島宇三郎	群馬	1,351	0.4	
27	久保田傳四郎	埼玉	1,350	0.4	栃木商業会議所特別議員、八十一銀行取締役・渡良瀬興業監査役
28	手束籐三郎	埼玉	1,335	0.4	
29	高田利八	栃木	1,255	0.4	群馬県貯蓄銀行代表取締役・茶商・池野屋
30	戸谷八郎左衛門	埼玉	1,250	0.4	元和壮商業銀行取締役

第22期 (1919.10.1〜1920.3.31)

順位	姓名	居住地	株式数(株)
1	根津 嘉一郎	東京	16,195
2	江原 芳平	群馬	9,387
3	葉住 利蔵	群馬	4,900
4	大塚久右衛門	群馬	3,317
5	竹原 友三郎	大阪	3,255
6	武政 恭三郎	埼玉	3,017
7	大岡 育造	東京	3,000
8	橋本 信次郎	東京	2,665
9	富永 金吉	栃木	2,647
10	大島 戸一	群馬	2,585
11	武政 郁三	埼玉	2,575
12	石井 駒次郎	岐阜	2,570
13	笠井 愛次郎	群馬	2,450
14	荒井 藤七	群馬	2,350
15	小林 庄太郎	栃木	2,195
16	山口 平八	埼玉	2,142
17	荒井 藤太郎	埼玉	2,075
18	大谷 藤三郎	東京	2,000
19	小川 市太郎	栃木	2,000
20	永井 篤三郎	群馬	2,000
21	鈴木 義多郎	群馬	1,785
22	澁澤 金蔵	群馬	1,677
23	本間 千代吉	神奈川	1,650
24	安部 幸之助	埼玉	1,640
25	武政 俊次	東京	1,630
26	井出 郷助	群馬	1,625
27	大澤 惣蔵	埼玉	1,545
28	新井 慶次郎	群馬	1,512
29	竹内 清次郎	群馬	1,505
30	久保田 健次郎		

第23期 (1920.4.1〜1920.9.30)

順位	姓名	居住地	株式数(株)
1	江原 芳平	群馬	8,002
2	福島 良	東京	7,985
3	葉住 利蔵	群馬	5,475
4	橋本 信次郎	東京	3,815
5	大塚久右衛門	群馬	3,317
6	新井 章治	群馬	3,156
7	武政 恭三郎	埼玉	3,017
8	大岡 育造	東京	3,000
9	宇佐美 英	東京	2,890
10	富永 金吉	栃木	2,717
11	根津 嘉一郎	東京	2,600
12	大島 戸一	群馬	2,585
13	武政 郁三	埼玉	2,575
14	鎮目 栄甫	東京	2,400
15	小林 庄太郎	栃木	2,195
16	山口 平八	埼玉	2,142
17	原田 金三郎	栃木	2,140
18	萩原 峰吉	埼玉	2,000
19	大谷 藤三郎	東京	2,000
20	小泉 儀八	栃木	2,000
21	小川 市太郎	東京	2,000
22	鈴木 義多郎	群馬	1,800
23	澁澤 金蔵	群馬	1,785
24	本間 千代吉	群馬	1,677
25	林 庄治	東京	1,665
26	武政 俊次	埼玉	1,640
27	大澤 惣蔵	岐阜	1,625
28	石井 駒次郎	埼玉	1,550
29	新井 清次郎	群馬	1,545
30	竹内 清次郎	群馬	1,520

第24期 (1920.10.1〜1921.3.31)

順位	姓名	居住地	株式数(株)
1	根津 嘉一郎	東京	15,452
2	江原 芳平	群馬	8,002
3	葉住 利蔵	群馬	5,475
4	富永 金吉	栃木	4,129
5	橋本 信次郎	東京	3,715
6	大塚久右衛門	群馬	3,317
7	矢野 恒太	東京	3,230
8	新井 章治	群馬	3,106
9	大岡 育造	東京	3,000
10	武政 恭三郎	埼玉	2,870
11	武政 郁三	埼玉	2,817
12	大島 戸一	群馬	2,585
13	林 慶吾	栃木	2,399
14	中村 儀八	愛知	2,380
15	小泉 儀八	栃木	2,200
16	小林 庄太郎	栃木	2,195
17	小川 市太郎	東京	2,150
18	山口 平八	栃木	2,142
19	原田 金三郎	栃木	2,140
20	大谷 藤三郎	栃木	2,050
21	新井 慶次郎	埼玉	1,925
22	鈴木 義多郎	東京	1,850
23	泉川 芳松	東京	1,800
24	山上 寰一	群馬	1,800
25	本間 千代吉	東京	1,677
26	武政 俊次	埼玉	1,640
27	三葉 壷太郎	千葉	1,640
28	大澤 惣蔵	群馬	1,625
29	石井 駒次郎	岐阜	1,600
30	千金樂 伊一郎	群馬	1,540

出典) 利根発電『株主名簿』各期。
注) 空欄は不明であることを示す

に増加している。そして，他企業の合併に伴う増資や，施設拡張のための増資が行われていたということがわかる。

では次に，主要株主について記した，表5-2をみることにしよう[8]。まず，設立当初の主要株主は，発起人・役員などの会社（利根発電）関係者，地元銀行関係者などが多いことがみてとれる。

さらに，1911年下期の倍額増資に際して，根津嘉一郎が筆頭株主となったことは，注目すべき点であるといえよう。主要株主には根津が参入したあとも会社関係者，地元金融関係者などの名が多いが，主要株主の中に根津に関係すると思われる者（東武鉄道の主要株主など，根津の関連会社保有株式の多い者）の名があらわれるようになることも注目に値する。すなわち，根津を中心とする投資グループの存在を確認することができるのである。なお，1919年下期の増資の際には大阪の証券業者竹原友三郎が突如として第5位株主となり，翌1920年上期には所有していない（0株→3,255株→0株と推移）。この点については，利根発電株が短期的な株式売買の対象となっていたことを示している。すなわち，第一次大戦後ブーム時において，利根発電株が地方のみならず大都市投資家の間でも売買されていた事実とともに，投機の対象となっていた可能性をも示しているのである。

(2) 地域分布の推移

ではここで，利根発電における株主の地域分布の推移について，表5-3に注目してみることにしよう。まず，設立当初は，群馬・東京の株主の割合が多く，この点についてはすでに本書第3章において述べたとおり，群馬・東京の二派に分かれての資金調達が行われたことを物語っているものといえる。また，東京では大株主が多く，群馬では中小株主が多いのが特徴的であるといえる。

そして，栃木・埼玉へと営業区域の拡張が行われるにしたがって，次第にこれらの地域の株主の割合が増加していった点も読み取れる。そして，それと相反するように，東京の株主の相対的な減少がみられるようになった。

さらに，1919年下期の2,200万円への増資以降，それ以外の地域の株主数・

表 5 - 3 利根発電株主の

第1期 (1909.5.25～9.30)

居住地	500株以上				200～499株				100～199株				50～	
	株主数(人)	比率(%)	株式数(株)	比率(%)	株主数(人)	比率(%)	株式数(株)	比率(%)	株主数(人)	比率(%)	株式数(株)	比率(%)	株主数(人)	比率(%)
群馬	0	0.0	0	0.0	2	0.3	500	4.2	7	1.2	984	8.2	17	3.0
栃木	0	0.0	0	0.0	0	0.0	0	0.0	1	0.2	150	1.3	1	0.2
埼玉	0	0.0	0	0.0	1	0.2	400	3.3	1	0.2	160	1.3	2	0.3
東京	3	0.5	2,146	17.9	1	0.2	300	2.5	6	1.0	711	5.9	11	1.9
その他	1	0.2	500	4.2	0	0.0	0	0.0	1	0.2	100	0.8	0	0.0
計	4	0.7	2,646	22.1	4	0.7	1,200	10.0	16	2.8	2,105	17.5	31	5.4

第6期 (1911.10.1～1912.3.31)

居住地	500株以上				200～499株				100～199株				50～	
	株主数(人)	比率(%)	株式数(株)	比率(%)	株主数(人)	比率(%)	株式数(株)	比率(%)	株主数(人)	比率(%)	株式数(株)	比率(%)	株主数(人)	比率(%)
群馬	4	0.7	2,630	11.0	6	1.1	1,722	7.2	14	2.5	1,796	7.5	30	5.4
栃木	0	0.0	0	0.0	0	0.0	0	0.0	2	0.4	240	1.0	3	0.5
埼玉	0	0.0	0	0.0	2	0.4	687	2.9	0	0.0	0	0.0	6	1.1
東京	2	0.4	7,547	31.4	2	0.4	425	1.8	5	0.9	615	2.6	4	0.7
その他	1	0.2	500	2.1	0	0.0	0	0.0	0	0.0	0	0.0	1	0.2
計	7	1.3	10,677	44.5	10	1.8	2,834	11.8	21	3.8	2,651	11.0	44	7.9

第18期 (1917.10.1～1918.3.31)

居住地	500株以上				200～499株				100～199株				50～	
	株主数(人)	比率(%)	株式数(株)	比率(%)	株主数(人)	比率(%)	株式数(株)	比率(%)	株主数(人)	比率(%)	株式数(株)	比率(%)	株主数(人)	比率(%)
群馬	19	1.2	17,652	14.5	66	4.1	18,262	15.0	78	4.9	9,923	8.1	107	6.7
栃木	6	0.4	5,414	4.4	16	1.0	4,552	3.7	29	1.8	3,496	2.9	44	2.8
埼玉	6	0.4	4,664	3.8	9	0.6	3,317	2.7	23	1.4	2,896	2.4	43	2.7
東京	8	0.5	14,758	12.1	6	0.4	1,597	1.3	17	1.1	2,221	1.8	18	1.1
その他	1	0.1	500	0.4	2	0.1	400	0.3	3	0.2	383	0.3	7	0.4
計	40	2.5	42,988	35.2	99	6.2	28,128	23.1	150	9.4	18,919	15.5	219	13.7

第22期 (1919.10.1～1920.3.31)

居住地	500株以上				200～499株				100～199株				50～	
	株主数(人)	比率(%)	株式数(株)	比率(%)	株主数(人)	比率(%)	株式数(株)	比率(%)	株主数(人)	比率(%)	株式数(株)	比率(%)	株主数(人)	比率(%)
群馬	98	2.4	103,012	23.4	102	2.5	31,340	7.1	207	5.1	26,872	6.1	315	7.8
栃木	23	0.6	20,822	4.7	40	1.0	11,046	2.5	64	1.6	8,414	1.9	73	1.8
埼玉	22	0.5	26,210	6.0	38	0.9	10,964	2.5	86	2.1	11,161	2.5	154	3.8
東京	31	0.8	47,332	10.8	42	1.0	13,258	3.0	51	1.3	7,391	1.7	80	2.0
その他	11	0.3	13,815	3.1	28	0.7	8,262	1.9	58	1.4	7,760	1.8	103	2.6
計	185	4.6	211,191	48.0	250	6.2	74,870	17.0	466	11.5	61,598	14.0	725	18.0

出典) 利根発電『株主名簿』各期。

地域別・規模別分布

99株		10～49株				9株以下				計			
株式数(株)	比率(%)	株主数(人)	比率(%)	株式数(株)	比率(%)	株主数(人)	比率(%)	株式数(株)	比率(%)	株主数(人)	比率(%)	株式数(株)	比率(%)
1,012	8.4	125	21.7	2,533	21.1	331	57.5	897	7.5	482	83.7	5,926	49.4
50	0.4	21	3.6	220	1.8	4	0.7	20	0.2	27	4.7	440	3.7
116	1.0	16	2.8	240	2.0	6	1.0	29	0.2	26	4.5	945	7.9
608	5.1	11	1.9	291	2.4	5	0.9	22	0.2	37	6.4	4,078	34.0
0	0.0	1	0.2	10	0.1	1	0.2	1	0.0	4	0.7	611	5.1
1,786	14.9	174	30.2	3,294	27.5	347	60.2	969	8.1	576	100.0	12,000	100.0

99株		10～49株				9株以下				計			
株式数(株)	比率(%)	株主数(人)	比率(%)	株式数(株)	比率(%)	株主数(人)	比率(%)	株式数(株)	比率(%)	株主数(人)	比率(%)	株式数(株)	比率(%)
2,031	8.5	153	27.5	3,100	12.9	272	48.9	1,021	4.3	479	86.2	12,300	51.2
178	0.7	12	2.2	145	0.6	2	0.4	16	0.1	19	3.4	579	2.4
396	1.7	21	3.8	503	2.1	6	1.1	34	0.1	35	6.3	1,620	6.8
225	0.9	4	0.7	83	0.3	3	0.5	11	0.0	20	3.6	8,906	37.1
50	0.2	1	0.2	45	0.2	0	0.0	0	0.0	3	0.5	595	2.5
2,880	12.0	191	34.4	3,876	16.2	283	50.9	1,082	4.5	556	100.0	24,000	100.0

99株		10～49株				9株以下				計			
株式数(株)	比率(%)	株主数(人)	比率(%)	株式数(株)	比率(%)	株主数(人)	比率(%)	株式数(株)	比率(%)	株主数(人)	比率(%)	株式数(株)	比率(%)
6,934	5.7	466	29.1	9,675	7.9	208	13.0	894	0.7	944	59.0	63,340	51.9
2,914	2.4	98	6.1	2,113	1.7	17	1.1	95	0.1	210	13.1	18,584	15.2
2,811	2.3	211	13.2	3,829	3.1	15	0.9	78	0.1	307	19.2	17,595	14.4
1,026	0.8	35	2.2	715	0.6	10	0.6	37	0.0	94	5.9	20,354	16.7
360	0.3	28	1.8	473	0.4	3	0.2	11	0.0	44	2.8	2,127	1.7
14,045	11.5	838	52.4	16,805	13.8	253	15.8	1,115	0.9	1,599	100.0	122,000	100.0

99株		10～49株				9株以下				計			
株式数(株)	比率(%)	株主数(人)	比率(%)	株式数(株)	比率(%)	株主数(人)	比率(%)	株式数(株)	比率(%)	株主数(人)	比率(%)	株式数(株)	比率(%)
20,097	4.6	813	20.1	16,920	3.8	225	5.6	1,009	0.2	1,760	43.6	199,250	45.3
4,603	1.0	155	3.8	3,242	0.7	17	0.4	64	0.0	372	9.2	48,191	11.0
11,715	2.7	559	13.9	11,645	2.6	40	1.0	181	0.0	899	22.3	71,876	16.3
5,373	1.2	140	3.5	3,118	0.7	62	1.5	309	0.1	406	10.1	76,781	17.5
6,983	1.6	317	7.9	6,650	1.5	81	2.0	432	0.1	598	14.8	43,902	10.0
48,771	11.1	1,984	49.2	41,575	9.4	425	10.5	1,995	0.5	4,035	100.0	440,000	100.0

株式数の割合も増加したことがわかる。とはいえ、やはり地元（特に群馬県）の株主数、株式数の高位もみてとることができる。そのほかには、群馬県内大株主の割合が、増資とともに増加しているという点や、地元での1桁株保有の零細株主の多さについても、みてとることができるのである。

次に、表5-4は、1920年度版『全国株主要覧』記載株主中の利根発電株保有株主の中で、その保有数の多い者から上位30人を抽出し、並べるとともに、その株式所有構造について明らかにしたものである。なお、1920年度版『全国株主要覧』記載利根発電株主は、利根発電第21期株主に該当する[9]。

表5-5は、表5-4によって明らかにした主要株主が、1916年においては、いかなる株式所有構造であったのかについて、1917年度版『全国株主要覧』をもとに、記したものである。なお、表5-5における株主の順位は、表5-4における順位に対応するものであり、1916年における株式保有順位を示しているものではない。表5-4と表5-5の比較により、第1次大戦ブーム期から戦後ブーム期にかけて、主要株主の株式所有構造が、さらに言うと、投資家の投資行動がどのように変化したのかについて、具体的に検討することができる。

さて、表5-4、5-5の具体的検討に移ろう。まず、筆頭株主である根津嘉一郎についてみると、利根発電のほかに東武鉄道、大阪高野鉄道、東京電灯をはじめとする、経営に関与した企業への出資が見られる。1919年と1916年とを比較して、投資株式数は大きく増加していることがわかるが、投資先（銘柄数）としては、1916年の19銘柄から1919年の21銘柄へというようにほぼ一定であり、株式数の増加と比して投資先の増加はみられない。この点から、根津においては、大戦ブームから戦後ブームにかけて、関連企業への追加投資を中心に投資行動を行っていたということがわかる。

次に江原芳平についてみてみよう。江原は群馬県有数の資産家であり、利根発電役員経験者でもあった。1919年と1916年の株式所有を比較して、投資銘柄数にはほぼ変化はなかったものの、小口出資の株式については、投資銘柄の変化がみられる。これらについては、短期保有・投機目的の投資であったものと考えられる。

しかし一方で、保有株式数の多い利根発電、第二銀行、正金銀行については、1916年から1919年を通じて株式の保有を続け、しかも最も保有株式数の多い利根発電においては、1916年の4,675株から1919年の9,387株へと、その持株数を増加させている。つまり、地方資産家である江原は、投機目的の小口投資を継続して行いつつも、利根発電に対しては継続的に追加投資を行っていたのである。

1919年における第3位株主である森澤鳳三郎は、根津家執事であり[10]、根津関係者であるといえる。そして、その投資状況についてみてみると、根津関連企業への出資が行われており、根津を中心とする人的ネットワークのなかで投資を行っていたということがわかる。すなわち、いわゆる「根津派株主」としての投資行動をとり、根津による資本的支配を支えていたのであった。1916年には所有記載のない利根発電株式を、1919年においては5,632株引き受けていたのもこのような理由によるのである。

また本章での分析からはやや外れるが、利根発電第23期における福島良（根津関係者・根津合名発足時の出資者）の投資行動[11]と併せて考えるならば、森澤の1919年における加富登麦酒への出資は、根津の1916年における同社への出資分を代わりに引き受けた可能性がある。また、前章においても少しふれた、鎮目泰甫（30位）も根津関係者であり[12]、森澤と同様、根津の関連する企業への投資を行っていた。

そして、森澤鳳三郎と比較すると、鎮目泰甫のほうが、1916年の時点から利根発電株を保有している。またそれだけでなく、森澤よりも投資先も多く、分散的に株式を保有していたといえる。また、大戦ブームから戦後ブームにかけての投資先の分散傾向も確認することができた。とはいえ、これらの投資先はすべて根津に関連する企業となっており、この点については森澤同様、根津をとりまくネットワークのなかで、根津による資本的支配を支えるような投資行動を行っていたといえよう。

次に、葉住利蔵（4位）、武政恭一郎（6位）、大島戸一（8位）、大澤惣蔵（18位）についてみてみよう。彼らは役員であり、葉住は社長、武政・大澤は専務

表5-4 1919年における利根

1	根津嘉一郎	東京	利根発電 17,245	東武鉄道 33,590	大阪高野鉄道 18,548	東京電燈 17,876	信越電力 13,800	東上鉄道 10,000
			阪神電鉄 276	東京米穀 250	帝国石油 200	小倉鉄道 200	宇治川電気 200	常磐生命 200
2	江原 芳平	群馬	利根発電 9,387	第二銀行 1,000	正金銀行 450	大日本紡績 316	高崎水電 152	近江銀行 100
3	森澤鳳三郎	東京	利根発電 5,632	加富登麦酒 3,730	大阪高野鉄 1,900	東上鉄道 1,530	東武鉄道 1,500	
4	葉住 利蔵	群馬	利根発電 4,400	東武鉄道 166				
5	大塚久右衛門	群馬	利根発電 3,317	東武鉄道 500	八十一銀行 298	日清製粉 200	豊国銀行 100	
6	武政恭一郎	埼玉	利根発電 3,017	日本電燈 100	京浜電鉄 50			
7	山口 源八	埼玉	利根発電 2,592					
8	大島 戸一	群馬	利根発電 2,585					
9	武政 郁三	埼玉	利根発電 2,575					
10	横田千之助	東京	利根発電 2,400	朝日海上 4,550	藤本ビル 100	東京瓦斯 80	東京府農工 50	
11	荒井 簾七	群馬	利根発電 2,350	北海炭鉱汽 400	八十一銀行 320	川崎造船所 280	上毛モス 150	日本皮革 110
12	小林庄太郎	栃木	利根発電 2,195	八十一銀行 5,456	東京電燈 2,040	共同火災 1,280	明治商業銀 1,220	東京瓦斯 1,200
			第一銀行 288	近江銀行 200	京浜電鉄 200	函館水電 177	南国産業 160	日本商業銀 150
13	富永 金吉	栃木	利根発電 2,162					
14	大谷藤三郎	埼玉	利根発電 2,000	高崎水電 821	寶田石油 625	南満州鉄道 416	東京電燈 408	横浜取引 393
			大日本麦酒 192	大日本製糖 100	日清製粉 80	台湾製糖 50	新高製糖 50	横浜倉庫 50
15	小川市太郎	東京	利根発電 2,000	鬼怒川水電 12,180	東京電燈 12,000	京浜鉄道 8,080	桂川電力 7440	東京瓦斯 5,200
			東京瓦電工 470	久原鉱業 400	富士瓦斯紡 200	帝国製糖 200	南満州鉄道 200	内国通運 200
16	橋本信次郎	東京	利根発電 1,980	揖斐川電化 2,300	利根川水力 1,091	相模紡績 1,000	武蔵電鉄 500	日本電燈 500
17	澁澤 金蔵	群馬	利根発電 1,788	明治商業銀 480	寶田石油 316	東京株式 252	日本石油 250	市街自動車 250

発電主要株主の株式所有構造

(単位：株)

横浜電鉄 7,780	東京紡績 6,000	日清紡績 5,010	横浜電気 2,690	東洋汽船 1,080	帝国火災 500	富士身延鉄道 500	京津電軌 500
東洋拓殖 100							
帝国火災 100	名古屋電燈 100	東武鉄道 83	木曾電興業 50				
日本セメン 80							
北海拓殖銀 936	宇治川電気 840	東京火災 820	台湾銀行 600	大日本紡績 455	台湾製糖 440	帝国製麻 300	日本勧業銀 292
日本銀行 60							
豊国銀行 300	京城鉄道 300	函館水電 300	東京株式 276	東京米穀 250	日清紡績 200	富士水電 200	日本石油 200
京城電気 3,595	日本興業銀 2,490	横浜電鉄 1,670	九州水電 1,400	日米信託 1,163	東洋汽船 1,002	日本電燈 900	横浜倉庫 740
住友銀行 100							
北海道製糖 400	台東製糖 200	満州製粉 100	帝国火災 50				
八十一銀行 204	富士身延鉄道 130	東京瓦斯 100	日本鋼管 52	豊国銀行 50	帝国火災 50	東京瓦電工 50	

18	大澤 惣蔵	群馬	利根発電 1,725					
19	本間千代吉	群馬	利根発電 1,677	明治商業銀 1,400	東武鉄道 333	日本電燈 200	帝国火災 50	
20	竹内清次郎	群馬	利根発電 1,542	明治商業銀 410				
21	山中　光	東京	利根発電 1,520	東洋汽船 1,270	南満州鉄道 1,110	京浜電鉄 840	東京電燈 700	東京瓦斯 630
			帝国製糖 80	新高製糖 80	塩水港製糖 80	東京建物 70	日魯漁業 70	東洋製糖 50
22	久保田健次郎	群馬	利根発電 1,505	八十一銀行 1,000	日本興業銀 225			
23	小野伊奥吉	群馬	利根発電 1,500					
24	原田金三郎	栃木	利根発電 1,425	八十一銀行 454				
25	正田虎四郎	群馬	利根発電 1,382					
26	中島宇三郎	群馬	利根発電 1,351	八十一銀行 1,351				
27	久保田傳四郎	埼玉	利根発電 1,350	東京府農工 50	東洋製鉄 50			
28	手束藤三郎	栃木	利根発電 1,335	八十一銀行 1,000	東海銀行 240	帝国製麻 140	日本製麻 100	
29	髙田 利八	群馬	利根発電 1,255	日清製粉 920	帝国商業銀 50			
30	戸谷八郎左衛門	埼玉	利根発電 1,250	京城電気 50				

出典）ダイヤモンド『全国株主要覧』(1920年度版)。

取締役として利根発電経営の中枢にいた。また，大島も大澤の死去後に専務取締役に就任する人物であり，1919年時点では平取締役であったものの，経営への関与の度合いは高かったものと思われる。1919年における利根発電株の保有割合は皆高く，1916年における株式所有構造と比較して，利根発電株以外の買い増しが確認できるのは，武政の京浜電鉄株（50株）だけである。このように，経営陣の大戦ブームから戦後ブームにかけての投資行動は，自らが経営に携わる利根発電株への，追加出資を中心に行われていたことがわかる。

　次に，武政郁三（9位），富永金吉（13位），小野伊奥吉（23位），原田金三

第5章　第一次世界大戦ブーム期における資産家の投資行動　171

東京株式	横浜倉庫	日本紙器	日清紡績	明治製糖	日本郵船	富士水電	桂川水電
390	280	150	130	130	130	120	90

日清製粉
50

郎（24位），正田虎四郎（25位），手束藤三郎（28位）について検討しよう。表5-5をみてもわかるように，彼らは1917年度版『全国株主要覧』には記載されていない。ここで，「記載されていないこと＝株式保有なし」とは限らないため13)多少の注意は必要であるが，少なくとも，1916年の時点では『全国株主要覧』掲載銘柄の合計で500株以上の保有はなかったわけであるから，他の株主と比べれば，投資経験の浅い株主であったといえる。

　そして，彼らの1919年における株式所有についてみてみると，特徴的な点が浮かび上がる。すなわち，利根発電のみ，もしくは利根発電と八十一銀行に集

表5-5　1919年における利根発電主要

	氏名	住所						
1	根津嘉一郎	東京	利根発電 6,870	東武鉄道 35,410	大阪高野鉄 10,304	日清紡績 8,110	横浜電鉄 7,780	東京電燈 6,568
			東洋汽船 360	東京米穀 250	大日本製糖 245	小倉鉄道 200	阪神電鉄 184	
2	江原芳平	群馬	利根発電 4,675	第二銀行 1,205	正金銀行 450	横浜火災 273	神戸電気 226	大日本人肥 150
3	森澤鳳三郎	東京		大阪高野鉄道 800	日清紡績 500			
4	葉住利蔵	群馬	利根発電 1,634	東武鉄道 166				
5	大塚久右衛門	群馬	利根発電 1,247	東武鉄道 500	帝国銀行 100	日清製粉 100		
6	武政恭一郎	埼玉	利根発電 2,237	日本電燈 100				
7	山口源八	埼玉	利根発電 1,069					
8	大島戸一	群馬	利根発電 514					
9	武政郁三	埼玉	*記載なし					
10	横田千之助	東京		富士水電 340	京成電軌 300	日本活動 250		
11	荒井籐七	群馬	利根発電 730	上毛モスリン 130				
12	小林庄太郎	栃木	利根発電 852	寶田石油 2,228	共同火災 1,280	東京瓦斯 1,200	東京電燈 1,020	宇治川電気 840
			尼崎紡績 300	第一銀行 288	京浜電鉄 200	第三銀行 150	日清製粉 100	
13	富永金吉	栃木	*記載なし					
14	大谷藤三郎	埼玉	利根発電 509	寶田石油 628	豊国銀行 300	南満鉄道 252	東京米穀 250	横浜取引 240
15	小川市太郎	東京	利根発電 650	東京瓦斯 5,500	東京電燈 2,100	桂川電力 2,100	横浜電鉄 1,520	京城電気 1190
16	橋本信次郎	東京	利根発電 2,772	日本電燈 500	台東製糖 200			
17	澁澤金蔵	群馬	利根発電 721	明治商業銀 390	寶田石油 266	富士身延鉄 200		
18	大澤惣蔵	群馬	*記載なし					
19	本間千代吉	群馬	利根発電 671	明治商業銀 700	東武鉄道 333	日本電燈 200		
20	竹内清次郎	群馬	利根発電 574	明治商業銀 130				

株主の1916年における株式所有構造

(単位：株)

加富登麦酒	日本化学工	横浜鉄道	横浜電気	日清製粉	日本染料	上毛モスリン	富士身延鉄
4,219	2,004	1,616	1,250	1,120	1,000	660	500

富士製紙	新高製糖	名古屋電燈
120	100	100

東京火災	勧業銀行	北海拓殖	明治商業銀	北海瓦斯	台湾製糖	台湾銀行	帝国製麻
820	292	647	610	530	440	400	332

東京電燈	京城電気	富士水電	日清紡績	大日本麦酒	東京株式		
204	200	200	200	192	170		
興業銀行	京浜電軌	横浜鉄道	帝国製糖	横浜倉庫	東洋汽船	富士紡績	日本電気
970	680	475	400	306	201	200	150

No	氏名	所在				
21	山中　光	東京		南満鉄道 690	日本セメント 150	台湾製糖 140	新高製糖 130
22	久保田健次郎	群馬	利根発電 602	興業銀行 100		
23	小野伊與吉	群馬	*記載なし			
24	原田金三郎	栃木	*記載なし			
25	正田虎四郎	群馬	*記載なし			
26	中島宇三郎	群馬	利根発電 239	塩水港製糖 300	東京株式 100	
27	久保田傳四郎	埼玉	利根発電 540			
28	手束藤三郎	栃木	*記載なし			
29	高田利八	群馬	利根発電 500	日清製粉 270		
30	戸谷八郎左衛門	埼玉	利根発電 500			

出典）ダイヤモンド『全国株主要覧』(1917年度版)。

中的に投資を行っているのである。八十一銀行については次節において詳しく述べるが，地元（栃木県・群馬県）金融機関であり，資本規模も大きい。したがって，投資経験の浅い地方株主は，地元企業で，しかも資本規模の大きな企業へと集中投資する傾向にあったといえよう。

また，山口源八（7位），本間千代吉（19位），竹内清次郎（20位），久保田健次郎（22位），中島宇三郎（26位），久保田傳四郎（27位），高田利八（29位），戸谷八郎左衛門（30位）についてみても，地元株[14]を中心に集中的に追加投資を行っていたことがわかる。

一方で，横田千之助（10位），小川市太郎（15位），橋本信次郎（16位），山中光（21位）といった東京株主に注目してみるとどうであろうか。

まず，横田千之助についていうと，本書第4章ですでに検討した「尾瀬戸倉山林事件」の当事者であり，こうした関係から第21期において大株主となっていたと考えられるため，他の株主とは異なる傾向にあったといえるであろう。しかし，小川市太郎，橋本信次郎，山中光について見ると，1916年（表5-5）と1919年（表5-4）を比較して，保有株式数・保有銘柄数ともに大幅

に増加している。戦時ブームから戦後ブームにかけての株式市場の拡大や投資先の分散といった，株式ブームにおける特徴が，顕著に現れているといえる。また，彼らの電力株への投資割合も高く，戦後ブーム期における電力株への投資を選好する傾向も，みてとることができよう。

荒井藤七（11位），小林庄太郎（12位），大谷藤三郎（14位），渋澤金蔵（17位）は，地元株主[15]ではあるものの，幅広く分散投資を行っている。とはいえ，投資先を分散させる一方で，地元株への大口出資も進めており，すでに検討した，2位株主の江原芳平と同様の投資行動を行っていたということができよう。

3．地方株保有株主の投資行動——利根発電・八十一銀行を中心に——

前節において行った分析をつうじ，1919年における投資先として，地方株主においては，地元株へと投資を行っている者の割合が多いことがわかった。そのため，地方株主の動向についてより深い知見を得るには，同一地域における他の地方企業の株主についても分析した方が良いように感じられた。

表5-6 利根発電株主の地域分布と特徴

居住地	株主数(人)	総株式数(株)(平均)	利根発電株式数(株)(平均)	保有銘柄数(平均)	利根発電株保有割合(%)(平均)
群馬	169	1282.7	607.4	4.1	56.3
栃木	63	1807.4	467.0	6.0	37.0
埼玉	52	1542.1	573.1	6.0	45.5
東京	56	15725.4	812.6	22.2	18.2
その他	13	3123.5	315.2	12.9	26.0

出典）ダイヤモンド『全国株主要覧』（1920年度版）

そこで，本節では，地方株主において出資する者の比較的多かった，八十一銀行についてまで分析対象を拡げ，地方企業へと投資した株主の投資行動の特徴について，より詳しく検討していきたい。

(1) 利根発電株主の地域分布と地域別特徴

1920年度版『全国株主要覧』に記載されていた利根発電株保有株主は，353名であり，地域別の内訳は，群馬169名，栃木63名，埼玉52名，東京56名，その他地域13名であった。この地域別にそれぞれ，総株式数・利根発電株式数・保有銘柄数・利根発電株保有割合の平均を求めた。その数値は，表5-6に示すとおりである。

この数値によると，次のようなことがわかる。まず，東京株主の1人あたりの総株式数が他地域と比べて圧倒的に多いが，これについては証券業者や法人株主が含まれていた影響によるものであると考えられる。なお，東京株主56名中，明らかに証券業者と判明する者は8名であった。したがって，この点についてはそれほど過大評価すべきではないだろう。とはいえ，他地域の株主と比べて，東京株主は大口出資の傾向にあったといえる。

むしろ，注目すべき点は，群馬県株主の利根発電株保有割合の高さであろう。さらに，利根発電株保有の群馬県株主169名中で，『全国株主要覧』の記載によると利根発電株（1銘柄）のみ保有していた株主を抽出すると，41名存在した（約24％）。この数字からしても，群馬県株主の利根発電株への選好，あるいは，地元株主の地元株への投資行動という傾向をみて取ることができよう。

表5-7 八十一銀行株主の地域分布と特徴

居住地	株主数(人)	総株式数(株)(平均)	八十一銀行株式数(株)(平均)	保有銘柄数(平均)	八十一銀行株保有割合(%)(平均)
群馬	55	1519.3	429.8	4.6	38.9
栃木	121	1646.1	498.0	5.3	47.5
埼玉	1	5998	322.0	26.0	5.4
東京	23	5639.2	316.7	9.0	22.3
その他	18	1764.6	275.4	9.3	37.2

出典）ダイヤモンド『全国株主要覧』（1920年度版）

いま1つの特徴として，群馬，栃木，埼玉の株主と比較して，東京その他の地域の株主では，投資先の分散が進んでいたということが挙げられる。この点についても，先に述べたような証券業者等の影響もあり[16]，過大評価すべきではないが，それでも前者3県の株主と比較すれば，投資先の分散が進んでいた。この事実は，戦後ブームにおける資産家の投資行動において，地域差があったということ，少なくとも関東地方と東京，その他の地域との間には，異なる行動形態——投資先の集中と分散——が存在していたということを示唆しているのである。

(2) 八十一銀行株主の地域分布と地域的特徴

(1)における検討と同様の検討を，八十一銀行株主について行ってみたものが，表5-7である。ここでも，地域別にそれぞれ総株式数・八十一銀行株式数・保有銘柄数・八十一銀行株保有割合の平均を求めた。

なお，1920年度版『全国株主要覧』に掲載されていた八十一銀行株保有株主は，218名であり，その主な地域別内訳は，群馬55名，栃木121名，東京23名，埼玉23名，その他の地域で18名であった。なお，その他の地域には，長野県株主が5名含まれていた。これは，長野にも支店があったことと関連するものであるといえよう。

さて，表5-7によると，利根発電の場合，すなわち表5-6と比較して，八十一銀行のほうが，より地方株主の割合が高いことがわかる。群馬県・栃木県

の株主だけで,『全国株主要覧』掲載株主中の約81％にのぼる。八十一銀行の方が，より地域的資本の色合いが強かったといえよう。また，東京株主の投資分散度は利根発電の場合と比べて低位であるが，その要因としては,『全国株主要覧』から確認できる範囲において，証券業者による保有が極めて少なく[17]，その影響が少なかったためであると思われる。とはいえ，地方株主と比較して，東京株主の方が，総持株数，保有銘柄数ともに高位であった。

(3) 地方企業株保有株主の投資行動——利根発電・八十一銀行株主の動向——

まず，表5-8について検討することにしよう。この表は，1920年度版『全国株主要覧』記載の株主の中から，利根発電と八十一銀行両社の株式を保有している株主を取り上げ，その株主の居住府県名について明らかにし,『全国株主要覧』記載から判明する保有銘柄数・利根発電株保有数と全体からみた保有割合・八十一銀行株保有数とその保有割合について表にしたものである。

表5-8をみると，いくつかの特徴が明らかになる。まず1つは，利根発電・八十一銀行双方株式保有株主は，そのほとんどが群馬県・栃木県に居住する地元株主であったという点である。こうした特徴からは，地元株主による，地元株への投資の傾向をみることができよう。この点，八十一銀行株保有株主中で群馬県，栃木県の株主は176名であり，双方保有株主が63名であるから，約36％の株主が双方保有していたことがわかる。同じことを利根発電についていうと，約27％となる。また，利根発電と八十一銀行との間には特別な金融関係はなかった。そのため，双方企業に関係のある株主が，双方保有していたという可能性は低い。それよりも，地方株主の多くが，利根発電や八十一銀行といった地元企業株への投資を選好していた，とみる方が妥当であろう。また，地域内におけるネットワークから，こうした同一企業への投資行動を行っていた可能性も考えられる。

本書第3章・第4章においてすでに述べてきたように，利根発電は地方企業でありながらもその規模は大きく[18]，1919年になると設立初期のリスクを脱し，経営も安定していた。そして，そのような経営の安定や，益々の経営発展を伝

第5章 第一次世界大戦ブーム期における資産家の投資行動 179

表5-8 利根発電・八十一銀行双方株式保有株主

氏 名	府県名	総株数(株)	八十一銀行株式(株)	保有銘柄数	八十一銀行割合(%)	利根発電株式(株)	利根発電割合(%)
原田金三郎	栃木	1,879	454	2	24.2	1,425	75.8
太田弥太郎	栃木	463	266	2	57.5	197	42.5
田村金五郎	栃木	611	546	2	89.4	65	10.6
中島宇三郎	群馬	1,771	420	2	23.7	1,351	76.3
永井 荘吾	栃木	416	134	2	32.2	282	67.8
野口金太郎	群馬	522	192	2	36.8	330	63.2
桑原 佐吉	群馬	1,225	800	2	65.3	425	34.7
柳田武一郎	栃木	1,225	200	2	16.3	1,025	83.7
相場關三郎	栃木	1,805	1,608	2	89.1	197	10.9
新井藤太郎	群馬	1,119	683	2	61.0	435	38.9
大山 美登	栃木	523	168	3	32.1	250	47.8
岡 宗一郎	群馬	449	50	3	11.1	332	73.9
亀田 亭蔵	栃木	325	80	3	24.6	97	29.8
田沼 米蔵	群馬	391	226	3	57.8	105	26.9
久保田健次郎	群馬	2,730	1,000	3	36.6	1,505	55.1
谷田川佐平	群馬	400	126	3	31.5	90	22.5
青木 英作	群馬	900	600	3	66.7	100	11.1
秋間 為八	栃木	332	82	3	24.7	150	45.2
斉藤興左衛門	栃木	1,414	434	3	30.7	250	17.7
斉藤重三郎	群馬	427	240	3	56.2	87	20.4
島田 清三	栃木	299	52	3	17.4	125	41.8
岩下徳三郎	栃木	1,060	300	4	28.3	500	47.2
岩下 喜平	栃木	1,053	324	4	30.8	197	18.7
加藤兵四郎	栃木	300	50	4	16.7	90	30.0
田口勝次郎	栃木	1,171	300	4	25.6	285	24.3
高田 佐吉	群馬	752	196	4	26.1	450	59.8
牧島榮四郎	群馬	558	186	4	33.3	172	30.8
富岡 守治	群馬	778	100	5	12.9	394	50.6
大塚久右衛門	群馬	4,415	298	5	6.7	3,317	75.1
神山芳次郎	群馬	1,423	544	5	38.2	175	12.3
吉田常次郎	栃木	985	340	5	34.5	390	39.6
中里榮一郎	群馬	915	216	5	23.6	182	19.9
野口 市蔵	栃木	850	300	5	35.3	300	35.3
山上嘉太郎	栃木	770	130	5	16.9	100	13.0
松村半兵衛	栃木	1,383	980	5	70.9	197	14.2
前原悠一郎	群馬	495	120	5	24.2	97	19.6
手束藤三郎	栃木	2,815	1,000	5	35.5	1,335	47.4
西山 理作	群馬	766	106	6	13.8	370	48.3
大澤福太郎	群馬	4,635	2,700	6	58.3	1,050	22.7
金井傳三郎	栃木	2,532	686	6	27.1	995	39.3
高橋 義夫	東京	985	230	6	23.4	475	48.2

高橋　網治	栃木	755	160	6	21.2	225	29.8
木村寅十郎	群馬	877	200	6	22.8	460	52.5
木村　浅吉	栃木	1,547	250	6	16.2	947	61.2
神戸喜三郎	栃木	720	140	7	19.4	270	37.5
高橋源之助	群馬	1,850	50	7	2.7	500	27.0
荒井　藤七	群馬	3,690	320	7	8.7	2,350	63.7
森　　宗作	群馬	5,455	2,096	7	38.4	615	11.3
鯉沼　治平	群馬	1,485	100	8	6.7	132	8.9
飯島忠四郎	群馬	2,152	360	9	16.7	185	8.6
茂居　藤作	栃木	6,559	200	9	3.0	985	15.0
千金樂喜一郎	群馬	4,900	1,300	10	26.5	905	18.5
堀越長三郎	栃木	2,008	904	12	45.0	142	7.1
永井篤三郎	群馬	4,670	500	12	10.7	500	10.7
佐々木傳吉	群馬	1,409	424	12	30.1	317	22.5
若旅喜一郎	群馬	3,806	228	13	6.0	205	5.4
野口信太郎	栃木	2,951	500	13	16.9	500	16.9
澁澤　金蔵	群馬	3972	204	13	5.1	1,788	45.0
瀧澤　　民	栃木	12,835	4,310	15	33.6	125	1.0
柳田市郎右衛門	栃木	3,354	618	18	18.4	825	24.6
小泉市太郎	栃木	4,210	320	21	7.6	200	4.8
田口　庸三	埼玉	5,988	322	26	5.4	345	5.8
蓼沼　丈吉	栃木	6,925	500	29	7.2	500	7.2

出典）ダイヤモンド『全国株主要覧』(1920年度版)。

える記事が，地元新聞紙上でも盛んに報じられていた。したがって，投資先として有利であり，経営が安定している企業であるということは，地元の投資家たちには周知の情報であった。そして，地元企業であるが故に，経営状況についての情報を，地元投資家たちは比較的ダイレクトに入手することができた。したがって，利根発電株は，安定株への投資という目的から，地元投資家たちの多く選好するものとなったのであろう。

　一方，八十一銀行についてみると，資本金は1,000万円と大規模であり，1918年6月設立であり，この当時は設立初期の時期であった。したがって，この「設立初期」という側面について強調するならば，八十一銀行への地元投資家の出資は，「名望家的」投資[19]の形態であったと考え得るであろう。しかし，1918年における八十一銀行の設立は，第四十国立銀行と第四十一国立銀行の合同による新立合併であった。したがって，第一には旧二行の株主を反映してい

たといえる。また，新たに投資を行った株主についていうならば，元々の経営基盤が築かれていた上での合併であったため，地元投資家にとっては，初期リスクは主観的には[20]低いと認識されていたと考えられる。むしろ，こうした株主についていうと，合同による大資本金融機関の成立に，企業経営の安定性を見出して投資を行っていたということができるのである。

4. おわりに

　本章では，『全国株主要覧』（1917年版・1920年版）を用いて，利根発電主要株主の株式所有構造を中心に検討を行い，大戦ブーム下における株主の投資行動について，地方企業へと出資した投資家の投資行動に焦点をあて，明らかにした。本章における分析から得られた知見についてまとめると，次のとおりになる。

　第一次大戦ブームから戦後ブームにかけてみられた，投資家の投資行動について，本章における分析から明らかにされたことを述べよう。

　まずは，「経営（会社支配）目的」による投資という形態であった。この形態に属する株主は，大戦ブーム期においても，分散投資を進めるのではなく，自己の関連する企業へと投資を集中させた。このような目的を持つ株主の中で，利根発電においてはさらに①葉住・大澤・大島などの経営陣を中心とするものと，②根津を中心とするグループがあった。①に属する株主は地元株主，②は東京株主を中心とし，本書第4章においてすでに検討したように，①と②との間には，企業統治を巡る問題もみられた。

　次に，中央株主の分散的投資の進行が観察されたということである。この点については，会社支配との関係上，中央株主であっても経営陣や根津関連株主といった，会社経営と関連のある株主については必ずしも分散的投資の傾向はみられなかったため，中央株主＝分散的投資，というように簡単に結論付けることはできない。しかし，一般的にみて，中央株主の多くが，1916年と1919年の株式保有を比較して，投資先を分散させるという傾向がみられた。これは，

大戦ブームから戦後ブームにかけての株式市場の急拡大の様子を示しているといえよう。

一方で,地方株主の株式所有について,1916年と1919年とを比較すると,中央株主の場合とは異なる傾向がみられた。すなわち,投資先を分散させず,地元株を中心に,新規投資あるいは追加投資を行う者が多くみられたのである。なお,経営に関係のある株主だけでなく,一般投資家としての地方株主の中にも,このような投資行動を行ったものは多かった。

このような,地方株主の地元株への投資行動の要因について考える際には,「名望家的」投資と,安定株への投資という2つの側面が考えられようが,利根発電はこの時期にはすでに投資の初期リスクを乗り越え,安定期を迎えていた。また,八十一銀行について見ても,設立初期ではあったものの,地元国立銀行の合同による新立合併という形態であった。したがって,地元株主に多く見られた投資のパターンは,戦後ブーム期においても投資先を分散させず,安定的収益の見込める地元株へと集中投資する,というものであった。

このように,大戦ブーム期にみられた投資家の投資行動には,中央と地方との間で,異なるパターンがみられ,地方投資家の多くは,「投機的」というよりも,「投資的」な出資を行っていたのである。

ここで花井俊介によると,廣海家においては,地元株を長期にわたり保有し続ける一方,非地元株は随時差し替えを行い,地元株で安定した収益を上げ,非地元株の低収益性を補完するという投資パターンをとっていたという。そしてこのことは,地域の工業化に伴う収益が,投資行動を通じて中央での工業化資金に流出していた可能性を示していると述べている[21]。

しかし,本章における分析では,地方資産家の投資行動には,一部投資家を除き,地元株へ集中的に投資するというパターンが多くみられた。しかも,それは初期リスクを引き受ける「名望家的」投資の形態ではなく,安定した投資収益を上げようとする,経済合理的な動機に基づく投資の形態であった。このような分析結果からすると,ブーム期における資産家の投資行動により「地方→中央」という資金流出が見られ,中央での産業化を地方が支えたとするより

も，むしろブーム期における地方資産家の投資行動は，地方企業の発展を支え，地方の発展に貢献したと見るほうが妥当であろう。戦時・戦後ブームの中でみられた地方における株式市場の拡大は，地方という限られた範囲の中での発展を，主な要素としていたのである。

とはいえ，本章で分析対象とした利根発電は，その後1921年には東京電灯による周辺企業の合併政策の中，東京電灯に吸収合併され，八十一銀行も，大戦ブームに続く戦後恐慌の中で東海銀行に吸収されてゆく。したがって，このような中央企業への吸収合併の中で，「地方→中央」という資金流出がみられたのではないか，と考えられる。すなわち，1910年代のブーム期を通じていったん発展を遂げた「地方」が，その後，1920年代における企業合同の機運の中で「中央」へと吸収され，地方の時代の後退がみられるようになっていったのではないか，と考えられるのである。

このように，本書第3章から第5章にかけての利根発電に関する分析をつうじ，1900年代末から1910年代における地方企業の設立・発展・終焉の過程について概観してきた。では，この時期以降，具体的には1920年代の地方企業においては，いかなる過程を経て設立・発展・終焉という経路を辿ったのであろうか。このような問いに対応すべく，第6章・第7章では群馬電力およびその後新成立した東京電力を事例として，その企業経営の変遷について分析を行うことにしよう。

注

1) この『全国株主要覧』は「昨年（＝1916年——引用者）五月発行の『ダイヤモンド』三週年記念号附録として，全国大株主調を発表したる処，同号は忽ち売切れ再版の盛況を呈した」（『全国株主要覧』1917年版はしがき，1頁）ため，再び調査を開始し，発行されたものであり，1917年・18年・20年の3回の刊行分が残されている。なお，『全国株主要覧』の調査方法として，1917年版においては「各会社より百株以上の株主を書抜き，同名のものを集めて其所有株を合計し，其株数の五百株以上に達するものを掲載したり。但し明治生命の如く，其株式市価の高きものは十株以上の所有者を選抜したり」）といい，1920年版においては「一，

本書は其所有株を合計し三百株以上に達したるものを掲載せり　一，所有株の三百株以上と云ふは，最初各会社の株主名簿より，五十株以上を書抜き之を合計したるものなり」(『全国株主要覧』1920年版はしがき)という方法が採られた。
2) 花井俊介「大正・昭和戦前期の有価証券投資」石井寛治・中西聡編『産業化と商家経営』名古屋大学出版会，第5章，2006年。
3) ここでの議論においては，本書序章 (4) において取り上げた研究についても併せて参照されたい。
4) 志村嘉一『日本資本市場分析』東京大学出版会，1969年。
5) 武田晴人「日本帝国主義の経済構造――第一次大戦ブームと1920年恐慌の帰結――」歴史学研究会『歴史学研究』別冊特集，1979年，武田晴人「大正九年版『全国株主要覧』の第一次集計結果 (1)」東京大学『経済学論集』第51巻第4号，1986年，武田晴人「大正九年版『全国株主要覧』の第一次集計結果 (2)」東京大学『経済学論集』第52巻第3号，1986年。
6) 例えば，前掲武田「日本帝国主義の経済構造――第一次大戦ブームと1920年恐慌の帰結――」は，大都市所在府県よりも，その周辺地域での株主数の増加が上回っていたことや，大戦ブーム，特に戦後ブームの影響による株主数・株式数の増加の可能性について指摘している。参考として，同左，147頁の表をもとに，表5-9を作成した。
7) なお，くわしくは本書第3章・第4章の分析を参照されたい。
8) 利根発電主要株主については，すでに本書第4章の表4-4において分析を行っているので，そちらも併せて参照されたい。なお，第21期については表5-4での分析と重なる時期にあたるため，主要株主の職業等についてまで記載した。
9) 1920年度版『全国株主要覧』は，1919年度下期末の株主名簿を基準に掲載しているが，若干の会社において，1919年上期末ないし1918年中のデータを利用することもあった。利根発電についても，この例外の部分に属し，1919年上期末のデータが利用されている。
10) 小川功「東武グループの系譜――「根津財閥」の私鉄を中心に――」『鉄道ピクトリアル』第47巻第12号，1997年，113頁。
11) 福島良の株式保有については，第4章脚注110および111を参照のこと。
12) 鎮目泰甫については，第4章脚注112を参照のこと。
13) すでに述べたが，『全国株主要覧』1917年版掲載の条件は，市価の高い株式を除いては，1社100株以上の保有で，合計500株以上の保有，というものであった (本章脚注1参照)。
14) 明治商業銀行は，東京の銀行であるが，1916年9月に群馬商業銀行を合併した。

表5-9 株式所有の地域分布

	所有株式数（個人・法人合計）			300株以上所有株主数（個人）			備考
	1916年末（株）	1919年末（株）	1919/1916（％）	1916年末（人）	1919年末（人）	1919/1916（％）	
華族	1,831,866	1,979,428	108	116	116	100	
北海道	50,314	105,891	210	39	69	177	
東北	196,179	346,142	176	165	266	161	青森・秋田・岩手・宮城・山形・福島
関東	269,172	461,465	171	230	396	172	群馬・栃木・茨城・埼玉・千葉
東京	3751544	6,460,883	172	1,286	1,831	142	
神奈川	445,963	693,150	155	193	281	146	
北陸	365,621	664,946	182	211	304	144	新潟・富山・福井・石川
東山	591,987	923,300	156	241	359	149	岐阜・長野・山梨
東海	663,946	1,043,602	157	520	732	141	愛知・静岡・三重
大阪	1,939,912	2,991,343	154	821	1047	128	
兵庫	736,970	1,624,877	220	372	554	149	
近畿	485,541	728,337	150	374	546	146	滋賀・京都・奈良・和歌山
中国	217,715	383,730	176	178	323	181	
四国	129,741	245,951	190	125	188	150	
九州	458,227	805,472	176	326	543	167	沖縄を除く
沖縄・台湾・朝鮮他	145,434	259,867	179	44	138	314	
外国人	65,847	167,316	254	62	118	190	

出典）武田晴人「日本帝国主義の経済構造――第一次大戦ブームと1920年恐慌の帰結――」147頁（原資料は，ダイヤモンド『全国株主要覧』1917・1920年度版）。

そのため，群馬県内にも広く支店が存在していたため，ここでは「地元株」として検討した。資本金は1,000万円であり（1919年下期現在），その内で520万円は1919年5月に増資した。

15) 大谷藤三郎は埼玉県居住株主であるが，埼玉県も早くから利根発電の営業区域となっていたため，ここでは地元株主の分類で分析した。なお，大谷は高崎水力電気の役員である。

16) 例えば，東京の証券業者玉塚栄次郎は，1920年度版『全国株主要覧』記載によると，120銘柄7万3,922株保有していた。また，同じく証券業者である橘薫は，21銘柄7,330株保有していた。

17) 1名が確認できるのみであった。

18) 『銀行会社要録』第二十四版（1920年）掲載の群馬県下の企業のなかで，その資本規模は最大であった（第4章脚注56参照）。

19) 谷本雅之・阿部武司「企業勃興と近代経営・在来経営」宮本又郎・阿部武司編

『日本経営史2　経営革新と工業化』第3章，岩波書店，120頁。
20)　ここで「主観的に」と表現した理由は，実際には八十一銀行は，その後1920年から始まった戦後恐慌の影響を受け業績が落ち込み，1921年7月には東海銀行に吸収されたためである（群馬県史編さん委員会編『群馬県史』通史編8　近代現代2，1989年，643頁）。このように，実際には戦後恐慌の影響から不安定な状況に陥っていったが，ブーム時には，発展性のある，安定した企業であるという認識があったと考えられるため，ここでは「主観的に」という表現を用いた。
21)　前掲花井「大正・昭和戦前期の有価証券投資」230～231頁。

第6章　第一次世界大戦後における地方企業の設立と企業家
――群馬電力の設立過程をめぐって――

1．はじめに

　本章の課題は，1919年に設立された群馬電力を事例として，同社の設立過程および初期の経営のあり方について，設立に深く関わった企業家の動きに光をあてながら明らかにすることである。

　1919年8月に設立された群馬電力は，1925年3月，早川電力との合併により東京電力として新成立した。そしてその後，東京電灯との間で激しい需要家獲得競争――いわゆる「電力戦」――を繰り広げた後の1928年4月，東京電灯へと吸収合併された。その様相については，橋本寿朗や橘川武郎，老川慶喜の諸研究，および東京電力の電気事業史である東京電力株式会社編『関東の電気事業と東京電力』によって明らかにされている[1]。

　このうち橋本や橘川の研究では，五大電力体制の形成との関連の中で「電力戦」についてふれ，老川の研究では横浜市と橘樹郡の地域工業化（電化）との関連の中で「電力戦」について検討している。また，東京電力と東京電灯の合併の経緯については，『池田成彬日記』および『ラモント文書』の解明を中心に，梅本哲世の研究において詳しく検討されている[2]。

　このように，東京電力として新成立した1925年以降の状況については，「電力戦」の様相や東京電灯への合併経緯を中心に，研究史において比較的さまざまな言及がなされているといえる。しかし，それ以前，すなわち本章において分析の対象とする群馬電力についての研究史による言及の場面は少なく，京浜電鉄を巡る東京電灯との間の競争や，安田系の会社であったということに関連

して，上記研究史のなかで若干論じられているのみである[3]。

このように，群馬電力に関する研究史は極めて少ないといえる。したがって，本章ではこのような研究動向をふまえ，群馬電力の設立過程について，地方企業家の動きにも注目しながら，詳細に明らかにしていくことにしたい。そして，研究史において安田系企業と称されている群馬電力への，地方企業家や地域社会の関わりのあり方について検討していくことにしたい。

2．群馬電力の設立過程

(1) 水力発電事業と企業家——田島達策と群馬電力——

群馬電力は，1919年8月に資本金700万円で設立され，本社は東京市京橋区西紺屋町3番地に置かれた。ここでは，地方企業家・高津仲次郎と，地元出身の企業家である取締役副社長（ただし1924年より社長）・田島達策といった，地方企業家の動きに注目してみることにしたい。とりわけ，田島達策の動きを中心に，群馬電力の設立に至るまでの経緯について明らかにすることにしよう。

ここで田島達策の出自についてふれておきたい。田島達策は，1858年に上野国多野郡美九里村に生まれた[4]。家業は醸造業を営んでいたが[5]，18歳のときに家出同然に東京へ遊学した[6]。途中，実父の死による前後5年にわたる滞郷を経て[7]，1881年に東京専修学校法律科に入学，学校の留守居番として学費免除を受け，苦学の末1883年7月，卒業した[8]。卒業後は，群馬県新町において運送業を営んだ。新町を選んだのは，「新町は高崎線の一駅で，物資の集散も割合に多く，それにこの辺一帯の地方は，亡父の取引地であつた関係から，初陣としては先づ適当の場所であつた」[9]からであった。すなわち，元々の経営基盤があったうえに，交通上の利便性もよいという理由からであった。

群馬県における運送業の経営は順調であったが，さらなる事業拡大を志して三鱗合資会社を設立し，東京府や新潟県，長野県へと販路を拡大した。

このように，田島は群馬県出身で，在来産業を営む家に生まれたものの，家

業を継ぐのではなく，さらなる事業拡大や新たなビジネス・チャンスを求める野心家であった。この田島が次なるビジネス・チャンスを求めて注目したのが，近代産業でありかつ出身地群馬県に関連する産業である電力業であった。

　特に田島は，群馬県内の河川（利根川水系・片品川水系・吾妻川水系）の中で，「各河川は，いづれも競ふて水力電気使用が出願されるにかゝはらず，この中でたゞ吾妻川のみが，旺盛を極むる水電計画熱から冷眼視されたまゝ，久しき間を閑却され遺棄されてあつた」[10]ことに着目した。なぜ「冷眼視され」ていたのかというと，吾妻川の水質が草津温泉の影響から酸性を帯び，酸性を帯びた河流は金属をも腐食するため，水電工事は不可能であると考えられていたためであった。しかし田島は，むしろこのように他の企業家から倦厭されていた点に，「自分が関心をもち出したのはこゝにあつた」[11]として，新たなビジネス・チャンスを見出し，次のように考えた。

　　吾妻川の水電果して爾く放置のまゝであるべきか，折角の天産を看す看す放流にまかせ去るべきであるか，或は知らず，研究と工夫とが足らぬのではないかと。爾来この関心事は，機会ある毎に濃くなつて行くのを覚えた[12]

そしてさらに，田島は次のような考えをもった。

　　自分には閑却されぬ何かゞあつたので，一般の冷視的放擲に雷同することをせずに，黙々として依然関心をもちつゞけ，調査研究方法に就いて意を潜めた。そして若も吾妻川の水電が他の河川と同様に言を解ふやうになつたら，それこそ死蔵された巨富の出現となるわけで，如何に国家経済に貢献する処甚大であらうかを思ふとき，よし世人はどうであらうとも，自分としては一種の拈華微笑の心地がした[13]。

　こうして1906年6月，田島達策を代表として，群馬県内の有志高津仲次郎・

日向輝武・高橋諄三郎・根岸崋太郎・木檜三四郎・金井富太郎と共同して，吾妻川水利使用権の出願を行った。この出願に前後するように，浅野総一郎も吾妻川水利使用権を出願したために，競願となったものの，互譲の結果，上流を浅野総一郎，下流を田島達策らの権利として同年9月18日，許可を受けることになった。

　このようにして，吾妻川の水利権を獲得したものの，浅野に使用の許可の下りた上流の開発が進まず，開発は遅滞した。そのような中，田島らは水質の酸性腐食の程度についての調査を続けた。その結果，中之条より下流の酸性度は低く，「この程度なら鉄材腐食の懸念もなく工事上の憂慮は全く杞憂」[14]であるとし，さらに下流の金井・渋川に至れば，「殆ど腐食の憂なきことが明瞭」[15]となった。

　そこで，田島は「ますます我見適中し我計成就すべしとの信念を強くし」[16]，他の共同出願者並びに浅野への持分譲渡の交渉を行った。粘り強い交渉の結果，1918年11月，高津以外の共同出願者と，浅野の保有する水利権の譲受に成功した。こうして，吾妻川水利使用権は田島と高津のもとに収まることになった。

　水利権の統一と並行して，吾妻川を水源とする電力会社の設立が計画された。なお，新会社の計画は，1917年末頃から進められたようである[17]。この会社は，群馬電力とは別の，吾妻電気という会社であり，同社は資本金500万円とされ，田島，高津の他，小倉鎮之助，宮口竹雄らが発起人となった[18]。詳しくは後ほど述べるが，小倉は田島の学窓時代からの友人であり，小倉，宮口ともに安田系の人物であった。なお，このような人的ネットワークのなかから，安田系資本の援助が行われている。そして，吾妻電気の創立計画が，後の群馬電力設立へとつながった。なお，吾妻電気は結局のところ，発電所の設立をみずに，1920年11月に群馬電力に合併されている[19]。このように，群馬電力設立に向けての動きは，群馬県に地縁を有する高津仲次郎や田島達策といった企業家を中心に進められることになった。

第6章　第一次世界大戦後における地方企業の設立と企業家　191

(2)　群馬電力の設立と地方企業家——高津仲次郎と群馬電力——

　では，群馬電力の設立過程について話を戻すことにしよう。『高津仲次郎日記』において，群馬電力についての記述が初めて登場するのは1919年4月のことである。日記には次のように記されている。

　　(1919年4月——引用者)　十五日　京橋区尾張町一ノ四東海銀行支店三階楼上ヲ群馬電力株式会社創立事務所ニ借リ受ケ開所ス（借料一ヶ月百五十円，敷金一千円）
　　十七日　布施亀十郎上京，同伴シテ右事ム所ニ至リ事ム員ニ採用ス[20]

　群馬電力の創立総会が開かれたのは1919年7月のことであるから，その3カ月前に，群馬電力創立の第一歩がふみ出されたといえる。このように，創立事務所は東京に置かれたものの，発電所建設など，実際の創立業務の中心は群馬県に置かれていた。そのため，高津は群馬県内においても，創立準備を精力的に行った。『高津仲次郎日記』には，さらに以下のように続く。

　　二十一日　東京ヨリ小倉鎮之助，田島達策，上倉俊ノ三氏来橋，同夜嬉野楼ニ於テ中川知事，馬場内務部長，石黒学務課長，本間庶務課長，安永土木課長，八代林務課長，柳井官房主事，佐藤保安課長ヲ招待シ，群馬電力株式会社創立披露宴会ヲ開ク
　　二十二日　全上ニ付地方新聞社長，主筆，東京新聞支局員等十八名ヲ招待ス[21]

　小倉鎮之助，田島達策，上倉俊は，高津とともに群馬電力の経営に大きく関わる人物である。このなかで，田島達策についてはすでに述べたとおりであるが，小倉鎮之助は安田保善社の評議員であり，京浜電鉄の重役でもあった。また，田島とは専修学校時代の同窓生で友人であり[22]，田島との人的なつながり

から，群馬電力の経営に参加したものと考えられる。なお，田島は「小倉専務とも熟議熟談して」[23]経営の職務にあたっていたという。

上倉俊は工学士であり，先述の河川水質調査の頃から，田島・高津と行動をともにするようになった[24]。群馬電力では土木課長の職に就いており，専門知識を有する管理職職員して，実際の業務を分担していたものと考えられる。

群馬電力では，創立事務所は東京に置きつつも，発電所などの電源に関する拠点は群馬県内にあったため，高津らは設立過程において，地元対策を重視していた。また，次の記述からもわかるように，町会議員などの地元の有志に働きかけ，地方における出資者募集も積極的に行っていた。

　　（1919年4月）二十四日　群馬電力ノ件ニ付吾妻郡中之条ニ至リ鍋屋投宿，布施，間両事務員同宿，桑原竹次郎，田中甚平，木暮茂八郎，柳田阿三郎ヲ訪問
　　（5月）五日　藤岡村川宅ニ於テ布施亀十郎氏ヲ招キ群馬電力株式募集書面発送事務ヲ執ル
　　七日　帰宅，途中高崎停車場ニ於テ上倉俊ノ東京ヨリ来ルヲ待チ会見
　　八日　高崎ヨリ直チニ渋川ニ至リ町役場ニ於テ町会議員及ビ有志者ニ会見，群馬電力株式募集ノ協議ヲナス，同山田屋一泊
　　（6月）九日　前橋行，……略……群馬電力会社工事用電力需給ノ件ニ付協議ス[25]
　　　　　　　　　　　　　　　　　　　　　　　　（カッコ内は引用者）

このように，高津は群馬県内の各地をめぐり，群馬電力の創立に向けて積極的な働きかけを行った。企業設立の場面における地域社会への高津の働きかけについては，例えば利根発電への関与のケースについて，すでに本書第3章おいて明らかにしているが，本章で検討を行っている群馬電力のケースにおいても，同様の動きを確認することができる。

すなわち，地方における企業設立の場面においては，その企業に対する地域社会の信頼・承認を得るということは，極めて重要なことであったのである。

表6-1 群馬電力第1期株主の地域別・規模別分布

居住地	1,000株以上		500~999株		100~499株		50~99株		10~49株		9株以下		合　計	
	株主数(人)	比率(%)	株主数(人)	比率(%)	株主数(人)	比率(%)	株主数(人)	比率(%)	株主数(人)	比率(%)	株主数(人)	比率(%)	株主数(人)	比率(%)
東京・神奈川	19	3.7	12	2.4	58	11.4	27	5.3	30	5.9	0	0.0	146	28.8
群　馬	2	0.4	2	0.4	32	6.3	38	7.5	152	30.0	90	17.8	316	62.3
その他	1	0.2	1	0.2	11	2.2	13	2.6	18	3.6	1	0.2	45	8.9
合　計	22	4.3	15	3.0	101	19.9	78	15.4	200	39.4	91	17.9	507	100.0

居住地	1,000株以上		500~999株		100~499株		50~99株		10~49株		9株以下		合　計	
	株式数(株)	比率(%)	株式数(株)	比率(%)	株式数(株)	比率(%)	株式数(株)	比率(%)	株式数(株)	比率(%)	株式数(株)	比率(%)	株式数(株)	比率(%)
東京・神奈川	103,400	73.9	7,899	5.6	9,390	6.7	1,410	1.0	580	0.4	0	0.0	122,679	87.6
群　馬	3,000	2.1	1,300	0.9	4,080	2.9	1,910	1.4	2,540	1.8	211	0.2	13,041	9.3
その他	1,100	0.8	500	0.4	1,650	1.2	650	0.5	375	0.3	5	0.0	4280	3.1
合　計	107,500	76.8	9,699	6.9	15,120	10.8	3,970	2.8	3,495	2.5	216	0.2	140,000	100.0

出典）群馬電力『株主名簿』第1回。

　そして，このような地域社会と，企業との間をつなぐ重要な役割を果たしていたのが，政治家としても活躍し，地域社会からの信頼・承認を得ていた高津のような地方企業家であった。

　このような過程を経て，1919年7月5日，帝国鉄道協会において，群馬電力創立総会が開かれた。「田島達策氏議長席ニ就キ」[26]，会社創立に関する事項が議決された。この会議上で，取締役に安田善三郎（東京），田島達策（東京），小倉鎮之助（神奈川），高津仲次郎（群馬），堤定次郎（東京），宮口竹雄（東京），岩田督（東京）の七氏が，監査役には田島庄太郎（東京），青木正太郎（東京），天田長三郎（群馬）の3氏が，それぞれ選任された[27]。そして，創立総会終了後に開かれた取締役会における互選の結果，社長に安田善三郎，副社長に田島達策，専務取締役に小倉鎮之助が当選就任し，翌8月5日には設立登記手続きが完了した。こうして，群馬電力としての事業が正式にスタートすることになった。

　なお，創立時における株主の地域別・規模別分布について示したものが，表6-1である。上段の株主数に関していうと，群馬県株主の数が圧倒的に多く，全体の62.3％を占めているものの，それは50株未満の小規模株主の数が多いた

めであり，下段の株式数について検討すると，株式数としては，全体の9.3%と低位であった。群馬県株主は，株主数としては大規模であり，その意味では投資の広い裾野を形成していたといえる。しかし，資本の規模としては小規模であった。こうした点から，群馬電力の設立過程における地方株主による資本的な影響力や，それに伴う経営に対する実際の影響力は少なかったことと思われる。

3．設立初期の群馬電力の経営

(1) 経営動向と企業家の役割

1919年に設立された群馬電力においては，まず，群馬県群馬郡金島村に出力1万800kwの金井発電所を建設することが進められ，1920年4月3日に工事が着工された[28]。発電所建設工事と併行して川崎方面への送電線建設にも着手し，1922年2月に落成した。また，1920年10月には前述の吾妻電気を合併し，資本金を1,200万円に増資した。そして，金島村阿久津において，出力5,800kwの渋川発電所の建設に着手した。

このように，発電所・送電線建設に着手し，経営を軌道に乗せつつあった群馬電力において，設立過程において大きな役割を果たしていた高津仲次郎は，会社設立後も，地方における行政への働きかけや地元住民との利害調整などの重要な役割を担っていた。『高津仲次郎日記』には，次のような記述がある。

　　（1920年1月）　二日　埼玉県堤村斎藤仙次郎氏ヲ訪ヒ旧臘群馬電力会社送電線測量ノ際同人持地内立木ヲ伐採セシ処，同人ハ会社ノ所為ノ不当ヲ怒リタルニヨリ，会社従業員ノ不行届ヲ謝シ承諾ヲ得タリ[29]

　　十日　……略……前橋ニ到リ田島達策，上倉俊ノ二氏ト汽車ニテ逢ヒ同伴，県庁ニ到リ知事及土木課長ニ会見，群馬電力会社電気経営申請ノ件ニ付上申……略……[30]

（1921年2月）　十一日……略……群馬電力会社電柱鉄塔建設敷地借用ノ件ニ付岩鼻町近藤医師ヲ訪問[31]
（1922年2月）　六日……略……朝高崎ニ至リ群馬郡役所ニテ田島達策氏ノ東京ヨリ来ルヲ待チ，郡長橋本直次郎同伴，金島町役場ニ至リ村長加藤高十郎及村会議員，区長等ニ面会シ，金島小学校建築費ノ内へ金壱万円群馬電力ヨリ寄付シ，第二水路敷地売却ニ付相当価格ニテ協定セラレンコトヲ依頼ス[32]
十三日　高崎烏川会社ニテ加藤高十郎ニ面会，群馬電力第二工事水路敷地買収ニ付農作物賠償ノ件ニ付加藤氏ヨリ申込アリ，桑園五十円，麦作三十円ノ割合ナリ[33]
（3月）　十七日　埼玉県児玉郡七本木村斉藤仙次郎ヲ訪ヒ群馬電力会社デ電線架設ニ付嚢キニ同人地内ノ樹木ヲ無断ニテ伐採セントテ本庄警察ヨリ熊谷裁判所へ告発セシタメ，……略……右事件ヲ妥協スベク斉藤氏ニ申出，損害賠償ヲ約シ帰宅ス[34]　　　　　　　（カッコ内は引用者）

　このような記事からは，高津が地元と田島達策ら在京役員との間の仲介役として，さまざまな利害調整の動きを行っていたということがわかる。
　また1922年末には，吾妻川での工事において，筏乗業者との間に紛争が生じたが，これについても，高津は地元官庁・業者と経営陣との間のパイプ役を担いつつ，中心的な役割を果たし，解決に向けて努力している。この問題に関連する『高津仲次郎日記』記述を抜粋すると，次のとおりである。

（1922年11月）　三十日　朝五時十八分新町駅発上京，田島達策ト電話ニテ相談ノ上午前十時四十分上野発ニテ前橋ニ至リ，県会議事堂ニテ吾妻川筏流送問題ニ付，吾妻郡々民大会実行委員木檜三四郎，木暮雄平，白石実太郎外十三名ト会見シ，郡民大会決議左ノ如シ
一吾妻川ニ於ケル群馬電力株式会社ノ工事ヲシテ筏流送ヲ従来ノ如ク自由ナラシムル様適当ノ方法ヲ講セシムル事

二　群馬電力株式会社ニ於テ吾妻川ニ施行セル工事ハ今春以来筏ノ流送ヲ妨ケタル為，筏乗業者ニ損害ヲ与ヘタルヲ以テ損害ノ賠償ヲ為サシムル事
実行委員姓名
……略……
会見ノ結果即答シ難キニ付上京ノ上，重役会ヲ開キ回答スルコトヽシ，同夜上京ス35)

十二月一日　群馬電力ニテ田島ト協議シ，来ル六日午后一時ヲ期シ会見スルコトヲ電報ニテ前橋岩六旅館木暮雄平宛ニテ回答ス36)

四日　朝上京，群馬電力会社ニテ筏乗業者新井鶴五郎，野村傳太郎ト会見ス……略……37)

五日　群馬電力重役会ヲ開キ筏乗業者ノ要求条件ヲ附議シ，……略……38)

八日　朝，山岡知事ヨリ面会シタキ旨電話来ル，出橋，知事ニ面会ス，吾妻川筏流シノ件ニ付成ルベク速ニ解決セラレタキ旨注意アリ39)

九日　県庁ニ至リ上倉俊氏ノ来ルヲ待チ土木課員，知事等ニ会見シ，筏流シノ件ニ付協議シ，夕刻帰宅40)

十四日　前橋行，県庁ニテ群馬電力技師久我氏ト土木課佐藤吉平，郡谷照一郎ニ会見シ，吾妻川筏乗問題ニ付協議ス41)

十八日　朝上京，……略……群馬電力会社ニテ吾妻川筏流ノ件ニ付協議シ，夕刻帰宅42)

二十七日　吾妻川筏流シノ件ニ付知事ノ通知ニヨリ出県，知事ニ面会，帰宅43)

二十八日　出県，知事ニ面会ス，……略……知事ハ筏流問題ヲ調停ノ為メ上流ニ貯水池ヲ設ケ，必要ノ時ニ放流シ筏ヲ流送セシムルノ案ヲ提出ス，余ハ会社ヲ代表シ延期ヲ申込ミ再会ヲ期シ辞去シ，夕刻帰宅44)

（1923年1月）　三十日　上京，群馬電力会社ニテ筏問題ヲ協議ス45)

（2月）　三日　県庁出頭，筏問題ニ付知事ニ面会，……略……46)

五日　県庁出頭，筏問題ニ付木檜三四郎，木暮雄平，白石実太郎外九名ト知事室ニテ会見ス，堰堤際ニ停滞ノ筏十二枚ヲ七日ヨリ十日間ニ陸送シ，

今後上流ヨリ流下ノ分ニ対シテハ堰堤以下ノ河川ヲ修理シ，陸送流送臨機処理スルコトヽシート先解決ス[47]　　　　　（カッコ内は引用者）

　筏流送問題は，県知事をも巻き込む重大な問題に発展したが，高津は群馬電力側の代表として，問題解決に向けて奔走した。その結果，約2カ月の内に，問題はひとまず収束したのである。地元住民との間の紛争の迅速な解決のためには，高津のような地元企業家の果たした役割は，極めて大きかった。

　また，高津が在京の役員との間の連絡のために，鉄道・電話といった近代的手段を用いていたことも，注目に値する。群馬県と東京府とは，早期に鉄道網により連絡していたが，このような交通の便，あるいは通信といった近代的手段を巧みに利用し，地方企業家は中央との間の利害調整役となり，活発に行動していたのである。

　群馬電力設立初期の経営においては，発電所建設のための用地確保や地元住民との利害調整，官公庁への働きかけなどを行うことが多く，このような場面においては，地元との深いつながりのある高津のような存在が，大きな役割を果たしていた。また，群馬電力の経営に新たなビジネス・チャンスを見出していた田島達策も，元々は地元（群馬県）出身であり，高津らとの親交も深かった。

　このような人的なつながりや，鉄道・通信といった近代的手段の効果的な利用により，設立の場面だけでなく，初期の経営をめぐる地方と中央との協力や連携を，スムーズに行うことができたのである。

(2)　主要株主・役員

　ここではまず，群馬電力の役員について示した，表6-2をみることにしよう。設立時の社長には，合名会社保善社から安田善三郎が就任し，設立に貢献した田島達策，小倉鎮之助，高津仲次郎はそれぞれ副社長，専務取締役，取締役に就任した。また，安田系の堤定次郎，宮口竹雄は取締役に，京浜電気鉄道からは青木正太郎が監査役に就任した。監査役の田島庄太郎は田島達策の息子，天

表6-2　群馬電力役員一覧

	1919年下	1920年上	1920年下	1921年上	1921年下	1922年上	1922年下	1923年上	1923年下	1924年上	1924年下
安田善三郎	社長 →										
田島　達策	副社長 ──────────────────────────────→									社長 →	
小倉鎮之助	専務取締役 ────────────────────────→										
高津仲次郎	取締役 ──→										
堤　定次郎	取締役 ──→										
宮口　竹雄	取締役 ──→										
岩田　督	取締役 ────→										
田島庄太郎	監査役 ──→										
青木正太郎	監査役 ──→										
天田長三郎	監査役 ──→										
安田善五郎			社長 ─────────────────────────────────→								
安田　善雄			取締役 ──────────────────────────→								
安田善次郎			相談役 →								
松永安左エ門										副社長 →	
福澤　桃介										取締役 →	

出典）群馬電力『報告書』各回。

田長三郎は田島の親族である[48]。このようにみると，設立時の群馬電力の役員は，大別して安田関係者と田島関係者にわけることができるといえる。

　1920年下半期（12月）には安田善三郎が社長を辞任し，代わりに安田善五郎が社長に，善雄が取締役に，善次郎が相談役に就任しているが，これは善三郎が保善社副総長を辞任し，安田家を離れたという事情に基づく[49]。なお，善次郎は1921年下期に，善雄は1923年下期に，それぞれ辞任しているが，これは死去に伴うものである[50]。また，1923年の小倉鎮之助の辞任は，病気を理由とするものであり，実際に辞任直後に死去している[51]。1924年上期には松永安左エ門，福澤桃介が副社長，取締役に就任しているが，これは次章において検討を行う，東邦電力の参入に伴うものであるといえる。

　また，第1期における主要株主（1,000株以上保有株主）について示したものが，表6-3である。1,000株以上保有株主21名で，全体の76.8%の株式が保有されており，株式の大株主への集中が進んでいたということがわかるであろう。また，安田善三郎個人名義と，京浜電鉄社長名義においてそれぞれ2万株保有し，筆頭株主となっており，この保有だけで全体の28.6%を占めている。安田家からの出資の割合が極めて大きかったということが理解できる。また，

表6-3 群馬電力第1期(1919年下期)主要株主(1,000株以上)

順位	姓名	居住地	株式数(株)	比率(%)
1	安田善三郎	東京	20,000	14.3
1	京浜電気鉄道株式会社取締役社長・安田善三郎	神奈川	20,000	14.3
3	田島 達策	東京	10,000	7.1
4	小倉鎮之助	神奈川	4,900	3.5
5	伊臣 眞	東京	3,500	2.5
5	飯田 武也	東京	3,500	2.5
5	小笠原鑅治郎	東京	3,500	2.5
5	堤 定次郎	東京	3,500	2.5
5	前田 一	東京	3,500	2.5
5	永瀧 久吉	東京	3,500	2.5
5	斉藤 恂	東京	3,500	2.5
5	佐藤小一郎	東京	3,500	2.5
5	櫻井梅太郎	東京	3,500	2.5
5	金原 磊	東京	3,500	2.5
5	志田鉀太郎	東京	3,500	2.5
5	鈴木安太郎	東京	3,500	2.5
5	菅原大太郎	東京	3,500	2.5
18	高津仲次郎	群馬	2,000	1.4
18	田島庄太郎	東京	2,000	1.4
20	菅野 利吉	福島	1,100	0.8
21	田島 安	東京	1,000	0.7
21	永井篤三郎	群馬	1,000	0.7
	合計		107,500	76.8
	総株式数(総株主数507名)		140,000	100.0

出典)群馬電力『株主名簿』第1回。

 それだけでなく,大株主中で,伊臣眞,飯田武也,小笠原鑅治郎,斉藤恂,志田鉀太郎は,合名会社保善社における旧制理事であった[52]。また群馬電力重役の小倉鎮之助,堤定次郎も,この旧制理事である。したがって,このような関係者の保有も含めると,資本的に安田関係者からの支援を大きく受けていたということを理解することができよう。

 その一方で,初期の経営を主導していた田島達策,高津仲次郎も主要株主に名を連ね,特に田島は,第3位株主であり1万株を保有している。したがって,安田系資本が多数を占めていたとはいえ,その中で安田関係者以外の者が経営のイニシアティブを握るには,多数株式の引き受けが暗黙の前提とされていた

ということを物語っているといえよう。

経営を主導していたのが田島達策や高津仲次郎といった地元に関連のある企業家であったのに対して、資本的には安田系資本に大きく依存していたということからすると一見、群馬電力においては所有と経営の分離が進んでいたようにも思える。しかし、田島や高津も主要株主として名を連ねていたという事実も確認できる。こうした点からは、所有と経営の分離が進みつつあった一方で、支配権の維持のためには一定の株式所有が前提とされていたということが理解できるのである。

(3) 大株主の経営への関わり——安田財閥と群馬電力——

主要株主について示した表6-3からもわかるように、群馬電力においては、安田財閥に関連する人々や企業からの出資が多かった。また、安田銀行からの借入金も多かった[53]。

では、なぜ安田財閥が群馬電力への資金的援助を行ったのであろうか。この点については、田島達策の同窓生であり、群馬電力設立にも深く関わった小倉鎮之助（専務取締役）が、合名会社保善社旧制理事であったことに関連づけて説明することができる。『高津仲次郎日記』1918年8月6日の記述には、吾妻川水電（前述の吾妻電気会社を指す——引用者）に関してではあるが、次のような記述がある。

> 吾妻川水力電気事業経営ニ付日本橋区呉服橋末広ニ会ス、小倉鎮之助、田島達策、上倉俊及余ノ四名合同、小倉氏ヨリ安田善三郎ニ於テ吾妻水電ニ投資快諾ノ報告アリ[54]

これによると、吾妻川水力電気事業に関連するものの申し出に対し、安田善三郎が投資に快諾をしたということがわかる。また、次のような記述も残されている。

当時同君（小倉を指す——引用者）は安田系会社の重要社員であつたので，吾妻川水電の具体化に関して，安田資本との連繫に尽力してくれた。随つて群馬電力会社の設立を見るや，安田系の一代表者として，専務の椅子に就いたのであつた[55]

　史料の制約上，群馬電力における資金調達に関してこのような記事がないのは残念であるが，これらの記述から検討すると，群馬電力への投資についても，小倉鎮之助を通じて安田が受諾し，それにより「安田系資本の後援を得る」[56]ことになったということがわかる。

　このように，小倉鎮之助との人的なつながりから安田財閥は群馬電力の大量の株式を引き受けた。そして，群馬電力においては，初代社長には安田善三郎が就任し，第1期においては安田系企業である京浜電鉄とともに，善三郎は筆頭株主となった。では，筆頭株主であり，かつ群馬電力社長であった安田善三郎，さらには安田財閥の企業経営への関わりはいかなるものであったのだろうか。

　この点については，すでに述べたように，群馬電力では高津，田島，小倉らが重要な事項決定に携わっていたことや，以下のような記述から，その関わりについて考えることができる。

　　当時の保善社総長安田善次郎翁は，自分（田島達策——引用者）に向つて，安田の関係する事業は，慣例として一族中より社長を出すことになつてゐるが，実際の仕事は君にやつてもらわなければならぬと云はれた[57]

　つまり，慣例上安田一族から社長が輩出されていたのであり，実際の経営については，善次郎直々に，田島達策に任せるというものであった。なお，上記のような安田善次郎から言葉を受け，田島は「総長よりかく激励のお言葉を承つたときは，いよいよ責任の重きを感ずると同時に，断じて期待に背かざることを自ら誓つた。そして小倉専務とも熟議熟談して，萬遺漏なきを期した」[58]

という。

　このように,安田家はあくまで資金的援助に徹していたといえようが,経営上の影響は皆無であったのだろうか。この点については,次章において検討する企業合併のような経営上の重要な側面においては,その意思決定への影響力は,田島や高津のそれよりも,はるかに大きかったものと考えられる。合併の経緯について,詳しくは次章において検討するが,この合併は東邦電力副社長である松永安左エ門が,「田島,小倉,宮口等群電幹部には見向きもせず話をぢかに安田コンツエルンの総元締め結城豊太郎氏に持つて行つた」[59] ことにより成立したのであった。

　したがって,安田財閥の群馬電力への関わりのあり方としては,役員派遣を行っていたものの,実際の経営にはほとんど関わらず,形式的なものであったといえる。しかしながら,企業合併という重要な側面においては,その資本的影響力を背景に主導権を握り,意思決定を行ったのである。

4．おわりに

　群馬電力では,設立当初から中央への進出を企図し,出資の大部分を安田系資本が引き受けるというように,中央からの資金的な援助も早くから求めていた。このような点からみるならば,初めから「中央」を志向し,地元との関わりは希薄であったかのようにも思われる。しかし,本章における検討をつうじて,群馬電力においては,設立過程から開業後の企業経営において,田島達策や高津仲次郎といった地方企業家が大きく関与していたことがわかった。

　すなわち研究史では群馬電力は,その資本的に果たした役割から,「安田系企業」という評価が行われているように思われるが,実際においては,資本的には確かに安田系資本に大きく依存しつつも,高津仲次郎や田島達策といった地方企業家の,設立および実際の経営に果たした役割は大きかった。

　本書第3章における利根発電に関する検討のなかですでに明らかにしてきたように,電力企業の設立過程においては,発電所用地・水利権をめぐる諸問題

や，それに関して地元住民との利害対立の起こる場面もある。地域社会からの信頼・承認を得るということは極めて重要なことであり，そのためには，高津仲次郎のように地方での広い人脈を持ち，信頼もある地方企業家・名望家の存在が不可欠であった。

また，群馬電力においては，高津仲次郎，そして高津と同郷の企業家田島達策，田島の同窓生小倉鎮之助，小倉が評議員を務める合名会社保善社，という人的なつながりのなかで，設立に向けての資金調達や創立準備がスムーズに行われた。また，大口出資を行っていた保善社や京浜電鉄からの役員兼任関係も存在していた。すなわち，群馬電力の設立と経営における，「中央」と「地方」の協力関係の存在や，人的ネットワークの重要性を確認することができたのである。

このように，1910年代の地方における企業設立の場面においても，地方企業家の果たす役割は大きく，その後の企業経営の場面においても，そのイニシアティブをとるケースがあった。なお，早川電力との合併によって成立した東京電力は，東邦電力の東京進出のための「前衛」として設立された企業であり，東邦電力の子会社的企業として位置づけられていた。この東京電力における企業経営のあり方に関しての検討，ならびに東京電灯との合併に至る経緯については，次章において明らかにしていくことにしたい。

注
1) 橋本寿朗『戦間期の産業発展と産業組織Ⅱ――重化学工業化と独占――』東京大学出版会，2004年，橘川武郎『日本電力業の発展と松永安左ヱ門』名古屋大学出版会，1995年，橘川武郎『日本電力業発展のダイナミズム』名古屋大学出版会，2004年，老川慶喜「「大横浜市」の電力問題と東京電力」横浜近代史研究会横浜開港資料館編『横浜近郊の近代史――橘樹郡にみる都市化・工業化――』第9章，日本経済評論社，2002年，東京電力株式会社編『関東の電気事業と東京電力』東京電力株式会社，2002年。
2) 梅本哲世『戦前日本資本主義と電力』八朔社，2000年。
3) 例えば，前掲老川「「大横浜市」の電力問題と東京電力」263～264頁，前掲橋本『戦間期の産業発展と産業組織Ⅱ――重化学工業化と独占――』88～89頁，前掲東

京電力株式会社編『関東の電気事業と東京電力』337～339頁。
4) 湯口昌『城山翁喜寿の賀』三鱗商道団，1934年，23頁。
5) 同上，25頁。
6) 同上，33頁の記述によると，1875年1月22日，いつものとおり父親の言付けで埼玉県本庄町の取引先に出かけた際，「道々歩きながらも，胸に燃へるのは向学の一事であつたが，こんな風に左思右考してゐたら限りがない，いつそ一思に飛んでしまへとばかり，忽ち方角を東南へ急転するや否や，そのまゝ跡を見ずに東京さして奔った」という。
7) 同上，64頁。
8) 同上，66～68頁。
9) 同上，80頁。
10) 同上，126頁。
11) 同上，127頁。
12) 同上。
13) 同上，130頁。
14) 同上，132頁。
15) 同上。
16) 同上。
17) 丑木幸男編『高津仲次郎日記』第2巻，群馬県文化事業振興会，1999年では，1917年10月18日の日誌から，「吾妻川水電」についての記述が登場するようになる。また，この頃から後に専務取締役となる小倉鎮之助や上倉俊についての記述も見られるようになる。したがって，この頃から群馬電力設立の基礎が築かれていったものと考えられる。
18) 田村民男『群馬の水力発電史』七月堂，1979年，73頁。
19) 同上。
20) 丑木幸男編『高津仲次郎日記』第3巻，群馬県文化事業振興会，2000年，7頁。
21) 同上，8頁。
22) 前掲湯口『城山翁喜寿の賀』135頁。
23) 同上。
24) 例えば，前掲丑木編『高津仲次郎日記』第2巻，334～335頁など。
25) 前掲丑木編『高津仲次郎日記』第3巻，8～11頁。
26) 同上，13頁。
27) 群馬電力『第1回報告書』2頁。
28) 前掲田村『群馬の水力発電史』73頁。

29) 前掲丑木編『高津仲次郎日記』第3巻, 35頁。
30) 同上, 35頁。
31) 同上, 66頁。
32) 同上, 104頁。
33) 同上, 105頁。
34) 同上, 108頁。
35) 同上, 133〜134頁。
36) 同上, 134頁。
37) 同上。
38) 同上。
39) 同上, 135頁。
40) 同上。
41) 同上。
42) 同上, 137頁。
43) 同上, 138頁。
44) 同上, 138頁。
45) 同上, 142頁。
46) 同上, 143頁。
47) 同上。
48) 前掲湯口『城山翁喜寿の賀』82頁。
49) 「安田保善社とその関係事業史」編修委員会編『安田保善社とその関係事業史』「安田保善社とその関係事業史」編修委員会, 1974年, 443頁。
50) 安田善次郎は, 1921年9月28日に朝日平吾により殺害され（同上, 523頁）, 安田善雄は1923年9月1日発生の関東大震災により遭難焼死した（同上, 577頁）。
51) 前掲丑木『高津仲次郎日記』第3巻, 173, 174頁によると, 小倉鎮之助は1923年12月1日に, 病気を理由とする辞表提出が群電重役協議会によって認められ, 同月11日には死去したという。
52) 前掲「安田保善社とその関係事業史」編修委員会編『安田保善社とその関係事業史』403頁。
53) 前掲丑木編『高津仲次郎日記』第3巻, 68頁によると, 1921年3月5日の重役会において, 安田銀行から300万円の借り入れを受けることが決議されている。
54) 前掲丑木編『高津仲次郎日記』第2巻, 353頁。
55) 前掲湯口『城山翁喜寿の賀』135頁。
56) 同上, 134頁。

57) 同上。
58) 同上，135頁。
59) 駒村雄三『電力界の功罪史』交通経済社，1934年，169頁。

第7章 戦間期における地方企業の展開
——群馬電力から東京電力へ——

1. はじめに

　前章では，群馬電力の設立過程および初期の経営について概観した。本章では東邦電力の傘下に入り，早川電力と合併して東京電力が新成立するまでの同社の経営について概観し，その上で東京電力における企業経営の動向ならびに「電力戦」の動向，そして東京電灯との合併の経緯について明らかにすることにしたい。

　東京電力に関する研究史については，前章においてすでにふれたように，東京電灯との「電力戦」の過程および東京電灯との合併に関して，比較的多くの研究史において取り上げられ，記述されている。しかしながら，これらの諸研究においては，東京電灯との関係のなかでの検討に焦点があてられており，東京電力1企業に関しての経営動向についての検討は，乏しい状況にあるといわざるをえない。

　そこで本章では，研究史においてあまり明らかにされてこなかったこうした部分について，東邦電力・大同電力[1]の社内報であった『電華』[2]も用いながら，検討を行うことにしたい。

2. 群馬電力から東京電力へ——早川電力との合同——

(1) 京浜地方への進出と東邦電力の参入

　群馬電力においては，前章においてすでに述べたように，安田系資本の援助に大きく依存していた。そして，同じく安田系資本の企業である京浜電鉄との関係も，次の記述から明らかなように，密接なものであった。

　　群馬電力の小倉専務は，安田系の一人として京浜電気鉄道会社の重役でもある外に，京浜電鉄の重役である宮口氏も，亦群馬電力の重役であり，殊に京浜電鉄も群馬電力も共に安田系資本を主とする外に，京浜は群馬の電力を需要するという前提の下に一萬株の株主となり，京浜の社長青木正太郎氏は群馬の重役となるという風に，両社の関係は密接であった[3]

　このように，群馬電力と京浜電鉄との間には，資本提携の関係だけでなく，役員兼任関係もあったということがわかる。また，京浜電鉄名義で群馬電力株を1万株引き受けた理由については，単に安田系資本として共通していたためだけではなかった。その当時，京浜電鉄は電力供給を東京電灯から受けていたものの，電灯および動力の運用について東京電灯と営業上の競争関係にあった。そのため，このような不合理な状態から脱却するために，別の発電所を必要とする意識から，群馬電力の大株主となったのである[4]。
　そのような折，京浜電鉄において，川崎及京浜間沿線の電灯電力供給権を他社に分離譲渡するという話が沸き起こった。この話については，すでに東京電灯が先に交渉を始め，仮契約も結ばれていたものの，群馬電力は，京浜電鉄との密接な関係を背景に交渉を進め，「相当の波瀾曲折」[5] の後，群馬電力と京浜電鉄の間に正式契約が成立するに至ったのである。
　こうして，群馬電力は1923年4月30日には京浜電鉄の電灯電力供給事業を譲

り受け，川崎町を中心とする，沿線の工場地や住宅地へと電力供給を開始した[6]。この譲り受けによる営業成績（灯数・kw）の増加は著しく，前年度と比較して電灯において約2割4分，電力において約8割1分の増加であったという[7]。こうして「群馬電力は，確実に電力供給の一根據を有するとともに，一躍大帝都近くまで進出することゝなつた」[8] のである。

さらに，1924年には，神奈川県潮田町字田島（現在の神奈川県川崎市）において，田島火力発電所の建設にも着手した。同発電所は，水力発電を主な電力源としてきた群馬電力において，冬季渇水期における電力の不足分を充当するために建設が計画されたのである。

実際に同発電所が運転を開始するのは1925年末のことであり，東京電力編入後であるが，この計画は宮口竹雄，浅見章吾の献策に基づくものであり[9]，京浜地域への電力供給開始直後の1923年6月には，重役会において具体的な建議が行われていた[10]。この田島火力発電所設置について，田島達策は，後にこう振り返っている。

> この田島火力発電所こそは，今日盛に唱へられる所謂火力併用の先例をなすものであつて，我国電気界に取り相当意義ある工事であつた。この田島火力発電所の実現によつて，群馬電力会社の基礎はいよいよ強固となつた[11]

こうした内容からは，田島火力発電所の建設は，たんなる一企業の成長という域を越えて，産業全体において極めて重要な意味を有していたということが理解できよう。

このように群馬電力においては，「先づ収入の確実安定を図るを要す」[12] ために「確実なる供給先を決定する」[13] という，田島達策を中心とする経営陣の事業方針のもとで，供給区域を大都市付近にまで拡大し，それだけでなく田島火力発電所建設計画など，供給力の拡大も行った。しかし，このような経営の拡大，とりわけ京浜地域まで営業区域を拡大したという点が，東京進出を目指

す東邦電力の目に留まることになった。

　後述するが，東邦電力においては，東京進出の足がかりとして，東京方面に広く供給権を有する早川電力の合併を計画していた。これは，東京方面への送電線建設に際し，資金繰りが悪化した早川電力側が，東邦電力に救済を求めたことに端を発していた。しかし，早川電力のみでは東京電灯との対抗上力量が不足する。そのようななか，京浜地域まで営業区域を拡大し，なおかつ早川電力と同様，安田系の資金援助を受けていた群馬電力に，東邦電力が着目したのであった。

　東邦電力副社長・松永安左エ門は，「田島，小倉，宮口等群電幹部には見向きもせずに」[14] 安田保善社事務理事・結城豊太郎に直接交渉を行い，群馬電力と東邦電力との間の提携について話しをもちかけた[15]。その結果，早川電力の合同に先んじて群馬電力との提携が決定することになった。

　このような提携について，安田サイドが快諾を行った背景には，安田と東京電灯との間の「遠源はるかなる宿怨」[16] が存在していたと考えられる。すなわち，明治期において甲州系資本の進出により東京電灯の経営から退くという経験をしていた安田にとって[17]，東邦電力との提携，すなわち将来における早川電力との合同による大資本の形成は，東京電灯との間の競争を行ううえで，有利な条件となると考えたのであった。

　1923年12月25日開催の群馬電力第9回定時株主総会において，群馬電力の取締役に，東邦電力から松永安左エ門・福澤桃介の2名が就任し，安田善五郎社長辞任に伴う取締役会における互選の結果，社長には田島達策が就任し，副社長には松永安左エ門が，専務には宮口竹雄が，それぞれ就任した[18]。

　また群馬電力は，1924年9月30日には，以前から計画されていた吾妻軌道（資本金25万円）の合併を行い[19]，群馬県内における供給区域を拡大するとともに，名久田発電所および四万発電所を入手して供給力の拡張を行った。このようにして，群馬電力は創立後5年足らずの間に，東邦電力の傘下に入ることになった。そして，早川電力の合同を待って，新会社設立へと向かうのであった。

表7-1 群馬電力第10期（1924年上期）主要株主（1,000株以上）

順位	姓名	居住地	株式数（株）	比率（%）
1	合名会社保善社代表社員 安田善次郎	東京	71,347	29.7
2	京浜電気鉄道株式会社取締役社長 青木正太郎	神奈川	30,000	12.5
3	東邦電力株式会社取締役社長 伊丹弥太郎	東京	27,280	11.4
4	田島合名会社代表社員 田島 達策	東京	26,390	11.0
5	株式会社川崎銀行頭取 川崎八右衛門	東京	1,800	0.8
6	林 荘治	東京	1,680	0.7
7	天田長三郎	群馬	1,550	0.6
8	高津伸次郎	群馬	1,400	0.6
9	小川市太郎	東京	1,390	0.6
10	井田 金七	群馬	1,300	0.5
11	遠山 元一	東京	1,200	0.5
11	堤 定次郎	東京	1,200	0.5
11	安田岩次郎	東京	1,200	0.5
11	鈴木 貞治	東京	1,200	0.5
15	永井篤三郎	群馬	1,000	0.4
15	松永安左エ門	東京	1,000	0.4
15	福澤 桃介	東京	1,000	0.4
15	綾部利右衛門	埼玉	1,000	0.4
15	進藤 甲兵	岐阜	1,000	0.4
15	碓氷産業銀行専務取締役 清水岩次郎	群馬	1,000	0.4
	合　計		174,937	72.9
	総株数（総株主数917名）		240,000	100.0

出典）群馬電力『株主名簿』第10回。

　ここで，第10期（1924年上期）における主要株主について示した表7-1に注目することにしよう。同表によると，安田系資本や田島達策，高津伸次郎などの出資のほかに，東邦電力関係者による出資の割合が大きいことが確認できる。このことは，上記のような事情を端的に指し示しているものといえよう。

(2) 早川電力との合同と東京電力の成立

　ここではまず，群馬電力と合同した早川電力の概略，および同社が東邦電力

傘下となった経緯について述べることにしよう。早川電力は，山梨県下早川水系における水利権を基礎として，1918年6月，資本金800万円をもって創立されたが，1920年2月，日英水電を合併した。日英水電の供給区域は静岡県西部であったが，同社は1906年に設立が計画された日英水力電気をその起源とする会社であり，日英水力電気は大井川水利権と東京市内に50馬力以上の電力供給権，ならびに東京鉄道と東京市電気局に対しても電力需給契約を結んでいた。したがって，日英水電の合併により早川電力は，日英水力電気に由来する東京市一円に対する広汎な電力供給権を獲得することになったのである[20]。

このような東京方面における供給権を背景に，早川電力では実際の電力供給開始に向けて，1922年には樽坪発電所（出力・定時9,400kw，不定時1万600kw）からの送電線の東京方面への架設および川崎変電所の建設にも着手した。

しかし，たび重なる妨害や[21]，金融逼迫の影響により，建設は行き詰った。そのような折，東京海上から500万円の融資を得，前途回復の兆しが見えたものの，1923年9月に発生した関東大震災の影響により，再び建設は行き詰ることとなった。そこで，早川電力の取締役である前田米蔵が，古くからの政友である松永安左エ門に支援を求め[22]，それが契機となって，東邦電力の支配下に入ることになったのである。

1924年3月5日には，早川電力社長・窪田四郎と，東邦電力副社長・松永安左エ門との間に合併仮契約書が取り交わされた[23]。この仮契約書に基づき，同月12日には，早川電力の変態増資の目的をもって早川興業（資本金1,500万円）が設立され，社長には松永安左エ門が，取締役には福澤駒吉・成瀬正行が，監査役には内藤熊喜・井出徳一が，それぞれ就任した[24]。

次いで同月15日には，早川電力社長・窪田四郎と，早川興業社長・松永安左エ門との間に合併仮契約書が取り交わされ，早川興業が早川電力に合併されることとなった。これらの仮契約書の内容は，同月31日開催の各社における臨時株主総会において承認され，早川興業の早川電力への合併が実現した。これにより，早川電力の資本金は従前の倍額の3,000万円となった[25]。

また，早川電力における1924年3月31日開催の臨時株主総会上，窪田四郎社長が辞任し，新たに東邦電力側からは，取締役に松永安左エ門（東邦電力副社長）・角田正喬（同常務取締役）・成瀬正行（同取締役）の3氏が，監査役には福澤駒吉（同常務取締役）が，それぞれ就任した。そして，取締役会による互選の結果，松永安左エ門が社長に就任した[26]。

このようなやや複雑な経緯を辿って，早川電力は東邦電力の支配下に収まったのである。なお，東邦電力が直ちに早川電力を合併したのではなく，このような経緯を辿ったのは，松永において次のような考えがあったからであった。

> 此の早川電力なるものに結びついて将来東邦電力が発展するに必要なる権利を獲，其の延びる力を之に託すると云ふことは今後の企画上に大変必要なことであります。此の事に就きましては福澤前社長以来交渉を進めて居りましたが機会が熟しませんで其儘に成つて居りました処が，同社も殆んど全額の払込を了して居りますので財界不況の折柄今回我々と提携の必要が起り，進んでは合併の話も生じたのであります。然し同社の内容は未だ整つて居らず軽率に合併すべきものではないと考へまして先づ同社が増資する代りに早川電力と同一資本額の別会社を設立して，当会社が其別会社の株式全部を取得し，之を早川電力と合併し東邦電力の支配下に置いて同社の整理改善を図り，会社の内容が発達した上で合併の必要があれば，合併することに致すのであります[27]

つまり，東京方面への進出の足がかりとしての重要性は認識しつつも，直接に合併することについては慎重な態度をとっていたのである。そして結局のところ，早川電力は東邦電力に合併するのではなく，群馬電力と合同し，新会社として東京電力が設立されることになったのである。

こうして，1925年3月に群馬電力（資本金1,225万円）と早川電力（資本金3,000万円）とが対等合併し，東京電力が成立した。資本金は4,225万円であり，本社は東京市麴町区永楽町に置かれた。このような過程を経て，群馬電力と早

川電力とが合同したうえで，東京電力が新成立したのであった。

3．東京電力の設立——東邦電力の傘下へ——

(1) 東京電力の設立

　前節においてすでに検討したように，東京電力は，1925年3月に群馬電力（資本金1,225万円）と早川電力（資本金3,000万円）とが対等合併し，成立した新会社である。資本金は4,225万円で，本社は東京市麹町区永楽町に置かれた。その合併にあたり，松永は次のように説明演説を行っている。

　　早川群馬の甲乙両会社は解散して新に東京電力株式会社を設立し役員を選むのでありますが，要するに，合併でありまして商法上の用語を以てすれば新立合併といふ事に成るのであります。いろいろの事情より稽へまして斯く致すのが最も時機に適したものと思ひすのであります。名称は不取敢「東京電力」と致して置いたのでありますが，之は又如何様にも今後考慮して宜しいのであります。……略……発電地点は伊香保の下の渋川にある吾妻川筋の金井発電所一万八百キロで，此の年末（大正十三年）か一月頃には猶ほ六千キロの渋川発電所が竣工し，明年四五月頃までには田島火力発電所五千キロの機械二台の据付を終り得る事に成つて居りまして，目下之が据付中であります。……略……今後吾妻川の未開発地点を開発しましても，其の発生電力は新たなる送電施設を要するに及ばす，現在の送電線によつて東京へ送電し得らるゝのであります。……略……早川は樽坪の二萬キロを川崎へ入れました後で，若し群馬の供給区域へ之を供給し得らるれば頗る有利であります。……略……群馬の送電網を利用するのは安全でもあります。……略……尚ほ群馬の収支状態に就て申上げますれば，群馬は発達すれば有利な計算に達する見込で，群馬だけでも近き将来に於て一割二三分の利廻に成るのは困難で無いのであります。早川は東京着の電

力を有利に処理する為め此上なほ資本を注ぎ込んだものか何うかと考慮中であつた際でありますから，合併すれば斯く有利である群馬と合併することにしたのであります28)

「東京電力」という名称は，「如何様にも今後考慮して宜しい」という表現からしても，東京方面への電力供給に主眼を置く意図で付けられたということや，早川電力の電源と群馬電力の供給区域や送電網とを，合理的に結びつけるための合併であったということが，この説明からわかるであろう。また，群馬電力が未だ発展途上にあったこの時期に，敢えて合併を行った理由について，松永は次のように述べている。

此合併は群馬が此上に発展して良好と成つてからでは話がつきにくいのであります。又早川としても東京着の電力を処理する上から其れまで待つて居られぬので，群馬のまだ発達せぬ今日に於て合併するのが財政上必要であると認め合併する事に致した次第であります29)

設立後の東京電力においては，積極的経営方針が採られ，以下に記すように，周辺企業の合併・提携を行い，経営規模の拡大が図られた。
寸又川水力電気は，1924年6月に資本金160万円をもって創立された会社であるが，翌1925年3月には早川電力が総株式の3分の2を取得して経営を引き受け，松永安左エ門が社長の座に就いた。東京電力成立後においても東京電力の子会社として，同社の発電力の強化に資することになった30)。
また，1925年12月創立の上毛電力との提携にも成功し，東京電力からは田島達策社長と結城安次常務が，それぞれ監査役，取締役として経営に参加した31)。そして，上毛電力において建設された伏田発電所（出力1万2,000kw）の全出力の供給を受けることになり，1926年10月から受電を開始した32)。
さらに，1926年4月には，田代川水力電気（資本金500万円）を合併し，同社から建設工事中であった田代第1発電所（出力1万6,700kw），田代第2発

電所（出力2万800kw），早川第3発電所（出力6,600kw），および川崎方面へと電力を供給する，田代送電線を獲得した。

また，同年10月には静岡電力（資本金1,500万円）を合併し，静岡県および山梨県内における供給権を獲得した。このほかにも，1926年5月には東京湾電気（資本金500万円）を設立して間接的に供給区域を拡張し，同年12月には須川電力（資本金1,000万円）を設立して東京電力の電源増強を目指した[33]。

このような周辺企業の合併・提携だけでなく，東京電力では自社における供給力の増強も推進された。早川電力から引き継いだ東京火力発電所（出力7万kw）の建設を急ぎ，1926年12月に1基，1927年5月に1基の計2基（各出力3万5,000kw・計7万kw）が完成した。この東京火力発電所は，当時の日本における最大級かつ最新式の発電所であり[34]，「水火併用による運用の妙を発揮し電価の低廉と電質の良好とに寄与」[35]したという。

東京電力は，「販売地がなくて電気に遊びがあ」[36]る早川電力と，「販路があつて電気の足りぬ」[37]群馬電力とを東邦電力側の意向により合併させ，東邦電力の東京進出のための「前衛」[38]となるべく設立された会社であるから，東京電力の成立は，すなわち関東地方における東京電灯との間の激しい需用家獲得競争——「電力戦」——の開始を意味していたといっても過言ではないであろう。そして，実際，設立後間もなくして，激しい「電力戦」が繰り広げられることになったのである。この経過については，後ほど詳しく述べることにしよう。

(2) 主要株主・役員

東京電力の役員について記したものは，表7-2である。すでに述べたように，社長には群馬電力社長であった田島達策，副社長には東邦電力副社長であり，早川電力社長であった松永安左エ門が就任したが，経営の実権は松永が掌握していた。他の役員について，さらに表7-2を見ると，設立時には，早川電力からは結城安次，中村圓一郎，角田正喬，田中徳次郎，前田米蔵が，群馬電力からは宮口竹雄，安田善五郎，高津仲次郎，青木正太郎，田島庄太郎が，それ

第7章 戦間期における地方企業の展開 217

表7-2 東京電力役員一覧

	1925年上	1925年下	1926年上	1926年下	1927年上	1927年下
田島 達策	社 長 →→→→→→→→→→→→→→→→→→→→→→→
松永安左エ門	副社長 →→→→→→→→→→→→→→→→→→→→→→
宮口 竹雄	専務取締役 →→→→→→→→→→→→→→→→→→
進藤 甲兵	常務取締役 →→→→→→→→→→→→→→→→→→
結城 安次	常務取締役 →→→→→→→→→→→→→→→→→→
安田善五郎	取締役 →→→→→→→→→→→→→→→→→→→→→
高津仲次郎	取締役 →→→→→→→→→→→→→→→→→→→→→
中村圓一郎	取締役 →→→→→→→→→→→→→→→→→→→→→
高野 省三	取締役 →→→→→→→→→→→→→→→→→→→→→
角田 正喬	取締役 →→→→→→→→→→→→→→→→→→→→→
青木正太郎	監査役 →→→→→→→→→→→→→→→→→→→→→
田中徳次郎	監査役 →→→→→→→→→→→→→→→→→→→→→
前田 米蔵	監査役 →→→→→→→→→→→→→→
田島庄太郎	監査役 →→→→→→→→→→→→→→→→→→→→→
佐竹 善文				常務取締役 →→→→→→→→→→→
大川平三郎				取締役 →→→→→→→→→→→→→→
熊澤 一衛				取締役 →→→→→→→→→→→→→→
田中榮八郎				監査役 →→→→→→→→→→→→→→
穴水 要七				監査役 →→→→→→→→→→→→→→
三谷 一二						取締役→

出典）東京電力『報告書』各回。

ぞれ役員に就任している。また，進藤甲兵は東邦電力社員であり，松永との関係からの参加と考えられ，高野省三は帝国製麻常務取締役であり，安田との関係からの参加と考えられる。したがって，群馬電力・早川電力の対等合併を反映して，それぞれの関係から均等に役員が選任されたことになる。

また，1926年下期には新たに佐竹善文，大川平三郎，熊澤一衛，田中榮八郎，穴水要七が役員に就任しているが，佐竹は元熊本県知事であり[39]，他は旧静岡電力の役員からの就任である。このように，東京電力の役員には，基本的に合併前の会社の役員が参加することが多かった。1927年下期には，三菱合資会社銀行部出身で，三菱鉱業会長である三谷一二が取締役に就任している。この時期における三菱系重役の東京電力への役員入りの背景には，合併促進の要因があったのではないかと考えられる。

主要株主（第5期）について記したものは表7-3である。これをみると，

表7-3 東京電力第5期(1927年上期)主要株主(5,000株以上)

順位	姓名・法人名	居住地	株式数(株)	比率(%)
1	東邦証券	東京	435,888	31.9
2	合名会社安田保善社	東京	74,865	5.5
3	田島合名会社	東京	36,592	2.7
4	東邦電力	東京	30,000	2.2
5	千代田生命保険	東京	19,406	1.4
6	京浜電気鉄道	神奈川	18,333	1.3
7	穴水合名会社	東京	17,680	1.3
8	三菱鉱業	東京	16,650	1.2
9	大川合名会社	東京	14,611	1.1
10	四国銀行	高知	14,000	1.0
11	田中栄八郎	東京	11,200	0.8
12	熊澤一衛	三重	10,100	0.7
13	第一生命保険	東京	9,200	0.7
14	小菅剣之助	三重	8,253	0.6
15	第三銀行	東京	7,800	0.6
16	第九十八銀行	千葉	7,000	0.5
16	第三十六銀行	東京	7,000	0.5
18	板倉謙太郎	東京	6,821	0.5
19	日本昼夜銀行	東京	6,700	0.5
20	徳川 頼貞	東京	6,250	0.5
21	服部金太郎	東京	5,600	0.4
22	久野 謌雄	神奈川	5,543	0.4
23	加島 信託	大阪	5,240	0.4
24	浅野 長助	東京	5,083	0.4
25	赤星 鉄馬	東京	5,060	0.4
26	富山銀行	富山	5,000	0.4
26	栃木農商銀行	栃木	5,000	0.4
26	愛国生命保険	東京	5,000	0.4
合 計			799,875	58.6
総株式数(総株主数5,524名)			1,365,000	100.0

出典)東京電力『株主名簿』第5回。

　東邦証券が全体の31.9%の株式(43万5,888株)を保有して筆頭株主であることがわかる。第4位の東邦電力と合わせると全体の34.1%の株式を保有していることとなり，経営の実権を松永が握っていただけでなく，資本的にも東邦電力の子会社としての様相を呈していたことが理解できよう。その次は合名会社安田保善社であり，第6位の京浜電気鉄道と併せると，安田系で6.8%の株式

第7章　戦間期における地方企業の展開　219

が保有されている。第3位には，社長である田島達策が，田島合名会社として3万6,592株（2.7％）を保有している。

このような，役員による保有としてはほかにも，穴水合名会社（穴水要七），大川合名会社（大川平三郎），田中榮八郎，熊澤一衛の例が見られ，翌期（27年下期）に取締役の就任する三谷一二が会長を務める三菱鉱業も，1万6,650株を保有して第8位株主となっている。また，このような東邦系・安田系の役員以外の大株主には，銀行・保険会社といった法人株主が多く，東京電力の株主構成における特徴が浮かび上がる。すなわち，会社関係者以外には，法人株主による出資の比重が著しく高まり，サイレント・オーナーないしは安定株主の割合が，極めて高かったのである。

(3)　東京電力の経営と企業統治

すでに述べてきたように，東京電力は群馬電力と早川電力とが，東邦電力の主導のもとに対等合併して成立した新会社である。そして，群馬電力では1923年から松永が重役入りし，早川電力では1924年から重役入りした。この頃から，合併前の両社において，松永をはじめ，その背後にある東邦電力の経営への影響が強くなった。

合併により成立した東京電力においては，社長の座には旧群馬電力社長の田島達策が就いたものの，当然のことながら経営の実権は副社長である松永安左エ門が握り，東邦電力重役である進藤甲兵を常務に迎え，実際の営業を担当させた。つまり，経営面における東邦電力サイドのイニシアティブは，大きなものであった。

では，地方役員の経営への関わりはいかなるものであったのだろうか。例えば，旧群馬電力時代には，地方企業家として企業経営に大きな役割を果たしていた高津仲次郎を例として挙げると，彼の記した日誌（『高津仲次郎日記』）において，東京電力時代になると，本書第6章において述べてきたような経営に関する具体的な記述が姿を消すようになる。とはいえ，毎月東京で開催された重役会への参加の記述は続くため[40]，経営への関心は，依然として持ち続けて

いたことと思われる。

　同様のことは旧群馬電力社長であり東京電力社長であった田島達策についてもいえる。後述するが，東京電灯との合併に際し，安田財閥においては，田島達策へも相当の配慮を行っている。このように，高津仲次郎や田島達策は東京電力において経営の主導権を握ることはなかったものの，経営に関して無関心であったわけではなかった。そのため，松永らは彼らにも配慮を行う必要があったのである。

　では，話を戻そう。すでに述べてきたように，東京電力においては，松永が経営の中枢にあり，東邦電力系役員・社員が経営を主導した。では，具体的にはどのような企業経営が行われていたのであろうか。ここでは，『電華』によって明らかとなる松永のコメントを中心に検討し，その実態を明らかにすることにしよう。

　東京電力においては，1926年3月1日より新たに臨時東京建設部が新設されたが[41]，部長には宮川竹馬を配し，実務にあたらせることとなった。宮川は当時，東邦電力営業部次長であり[42]，松永も「有能な技術者」[43]であると高い評価を行っていた人物であった。宮川もまた「技術者として持つすべての力を捧げて松永のためにつくした」[44]という。そして，このような人材を配した経緯について，松永は次のように述べている。

　　今回「東邦電力」の宮川竹馬君が，「東京電力」の臨時建設部を兼任し，同社の建設事務を視らゝ事に成つたのである。之は従来同社の進藤甲兵君が営業と建設との双方を視て居られた処，何分にも営業の方面が日増多忙となり，建設方面までも視る事は却々容易で無いから，従前の宮口，村尾両君の外に宮川君をも煩し，自分は営業方面にのみ専一に働いてみたいとの希望があつたからである。「東京電力」の事業は，新しい組織と新しい知識とを以て，何等の手懸も無い処で，新しい地盤を開拓してゆかうといふのであるから，相当の難事業たるに相違無い。恰度外科の手術をするやうなもので，少し進み過ぎると直ぐ神経に触れ，法規に抵触するとか，

他の範囲を侵すとかの問題を惹起してくる。然し，それ丈け因習旧慣に囚はれずして済み，新しい仕事を思ひのまゝに為し遂げ得らるゝので，其事業は頗る面白い興味に富んだ仕事である。「東京電力」に取つて，東京及び其近郊は新しい地盤であるには相違無いが，決して不毛の荒野では無い。……略……各自が忠実に其持場を守つて仕事をしてゐさへすれば，如何なる大事業も，何時の間にか成就してしまうのである。……略……「東京電力」の建設事業は，今後百二十日間に略々完成してしまはねばならぬのだか，既に宮口，村尾の両君によつて充分の基礎が築きあげられてゐること故，今回宮川君の新しく加はれた事により，一層順調に進むことゝ信ずる[45]

　宮川竹馬の参入の背景には，進藤甲兵の営業面に専念したいという希望があったのであるが，技術部門の最高責任者[46]には宮川のような技術系職員を登用し，その任務にあたらせたということは注目に値する。すなわち，東京電力においては，宮川のような職員が重要な役割を果たし，大きな実権を握っていたのである。

　また，東京方面の建設事業の完了にあたり，松永は東京電力第4回株主総会上，次のような発言を行い，工事関係者への謝意を表している。

斯くも大事業であり，困難多き事柄を，予定以内に竣工するを得ましたのは，一にこの工事に従事せられたる方々，即ち技術者，用地関係者，請負人其他の関係者が，昼夜兼行で励精して下され，種々の故障と妨害とのありしに拘らず，克く之に堪へ，変電所の工事の如きも，概ね四ヶ月半，長くとも六ヶ月で竣成せしめられた献身的努力に対しては，感謝を禁じ得ないのであります[47]

　東京電力では，このような工事関係者に対して，実際に感謝状および金一封を贈り，その労を労っている[48]。また，このような感謝状・金一封については，

単に工事請負人に対してだけではなく，従業員に対して贈られることもあった[49]。このような関係者に関する配慮が行われる一方で，以下のような釈明のもとで，株主に対する配当抑制も行われた。

　　会社の営業収入が確実に増加されつゝある次第を御承知被下る事と思ひますが，何分にも事業の施設は広汎に亘り，併も営業の日尚浅く，金利其他の支出が多額に上りますので，出来得る限り姑息の計算を為さず，一に内容の充実を図り，将来建設原価を高めざる様に致さうと心懸け，其結果当期は前期より一分減の八分配当として，提案致して置きました次第であります[50]

1920年代後半，東京電力における企業経営を主導したのは専門経営者や管理職職員といった存在であった。両毛鉄道や利根発電においてみられたような，株主間の企業統治を巡る激しい紛糾も姿を消し，法人株主や会社関係者を中心とする安定株主による株式所有構造がみられるようになった。

(4) 東京電灯との間の「電力戦」から合併へ

すでに述べてきたが，東京電力新成立の背景には，東邦電力の「東京進出」への強い意図があった。すなわち，早川電力の電力供給区域と群馬電力の電力供給力に松永ら東邦電力の経営陣が着目し，東京進出への足がかりとして成立させた企業であった。しかし，東京は，元々東京電灯の独占的支配地域となっていた。したがって，そこへの進出は，激しい需用家獲得競争——すなわち，「電力戦」——を引き起こすことになるのであった。

東京電力では，設立後，すでに述べたように，積極的経営方針が採られ，供給力や供給区域の拡大が図られた。すでに東京電力では，東京方面において，早川電力が有していた東京市をはじめとする，品川・目黒・中野・淀橋方面における50馬力以上の電力供給権と，群馬電力が有していた京浜地区ならびに横浜市の一部における100馬力以上の電力供給権を有していた。しかし，東京方

面における更なる供給区域の拡張を目指し、東京府南葛飾郡、足立郡および北豊島郡の一部に対する、50馬力以上の電力供給権を申請し、1926年5月24日、逓信大臣より許可された[51]。

この認可を受け、東京電力は、1927年1月1日から、同方面に対する送電を開始し、東京電灯の中心地盤であった、南葛飾・江東方面へと進出することになった。その際、東京電力では、低電力原価を背景とする低率料金、地下送電線の利用による経済性、水・火力併用による安定性、設備の単純化による安全性、そして昼夜無休送電の実行という有利性を背景に、積極的な営業活動を展開し、需用家の獲得に努めた[52]。

その結果、電灯・電力取付数は増加し、とりわけ東京方面における電力供給量は、大幅に増加した。東京電灯からの契約の切り換えも多く、東京電力・東京電灯間では激しい需用家の奪い合いが展開された。

なお、この「電力戦」について、世評的には値下げ合戦という否定的評価が多かった[53]。しかし、東京電力では、「電力戦」下における同社のあり方について、次のような声明を行っていた。

> 当社は奉仕的会社にして、投機的金儲けの会社では無いのであります。世には競争に依り相手方を疲弊せしめ、会社の合併若くは身売りにより金儲を為す会社が無いでもありませぬから、当社も亦其一つであらうなぞと想はゝならば、『全く否らず』と断言して憚らないのであります。南葛方面に於ては従来大動力を三銭以上六銭五厘にて販売し時に故障停電があつても猶且つ顧客を絶たなかつたほどでありますから、最も優良なる電力を同方面へ其半値で売らんとする当社が何うして商売の出来ぬ筈がありませうか。殊に京浜間の電力需要は年々八萬キロの増加を想像し得られますから、将来の需要増加は全く確実であります[54]

この声明は、東京電力は投機的電力企業とは異なり、奉仕を本位として優良な電力を安価で提供する、公益事業企業であるということを明らかにするもの

であった。このような声明の背景には，「電力戦」に対する否定的な評価を打ち消す意図や，1928年には東電・東力の合併が行われるのではないかという風評[55]を否定する意図があったものと考えられる。また，松永も1927年6月29日開催の東京電力第5回株主総会の席上，この値下げの意義について次のように述べている。

> 南葛各地の電力料は旧来大阪，名古屋に比し，余程高値でありましたので，此為め東京に起るべき筈の工業も他地方に移る傾向を生じ，郷土的に固着しても動力費の高価なる為め，工業家の経営は相当困難でありました。然るに，我々は昨年六月工を起し，迅速に昨年十二月末に新しき設備を以て此方面へ入込みまして多数の申込を受け得ましたので，総て精確に取付工事を致して居る次第であります。其成績と将来とは前に申上げた通りでありますが，兎も角此結果区域内の工業家は関西並みの料金を以て電力を使用し得る事となり，其の為め私共の供給する需用家も亦否らざる需用家も，同様に値下の特典に浴された事であらうと思ひます。既に値段は斯くして公正な点まで参りましたから，此上は益々公益事業者本来の面目を発揮して，得意先に対する凡らゆる便宜と幇助とを図るを専一とし東力所期の目的を達せずんば止まずと，堅く覚悟してゐる次第であります[56]

　このように，松永は電力価格の値下げを，過剰な競争の結果ではなく，関西並みの料金，すなわち公正な価格まで引き下げるという公益事業者としての理由に基づくことであるとした。

　しかし実際には，競争の激化は，需用家にとっての料金値下げという，プラスの効果だけでなく，会社にとって，経営悪化という大きなマイナスの効果を伴うこととなった。松永は1927年6月29日開催の株主総会上，「孰れも予期以上の成績を挙げましたる段は御同慶に堪へない次第でございます……略……東京方面の増加は期末現在二萬五千キロに達して居りますが……略……将来当社の利益は確実に増加するものと信ずる次第であります」[57]と述べ，株主に期待

表7-4 東京電力経営状況

(単位:千円)

	払込資本金	固定資産	社債・借入金	積立金	収入				支出	利益金	ROE (%)	配当率 (%)
					電灯料	電力料	その他	合計				
1925年上期	28,000	63,725	37,359		1,619	1,650	728	3,997	2,723	1,274	9.1	8.0
1925年下期	28,000	69,545	43,086	65	1,721	1,820	306	3,847	2,484	1,363	9.7	8.0
1926年上期	39,750	83,346	45,603	135	1,895	2,179	514	4,588	2,722	1,866	11.0	9.0
1926年下期	51,500	116,767	69,456	230	2,362	2,631	1,117	6,110	3,533	2,577	11.3	9.0
1927年上期	68,217	135,236	76,969	360	2,537	3,480	980	6,997	4,176	2,821	9.4	8.0
1927年下期	68,250	146,209	89,471	502	2,606	4,075	857	7,538	4,568	3,015	8.8	8.0

出典) 東京電力株式会社『関東の電気事業と東京電力』344頁。
注) 原資料は東京電力『報告書』各回。

を抱かせているが,実際の経営状況は異なっていた。

表7-4は,東京電力の経営状況を示したものである。積極経営の結果,確かに電灯・電力収入は増加したものの,1927年上期から下期にわたってその伸びは鈍化した。また,それだけでなく増収を上回る固定資産の増加,社債・借入金の増加があり,このような負債の増加は,極めて深刻な状況となっていた。また,利益率は1927年に入り減少し始めていた。また,配当制限も行われ,1927年に入って,配当率は再び8%に低下した。

このような状況に対して,多額の資金の提供を行っていた金融機関は危機感を抱いた。同時期には東京電力と「電力戦」を繰り広げた東京電灯も,同じように経営悪化に苦しんでいた。そこで,金融機関首脳を中心に,東京電力・東京電灯の和解および両社の合併を斡旋する動きがみられるようになった。この動きを主導したのは,三井銀行筆頭常務・池田成彬と安田銀行副頭取・結城豊太郎であった。

この合併に向けての動きは,1927年夏頃から始まった。競合会社である東京電灯では,同年7月には,長年東京株式取引所の理事長を務めた郷誠之助が会長に就任した。郷は,会長就任にあたり,「東電,東力両電の合併を促進」することや「財界知名の士,殊に三井,三菱,安田金融御三家より再度代表重役を迎へ入れ資金融通の途を求める」ことを,改革案として掲げていた[58]。また,池田成彬の斡旋で,松永安左ヱ門との親交のある小林一三も取締役に就任した。

そして，郷が東電会長に内定した6月末には，早くも結城豊太郎は郷に対して，東京電力の合併談を持ち込んでおり[59]，7月には池田と小林，松永らの間で合併に向けての協議が行われた。

　この協議は，いったんは順調に進みかけたものの[60]，合併条件などの点で折り合いがつかず，交渉は遅滞した[61]。合併比率の点や，東京電力から参入する役員の人選，合併後の東邦電力との関係などの点で，両社の提示する条件に食い違いがみられたのである。

　しかし，同年12月になると，両社は合併に向け，歩み寄りをみせるようになった。その背景には，金融恐慌の影響を受けた建設資金難に加え，三井，安田側が両社の株主配当資金の融通を拒否して合併を強制したこと，アメリカのギャランティ・トラスト社が東京電灯・東邦電力への外債発行の条件として東電・東力の合併を提示したことなどが挙げられる[62]。

　数回にわたる協議を経て，1927年12月24日，東京電灯社長・若尾璋八と東京電力社長・田島達策との間に合併契約書が取り交わされ，翌1928年1月16日開催の両社の臨時株主総会の席上，合併は株主によって承認された。懸案であった合併条件については，合併比率は東電：東力で10：9とすることや，東京電力の従業員は合併後も東京電灯の従業員として引き続き勤務すること，東京電力からは松永安左エ門と宮口竹雄が取締役として参入することなどが定められた。

　このように，東京電灯への合併に際し，東京電力からは松永安左エ門・宮口竹雄が取締役として参入したが，東京電力社長である田島達策は，重役入りを果たすことはなかった。その経緯について，田島は次のように振り返る。

> さて斯る二大会社合併といふ場合には，従来の慣例よりするも，被合併会社東京電力の社長たる自分が，合併会社東京電灯の重役となるのは当然の事とされたが，当時安田家当局者の意見として，自分に対しては，東電入りよりも別に須川電力会社を掲げてその経営に当り世襲財産的聲價のものとするやう力を尽してもらいたいとの御希望であり，又宮口氏に対しては，

氏は斯界の権威者であり，それに安田関係会社としては数十万の東電株主であり，殊に安田銀行としては金融関係から東電会社の実情を知悉するの要もあるので，此際宮口氏の東電入りを希望すとのことであつた。そこで自分は世襲財産としての経営を決意するには，会社の株式過半数を制するのを要するとの見地より，安田関係にて七萬株を引受けられる以上，自分としては三萬株以上を有つの必要あるが故に，夫を承認ありたしと懇請して容れられた。そして，持株三萬五千株の払込をも，安田銀行より融通を受けた。かくて，自分は須川電力即ち現在の群馬水電会社経営の衝に当ることゝなつたのだが，当時自分は安田銀行に多額の借入金があつた上に，更に須川電力の持株三万五千の払込に対しても融通を受けたる次第で，深く安田家の恩恵を感ずると共に，いよいよ最善をつくさねばならぬと決意してゐる次第である63)

東京電灯への重役選任にあたっては，松永だけではなく安田側の意向も相当に強く働いていたということ64)や，東京電灯への合併後，田島が須川電力(群馬水電)65)の経営にあたったのは，安田側からの要請によるものであったということが，この記述からわかる。

また，それだけでなく，田島が「世襲財産としての経営を決意するには，会社の株式過半数を制するのを要する」という考え，すなわち一定数の株式保有を前提とした経営権行使という考えを持っていたことは，注目に値する。何故ならば，設立当初から経営権を行使していた群馬電力においては，創立時において，筆頭株主である安田が2万株所有していたのに対し，田島は1万株所有していたからである。田島が群馬電力において経営のイニシアティブを持つことができたのは，その一因に，このような資本的な裏づけがあったからなのである。

逆に，東京電力が組織されてからは，田島の発言権が著しく後退し，そのような立場を甘受していたのは，資本的にみても絶対的に小規模であったからなのであろう。この点については，資本的規模からみた地方の弱小性を見出しう

るものであり，さらには資本的背景の違いから，経営的にも後退せざるを得ない地方の脆弱性を露呈している一例ともいえよう。

　しかし一面で，このような肯定的な評価もできる。それは，客観的に見れば形式的な社長であったに過ぎず，重役入りの候補にすら挙がっていなかったであろう田島達策も，「被合併会社東京電力の社長たる自分が，合併会社東京電灯の重役となるのは当然の事」というように，東京電力の社長としての自覚や，企業経営への関心を失っている訳ではなかった。というよりもむしろ，意欲的であったと思われる。そのような点から，東京電灯への重役入りは果たせなかったものの，群馬水電の経営を任されることとなったのであろう。

　このように，「五大電力」の前においては後退せざるを得なかった地方の力も，それは全くの退出を意味していたのではなく，ある程度限定された範囲の中で，その力を保ち続けたのである。

　以上述べてきたような経緯を経て，東京電力は東京電灯へと合併されることになった。1928年1月16日開催の東京電力臨時株主総会上，松永安左エ門は株主に対し，この合併について，次のように説明している。

　　競争も或程度迄は高い料金を引下げ良質の電力を供給し完全なる奉仕を完ふすることが出来ます。現に東力の営業に依り，東京附近の工業界に貢献する事は少くなかつた事と信じます。けれども，之れを継続して止まざるときは，遂に激烈になり，競争の弊に陥るに至るの事を恐るゝのであります。客年十二月以来，当業者間に於ても財界に於ても，東力東電の合併に深き注意を注がれて居りました。此間池田成彬，結城豊太郎両氏の熱心なる斡旋により，昨年十二月二十四日に至り，合併仮契約を調印する迄に立ち至つたのであります。此の合併の率に付ては，私共当局としても尚ほ色々意見もあり，今少し主張したいこともありましたが，是れは東電としても同様のことゝ存じます。兎に角充分とは考へませんが，全局より見て株主諸君の利害も考へ，此際競争を停止して，和平協同の精神を以て進むことが機宜を得ることゝ考へ，重役会其他を経て調印を了し，……略

……池田成彬氏初め関係諸氏の熱心なる慫慂に信頼致しまして，かく結末を告げた次第であります66)

合併に際しては，三井銀行筆頭常務・池田成彬と安田銀行副頭取・結城豊太郎がその動きを主導し，とりわけ池田による強い斡旋があったことが改めて確認できよう。合併期日は1928年4月1日とされ，同日をもって東京電力は東京電灯へと合併され，東京電力は解散することとなった。

こうして，群馬電力，早川電力という地域的電力企業の合併からスタートした東京電力は，設立からわずか3年のうちに，「五大電力企業」の1つである東京電灯に吸収合併されたのである。

4．おわりに

早川電力との合併によって成立した東京電力は，東邦電力の東京進出のための「前衛」として設立された企業であり，東邦電力の子会社として位置づけられていた。すなわち，社長には旧群馬電力社長・田島達策が就任したものの，実際の経営は，松永安左エ門，常務・進藤甲兵ら東邦電力系役員を中心に行われていた。設立当初から東京進出を狙い，旧群馬電力・早川電力両社で行われていた東京方面における設備建設が急ピッチで執り行われた。また，静岡電力や田代川水力の合併も行い，さらなる経営規模の拡大も図られた。

東京電力においては，資本的には東邦電力が圧倒的多数の株式保有を行い，そのほかにも安田保善社の保有も多く，株式の集中が見られた。それ以外には，上位株主には役員のほかに法人株主の数も多く，総じて言うならば，サイレント・オーナーの多さを指摘することができよう。

そして，東京電力における企業経営のあり方について注目すると，上記のような株式所有構造にも支えられ，東邦系の松永安左エ門が副社長として強力なリーダーシップを発揮し，その下で同じく東邦系の進藤甲兵常務が営業面において，また東京進出に向け，建設面では宮川竹馬が臨時建設部長として，それ

ぞれ実権を握った。なお，進藤は管理職社員出身[67]の重役であり，当時管理職社員であった宮川[68]も，その後東邦電力常務取締役，専務取締役へと昇進した。すなわち，有能な社員の重職への登用，および雇用経営者への昇進というケースがみられたのである。

　ここで，企業金融の問題について話を戻すと，株主としては，東邦証券が圧倒的多数の株式を保有し，資本的支配を進めていた。しかし，東京電力においては，株式だけでなく社債・借入金も重要な資金源となっており，むしろこちらのほうが資金的源泉として重要な役割を果たすようになってきていた。したがって，このような金融機関の影響力は，極めて大きなものになっていた。

　東京電力の東京進出に伴う，東京電灯との間の「電力戦」の激化は，電力価格の低下をもたらし，一方で工場電化や電力利用の普及というプラスの効果をあらわしたが，もう一方では経営状況の悪化という，マイナスの効果も伴っていた。

　そして，このようなマイナスの効果に敏感に反応したのは，同社の多額の負債の資金源となっていた，金融機関であった。東京電灯，東京電力の合併に向けての動きは，金融機関主導で行われることになり，三井銀行筆頭常務・池田成彬，安田銀行副頭取・結城豊太郎が中心となって，合併が斡旋されることとなった。企業合併という側面においては，資金的影響力を最も強く有するものの意見が，強く反映されることになったのである。この点については，本書においてすでに検討してきた，両毛鉄道の事例・利根発電の事例にも類似するものであったといえよう。

　そして，本書における3つの事例（両毛鉄道・利根発電・群馬電力）において観察されたこうした資本面における地方の脆弱性は，電力業・鉄道業のような大資本型の近代産業における，地方企業の存続に関する問題をも導き出しているように思われる。すなわち，これらどのケースにおいても，地域的企業の域を越えた成長が，地方企業家の手によって可能となりつつあっても，結果的には設立から短期間のうちに中央資本へとのみこまれていくことになった。こうした要因としては，地方企業における「企業経営」の側面に主たる要因があ

ったのではなく，むしろその「資本構成」において主たる要因があったのではないかと考えられる。

なお，群馬電力時代にはその経営を主導し，東京電力においても社長の座についていた田島達策は，この合併による東京電灯における重役入りを果たすことはできなかったものの，群馬水電の社長として，経営にあたることとなった。そして，群馬水電の1930年代における経営状況としては，極めて高い利益率を維持し，当時の経済雑誌においても「我が電気事業界に於ける最高水準」にあると評価されたという[69]。

このように，電力事業における再編が行われ，地方よりも中央の力のほうが圧倒的に大きくなってきた時期においても，地方企業家の企業経営に果たす役割が大きかったという事例も確かに存在していたということは，注目に値するということができるのである[70]。

注
1) 大同電力は，1921年2月に大阪送電，木曽電気興業，日本水力の3社が合併して成立した電気事業者である（詳しくは，東京電力株式会社編『関東の電気事業と東京電力』東京電力株式会社，2002年，331〜335頁等参照のこと）。
2) 『電華』とは，大同電力と東邦電力（当初は関西電力）が，互いに関連会社としてともに電華会に加入し，事実上共通の社内報として刊行されたものである。1921年10月に刊行され，1933年9月まで143号刊行された（橘川武郎「東邦電力・大同電力と社内報の『電華』」『青山経営論集』第27巻第2号，1992年，254頁）。
3) 湯口昌『城山翁喜寿の賀』三鱗商道団，1934年，137頁。
4) 同上。
5) 同上，138頁。
6) 群馬電力『第8回報告書』5〜6頁。
7) 同上，6頁。
8) 前掲湯口『城山翁喜寿の賀』138頁。
9) 同上，139頁。
10) 『高津仲次郎日記』1923年6月9日の記述には，「上京，群馬電力重役会ニ臨ム，渋川発電所建設工事実施ノ件，工事請負人指名，火力発電所建設費借入ノ件等ヲ協議ス」とある（丑木幸男編『高津仲次郎日記』第3巻，群馬県文化事業振興会，

11) 前掲湯口『城山翁喜寿の賀』139頁。
12) 同上，136頁。
13) 同上。
14) 駒村雄三『電力界の功罪史』交通経済社，1934年，169頁。
15) 東邦電力史編纂委員会編『東邦電力史』東邦電力史刊行会，1962年，193頁。
16) 前掲駒村『電力界の功罪史』236頁。
17) 同上，236〜239頁。
18) 群馬電力『第10回報告書』2頁。
19) 合併に際しては，田島・小倉・高津が主導となっていたと考えられる。『高津仲次郎日記』1923年2月17日の記述（前掲丑木編『高津仲次郎日記』第3巻，143頁）には，このような推測を裏付ける，次のような記載がある。
　　夜，群馬電力会社田島，小倉及余ノ三名主人トナリ，吾妻郡中ノ条桑原竹次郎，田島喜八，蟻川ノ三名ヲ新橋花月楼ニ招ク，吾妻軌道会社経営ノ件ニ付協議ス
20) なお，日英水力電気の事業権が正式に早川電力に譲渡されたのは，1921年7月のことである（前掲東邦電力史編纂委員会編『東邦電力史』188頁）。
21) 箱根における箱根土地会社によるコンクリートポール建設への妨害や，川崎変電所付近での高木正年らによる建設妨害があったという（同上，189頁，前掲駒村『電力界の功罪史』158頁，159頁）。
22) 前掲駒村『電力界の功罪史』163〜164頁，166頁。
23) 「東邦電と早川電力の合併契約」『電華』第30号，1924年4月28日，42頁。
24) 「早川興業の設立と合併」『電華』第30号，1924年4月28日，47頁。
25) 同上，49頁。
26) 「東邦電と早川電力の合併契約」『電華』第30号，1924年4月28日，42頁。
27) 「「東邦電力」の上期業態」『電華』第32号，1924年6月30日，3頁。
28) 「早川群馬合併事由」『電華』第39号，1925年1月28日，7〜9頁。
29) 同上，9頁。
30) 前掲東邦電力史編纂委員会編『東邦電力史』196頁。
31) 「東力と上毛電力との提携」『電華』第50号，1925年12月28日，65〜66頁。
32) 東京電力『第4回報告書』7頁。
33) 前掲東邦電力史編纂委員会編『東邦電力史』198頁，199頁。
34) 「東力東京施設概要」『電華』第64号，1927年2月28日，1頁。
35) 「東京電力の事業大要」『電華』第64号，1927年2月28日，72頁。
36) 「早川群馬両社の合併と其前途」『ダイヤモンド』1924年12月21日，37頁。

37) 同上。
38) 「京浜に備ふる電力戦線の陣容（4）東邦の前衛東邦電力」『大阪朝日新聞』1926年4月9日。
39) 前掲駒村『電力界の功罪史』171頁。
40) 『高津仲次郎日記』の記述（前掲丑木編『高津仲次郎日記』第3巻）から判断すると、重役会は月に1回、大体12～16日という、月の中旬に行われていたようである。高津は月に1度必ず、東京で行われた重役会に参加していたことが日記から確認できる。なお、高津の日記は1926年12月の記述を以って終了しているが（高津は1928年12月に死去する）、同月11日まで、東京で行われた重役会に参加していたことが確認できる（同左、244頁）。松永ら東邦系の主導に代わりつつも、なお高津らの経営への関心は高かったことのひとつの現れであるといえよう。
41) 同時に、臨時送電課、臨時配給部も新設された（「東力臨時送電課新設」「東力臨時配給部設置」『電華』第55号、1926年5月28日、91頁）。
42) 河野幸之助『宮川竹馬』日本時事出版局、1959年、309頁。
43) 宇佐美省吾『松永安左エ門伝』東洋書館、1954年、140頁。
44) 前掲河野『宮川竹馬』265頁。
45) 「三君の帰朝を迎へて」『電華』第59号、1926年9月28日、2～3頁。
46) 前掲河野『宮川竹馬』265頁。
47) 「東力東京施設概要」『電華』第64号、1927年2月28日、2頁。
48) 例えば、1926年12月30日付で、取締役副社長・松永安左エ門の名において、東京方面の建設工事の請負者中功績の顕著であった清水組・間組・近藤土木に対して、感状および金一封が贈られている（「東力より請負人へ感状と金壱封」『電華』第63号、1927年6月30日、77～78頁）。
49) 「東力浜松営業所へ感状」『電華』第61号、1926年11月28日、41頁。
50) 「東力の営業成績」『電華』第69号、1927年7月28日、6頁。
51) 「東力東京郊外供給許可」『電華』第56号、1926年6月28日、80頁。
52) 「東京電力株式会社の実態」『電華』第66号、1927年4月28日、10～11頁。
53) 例えば、「東京電灯東京電力の競争と実績」『エコノミスト』1927年2月15日、52～55頁。
54) 「東京電力株式会社の実態」『電華』第66号、1927年4月28日、12頁。
55) 例えば、「京浜に備ふる電力戦線の陣容（四）東邦の前衛東京電力」『中外商業新報』1926年4月9日、「東西の電力争ひ妥協機運に向ふ　東電東邦両社の……資本的関係接近す」『大阪朝日新聞』1926年12月21日など。
56) 「東力の営業成績」『電華』第69号、1927年7月28日、7頁。

57) 同上、5～6頁。
58) 前掲駒村『電力界の功罪史』280頁。
59) 「結城氏から郷男に東力合併を持込む　第一条件が松永氏の東電入社」『中外商業新報』1927年6月29日。
60) 「東電東力の合併談進む　松永氏も軟化」『大阪朝日新聞』1927年8月6日。
61) 「危ぶまれる両電合併　双方の主張に懸隔があり　無理な合併は欲しない」『大阪朝日新聞』1927年8月12日、「東電側の合併案　東力の意向と甚だ遠い」『大阪朝日新聞』1927年9月17日。
62) 「電力界に大波紋を投げた　東電東力の合併　十五日仮調印」『大阪朝日新聞』1927年12月15日。
63) 前掲湯口『城山翁喜寿の賀』145～146頁。
64) 東京電力側は、当初松永、宮口、進藤の重役入りを希望していた。結局のところ、松永以外に、進藤ではなく宮口が選ばれた点については、安田側に意向が反映された結果であると思われる。
65) 1926年12月に設立された須川電力は、1928年12月に群馬水電へと改称した(前掲東京電力株式会社編『関東の電気事業と東京電力』341頁)。
66) 「東京電力東京電灯合併総会」『電華』第76号、1928年2月29日、1～2頁。
67) 例えば、1921年3月においては、九州電灯鉄道(東邦電力の前身)の営業課長であった(前掲河野『宮川竹馬』250頁)。
68) 宮川竹馬は、同じく1921年3月において、技術課長であった(同上、249頁)。
69) 前掲東京電力株式会社編『関東の電気事業と東京電力』485頁。
70) なお、このような事例に関する検討については、著者の今後の課題として残されている。

終章　結　論

　本書では，両毛鉄道，利根発電，群馬電力を事例として，その設立過程から企業としての成長，そして中央大企業への合併の過程についての分析を行った。そして，19世紀末から20世紀初めの時期における地方での企業経営について，起業・経営・資金調達・企業統治といった経営の諸側面に関して，地域の産業化に関連づけながら検討を行った。本書を終えるにあたり，本章では前章までに明らかにした事実について要約したうえで序章において提示した課題と分析視角に即して整理・再検討を行い，全体の総括を行うことにしたい。

　まず，第1章では両毛鉄道設立過程について，その担い手である企業家や株主のつながりに焦点をあて，分析を行った。その結果，中央と地方との協力関係，さらには企業家間の多面的な協力関係の存在について明らかにし，それこそが失敗する事例の多かった第一次企業勃興期の地方における企業設立の場面において，両毛鉄道が成功した要因であったということを明らかにした。

　そして，このような中央および地方の協力関係の背景には，中央財界における役員兼任関係をも含めた中央・地方双方における人的ネットワークの存在があり，さらにはそれらを結びつける人脈の存在があった。もともとは機業関係者を中心に産業輸送を目的として設立が企図されたのであるが，効果的に人的ネットワークを利用し得たのは，地方企業家である木村半兵衛らが，中央企業家に積極的にリンクしていったことに加え，両毛地方における鉄道建設に関心を持ち，かつ地方の産業育成に積極的であった田口卯吉，安田善次郎，浅野総一郎，渋沢栄一ら中央企業家が，自身の関連する人的ネットワークを利用しつつ，積極的に同鉄道の設立過程および資金調達に参加したためであった。

　このような，中央と地方の協力に拠る地方企業の設立のあり方については，

地方が積極的に中央にリンクしたという側面からみるならば，なるほど地方の主導性を見出せるのかもしれない。しかし，地方名望家や地方官といった，「地方」が主導したとされる谷本雅之や中村尚史による研究成果とは異なり，両毛鉄道の事例では，むしろ設立過程や資金調達において，中央企業家や日本鉄道といった「中央」がその主導権を握っていた。そして，地方における独自の経済圏・人脈を基盤とする人的ネットワークの形成は，中央に比して未熟な段階にあり，主として中央において形成されていたネットワークの効果的な利用にとどまっていたのであった。

このような検討結果によると，先行研究において強調されている地方の主導性は，第一次企業勃興期においてはまだその萌芽の段階にあったという可能性を示している。そして，むしろこの時期以降の地域社会において活発化したのではないかという可能性をも示唆しているのである。

第2章では，第1章に引き続き両毛鉄道を分析対象とし，同社設立後の企業経営について概観しつつ，株主の行動について重点的に検討を行った。その結果，両毛鉄道においては大株主主導の経営が行われ，株主総会が効果的に機能し，株主間の激しい攻防の中で役員交代や経営の重要事項についての取り決めが行われていたということが分かった。このことは，両毛鉄道においては古典的な株主主権に近い性格の企業システムが作用していたことを表しているといえる。

さらに，両毛鉄道では新潟の西脇家のような地元以外の地域の地方資産家が，大株主として多数株式を引受け，経営を主導した。このように，両毛鉄道の経営においては地元である両毛地方の資産家・企業家の関与の度合いは相対的に低く，他地域における地方資産家が積極的に経営に関与した。この事実は一面において，地方企業における地方の主導性が相対的に低位にあったこと─未だ萌芽の段階にあったこと─を指し示すとともに，他面において，富の蓄積の進んだ一部の地方資産家が，新たなビジネス・チャンスを求めて，盛んに他地域に進出していたことを表している。さらに，このようないわば「地方資産家の活力」ともいえよう地方資産家の，積極的な他地域での経営への進出も地方に

おける企業勃興を下支えする重要な柱石の一つであったということを，ここで強調しておきたい。

第3章では，利根発電を事例として日露戦後における地方企業の設立過程について明らかにした。

ここで明らかになった点は，在京の事業家のみでは実現し得なかった利根発電の設立計画が，高津仲次郎，葉住利蔵といった地方企業家や，大澤惣蔵のように発電事業にビジネス・チャンスを見出して県庁職員から転じた地方企業家の参加によって具体化し，地方議会や地域社会の協力も得て，実現したという点である。すなわち，利根発電設立のケースにおいては，「中央」が「地方」に協力を求め，地方の参加と設立過程における主導性により，企業設立が実現したのである。人的ネットワークの側面からも併せ考えるならば，利根発電設立過程においては，もともと利根川水系において発電事業を志していた在京の大岡育造が，政界（政友会）における人脈を利用して，地方企業家である高津仲次郎と結びついたことが実現への大きな一歩となった。そして，中央のみならず地方を基盤とする人的ネットワークを利用して，開業準備および資金調達が行われたのであった。

こうした検討結果と本書第1章における分析結果を併せて考えると，同じ関東地方において，企業勃興期に設立された両毛鉄道のケースと比較すると，明らかに日露戦後期の時期における地方の主導性は高かった。すなわち，研究史において1880年代から1890年代において最も盛んであったとされている「地方の時代」の活力は，むしろ1900年代以降の時期において活発化していた可能性が示されるのである。もちろん，本書の事例は1つのケース・スタディに過ぎず，さらなる事例検証の余地を残している。とはいえ，このような検討結果の提示により，こうした論点について今後の議論および実証の積み重ねの必要性があることを改めて確認することができたといえよう。

第4章では，第3章に引き続き，利根発電を事例として，設立後の同社の企業経営の動向について，企業統治のあり方に焦点をあてながら明らかにした。利根発電においては，本社を東京から地方（前橋市）に移し，県庁職員出身の

企業家・大澤惣蔵が経営の実権を握り,「利根式経営法」と称される,積極的かつ合理的な経営が展開され,短期間の内に大きな企業成長を遂げた。一方で,企業成長を資金的に支えたのは,主として株式による資金調達であり,利根発電においては度重なる増資が行われた。そして,1911年の倍額増資の際に多数株式を引受け,筆頭株主となったのが,東武鉄道の経営で高名な企業家・根津嘉一郎であり,それ以降,東京電灯への合併に至るまで,多数株式を引受け続けた。また根津は,経営に積極的に介入し,地元役員を中心とする経営陣との間に,企業統治を巡って様々な紛争が生じた。このような問題に際し,経営陣は粘り強く対応し,根津との妥協点を見出した。また,地元株主も地元利益の観点から団結して発言し,行動した。一方で根津も,自身の関連するネットワークを利用し,同族関係者を株主として動員し,株式による支配権の維持に努めた。

　このような利根発電における企業統治のあり方については,株主の発言権が大きく,経営者も支配権行使の前提として一定の株式所有を行っていたという側面から見れば確かに古典的な株主主権に近い性格が維持されていたといい得る。しかし,株主の利害は一枚岩ではなく,それぞれに異なる立場・利益から発言し,行動した。この点,本書第2章において検討した両毛鉄道の事例と比較すると,明らかにその内容において変容していた。つまり,戦前期における経営システムのあり方は,1910年代の利根発電においては,その基本的性格は維持しながらも,変容,移行の過程にあったのである。また,人的ネットワークの側面についてみるならば,設立後,とりわけ増資後の同社においては,地方を基盤とするネットワークの他に,根津を中心とするネットワークもみられた。

　第5章では,利根発電主要株主の株式所有構造について,『全国株主要覧』(1917年度版・1920年度版)との照合作業によって分析を行った。そしてそれをつうじて,第一次世界大戦ブーム期において地方企業へと出資した投資家の,投資行動の一端を明らかにすることを試みた。

　まず,地方企業である利根発電の主要株主を大別すると,会社関係者,地元

株主(地方資産家),一般投資家の3つの分類にわけることが出来た。そして,会社関係者についていうと,彼らは大戦ブーム期においても分散投資を進めるのではなく,あくまで自己の関連する企業へと投資を集中させていた。また,一般投資家は,大戦ブームから戦後ブームへの移行および資本市場の拡大の中で,投資先を分散させる者が多かった。これについては,研究史上指摘されている,大戦ブームから戦後ブームにかけての株式市場の急拡大の様相を示しているものといえる。

一方,地方資産家の中には,大戦ブームから戦後ブームへの移行のなかで,投資先を分散せずに,むしろ地方株投資へと集中させて,追加投資を行うものが多く見られた。経営陣や根津関係者といった会社関係者が,会社支配との関連から投資先を集中させていた以外に,地方投資家の間にこのような投資行動が見られた点は,注目に値する。なぜならば,地方企業の発展を地元株主が資本的に支えるという地方主導型の投資行動が,地方資産家の間に多く観察されたからである。

第6章では,群馬電力を事例として,その設立過程および経営のあり方について,企業家の動きにも注目しながら明らかにした。同社の設立過程においては,安田財閥からの資本援助を得ながらも,地方企業家である高津仲次郎や地元出身の企業家である田島達策といった人物が主導した。すなわち,地方による主導性と,中央と地方との間の協力関係が見られたのである。

しかし,設立当初から中央進出を企図し,かつ財閥系の資金援助を得ていたという事情も関連して,会社成立後の早い段階において五大電力企業の一つである東邦電力の傘下に入ることとなった。こうした点に関しては,両毛鉄道や利根発電といったそれまでの時期と比較して,地方の主導性が後退していたということを示しているといえるのである。

第7章では,東京電力の企業経営のあり方や東京電灯とのあいだの「電力戦」の様相,および東京電灯との合併への経緯について明らかにした。前章において検討をおこなった群馬電力は,早川電力と合併を行い,東京電力として新たに東京進出を目指すことになった。群馬電力で経営を主導していた田島達策が

社長の座に就いたものの，実際は松永安左エ門，進藤甲兵といった東邦電力系の役員が経営の実権を握った。東京電力時代になると，このように中央企業としての色彩が強まることとなり，地方の力のさらなる後退が見られるようになった。また，企業統治の観点からみると，法人株主のようなサイレント・オーナーの増加を背景としてか，株主総会における紛糾もほとんど見られず，専門経営者に経営の実権が委ねられていた。

　また，東京進出を果たし東京電灯との激しい「電力戦」を経験した東京電力は，収入の増加を見たものの，負債も大幅に増加した。そのため，金融機関主導により「電力戦」の調停，すなわち東京電力と東京電灯との合併が成立することになった。その結果，東京電力は東京電灯に吸収合併されて消滅することになった。このように，企業合併という経営の重大な局面の決定には，資金的影響力を最も強く有するものの意見が強く反映されたのである。とはいえ，このような経営の局面においても，創業から深く関わっていた田島達策は同社の経営に強い意欲を示しており，実際にその後群馬水電において，経営手腕を発揮したという。

　以上が各章の検討結果についての要約である。この結果に関して，序章で示した分析視角にそって改めて総括・検討を行うと，次のようになる。

　まず，第一の視角，すなわち地方における企業経営の担い手に注目することにしたい。本書第1・第2章において分析を行った両毛鉄道においては，もともとは木村半兵衛ら両毛機業関係者を中心に設立の計画が行われたのであり，その意味では沿線地域・地域産業の関わりは大きかったといえる。

　しかしながら，同鉄道の実際の企業設立・資金調達についてみると，中央企業家や中央株主の果たした役割が大きかった。こうした要因としては，企業勃興期においては，地方における企業経営の経験や，株式投資の経験が未だ少なかったという要因が考えられよう。このような地方の後進性を補うためには中央資本・企業家の参入が不可欠であり，こうした参入を可能にしたのが，地方企業家と中央企業家とをつなぐ人脈の利用であった。そして，こうした人脈をたどり，中央において構築されていた人的ネットワークをも取り込むかたちで，

順調な開業準備・資金調達を行うことができたのであった。すなわち，限定的な人脈の利用にとどまらず，広く人的ネットワークの活用が行われたことが，成功の大きな要因の一つであったといえる。

これに対し，本書第3・第4章で分析を行った利根発電においては，その設立から企業経営にいたるまで，地方企業家・地域といった「地方」の果した役割は大きなものであった。また，両毛鉄道の時期に比した特徴としては，地域における経済圏に基盤をもつ人的ネットワークが構築されており，この活用がみられた。

たとえば，地方企業家である大澤惣蔵が資金調達や役員就任の要請のために参加を依頼した葉住利蔵は，地元群馬県におけるさまざまな要職を歴任する人物であり，かれをとりまく地方企業家・資産家のネットワークも広かった。こうした地元に基盤を有する人的ネットワークを利用することで，地方における企業設立や資金調達を容易に行うことができたのである。

しかしながら，このように「地方」の果した役割は大きかったとはいえ，さらなる企業成長を企図する場合には，地方の独力をもってしては自ずとその限界が生じることになる。利根発電においては，こうした側面は倍額増資の際に根津嘉一郎と根津をとりまくネットワークの参入というかたちで現れた。そして，こうした企業経営の担い手の新たな参入は，後述するような企業統治上の問題を生じさせることもあった。

また，地方企業家や地域社会の関わりにかんしては，本書第6章の群馬電力のケースおよび本書第7章の東京電力のケースにおいても確認することができた。確かにそれ以前の時期に比すれば，その役割が後退したという点は否めないが，高津仲次郎や田島達策といった地方企業家は，起業および出資，経営の各側面において，その力を多いに発揮していた。また，安田系の資本参入を得るために，同窓という人脈が用いられていた。そして，安田系のネットワークと結びついたことが，結果として東邦電力系のネットワークの参入を招くこととなり，その結果，東京電力としての早期の再出発を促進することになった。

このように，本書における分析をつうじ，複数の人的ネットワークが結びつ

き，資金調達や経営における中央と地方の協力関係がもたらされることにより，地方における企業設立や企業経営の過程が容易になることがわかった。すなわち，地方という限定的な空間のなかで効果的な経営が行われるためには，中央・地方双方において築かれたネットワークが結びつき，限定された範囲を越えて機能することが必要であった。そして，こうしたネットワークに辿りつくためには，地縁・血縁・同窓といった非匿名性を前提とした人脈の利用が行われることが多かった。ただし，資本市場の発展にともない，株式市場という匿名的な要因も加わったという点は，注目に値する事実であろう。

次に，第二の視角である，企業金融に関する検討に移ろう。地方企業の設立と成長を支えた資金調達についていうと，担い手に関しての場合と同様に，地方と中央との間の協力関係がみられ，なおかつ地方の果たした役割は，1920年代に至るまでの長期にわたって持続していた。そして，本書における分析からは，産業化に対して地方が主導的な役割を担った時期は，先行研究の多くが想定してきたような1880年代から1890年代に限定されるものではなく，少なくとも本書が対象とした1920年代までは，地方資本市場に企業発展を支えるダイナミズムが持続していたことがわかった。それどころか，本書における分析によるならば，地方の主導性は，1880年代から1890年代にかけてよりもむしろ，1900年代から1910年代にかけての時期のほうが大きく，その後1920年代に徐々に縮小していった。

このような企業金融をめぐる動きは，日本における資本市場の発展の仕方に対応していたということができる。すなわち，第1章・第2章において検討したように，企業勃興期において，中央の資本市場はすでに発展の段階にあったが，その地方への波及にはタイム・ラグを伴っていた。そのため，企業勃興期においては，資本市場との密接な結びつきを有していた鉄道企業においては，中央の資産家ないしは中央の資本市場との接点を持つ限られた地方資産家が企業金融の担い手としての役割を果し，かつ経営の主導権を握った。

そして，第3章・第4章において検討した日露戦後の時期においては，地方の果たす役割はさらに大きくなった。利根発電設立過程においては，中央と地

方との協力関係において,とりわけ地方における資金調達の重要性は増していた。

その後,第5章において検討したように,第一次世界大戦ブームによる全国的な資本市場の拡大により,地方での資本市場の更なる拡大がみられた。そこでは地方から地方へという資金の流れにも大きく支えられて,地方における企業発展がみられた。

そしてその後,第6章・第7章において検討したように,1920年代における企業合同の動きの中で,いったん発展した地方資本市場は,中央へと吸収されていったのである。株主構成において,中央株主や法人株主の割合が極めて高くなっていたということは,こうした結果を指し示すものであるといえよう。

このように,企業金融における地方の役割は長期にわたって持続していたといえるが,地方企業の設立・成長はそれだけによって支えられたわけではなかった。くりかえしになるが,本書において分析対象とした3社は,いずれも地方だけでなく,中央からも資金供給を受けていた。すなわち,これら地方企業の基盤は地方で完結するものではなく,それらは中央と地方の協力関係のうえに設立され,成長したのである。この点について本書は,地方企業をもっぱら地方に視野を限定して捉えてきたこれまでの研究に対して,新しい見解を提起するものであるといえよう。

次に,第三の視角である企業統治に関する議論に移ろう。上記のような地域外株主をも多く取り込む企業金融の特徴は,企業統治にも影響を与えた。すなわち,地域外の投資家が株主として地方企業に参加したことにより,その企業統治に新しい要素が導入されたのである。地方経営者―地方株主による,地方利害にそった企業経営は,それ以外の株主の視点から見ればその利益を脅かすものであり,両者の間には緊張関係が生じることになる。このように,中央―地方の間には,単に協力関係だけでなく緊張関係も存在し,こうした利害対立・緊張関係は,企業統治上の諸問題を生じさせることになった。

例えば,両毛鉄道の事例においては,こうした対立は,はじめに田口卯吉社長解任の動きとして現実化した。さらに,日本鉄道への合併を巡る買収派・非

買収派の対立は，こうした利害対立・緊張関係について端的に示す内容であった。

また，利根発電の経営を巡る諸問題も，このような事態について端的に示している。なお，これらの諸問題は，中央株主の介入・牽制によって地方経営者─地方株主の利害が抑制されることで解決された。この点は，中央の資本市場から資金を調達したことによって，地方企業の性格が変化し，地方の利害のみに基づいて経営を行うことが困難になったことを明らかにしているといえるが，その反面，このような中央からの介入・牽制ゆえに，効果的な企業経営が見られるようになったということをも表しているのである。

一方で，群馬電力・東京電力の事例においては，企業統治におけるこうした諸問題はほとんどみられず，設立当初は地元出身の企業家が経営の主導性を持っていたものの，次第に東邦電力系の専門経営者が経営のイニシアティブを持つようになった。そして，このような企業統治をめぐる変化・変容の過程は，戦前期の地方における産業化と企業成長のあり方に関する重要な一面を示すものであるが，それだけでなく，地方企業という枠を越えた，戦前期日本における企業経営・企業発展についての変化・変容のあり方についても指し示しているということができるのである。

くりかえしになるが，本書において明らかにした事例は限定的なものである。しかしながら，当該期の地方においては，地域の近代化・産業化を希求し，近代産業の導入を積極的に行おうとする企業家が存在し，中央をも取り込みながら企業設立・経営を行っていた。また，リスクを冒しつつもそこに出資する投資家・資産家が存在した。結果的には中央大企業に合併されるという道をたどったものの，このような担い手による諸活動は，近代日本における地域の産業化を推進する大きな力となっていたのである。そして，こうした地方における産業化の波は，中央における近代化・産業化を下支え，その後の日本における企業発展をも強く推進する力となったのである。

あとがき

　本書は，2009年3月に東京大学大学院経済学研究科から博士(経済学)の学位を授与された博士学位論文『戦前日本の地方企業と資本市場——明治・大正期の関東地方——』に基づき，その後の研究によって新たに明らかになった点について加筆修正を施し，再構成したものである。
　本書の基礎となった既発表論文について記すと，次のとおりである。

序　章　　書き下ろし
第1章　　「企業勃興期における地方企業の設立と人的ネットワーク——両毛鉄道会社を事例として——『渋沢研究』渋沢史料館，第20号，2008年1月
第2章　　「企業勃興期における地方鉄道会社の経営と株主——両毛鉄道会社を事例として——」『鉄道史学』鉄道史学会，第25号，2008年3月
第3章　　「近代企業の設立と地域社会——利根発電株式会社の設立過程を中心として——」『東京大学経済学研究』東京大学経済学研究会，第50号，2008年3月
第4章　　「戦前日本における地方企業の経営と企業統治——利根発電を事例として——」『経営史学』経営史学会，第44巻第2号，2009年9月
第5章　　「第一次世界大戦期における資産家の株式所有——「大戦ブーム」と投資行動——」『経営総合科学』愛知大学経営総合科学研究所，第96号，2011年9月
第6章　　「戦前日本における地方企業の設立と展開——群馬電力を事例として——」『愛知経営論集』愛知大学経営学会，第165号，2012年2

| 月
第7章　書き下ろし
終　章　書き下ろし

そのほかに，第1章・第2章に関連する論考として次のようなものもある。
"Corporate Finance and Corporate Governance in Regional Railroad Company during Early Industrialization: The Case of Ryomo Railway Company in Late Nineteenth Century Japan" Japanese Research in Business History, vol. 27, Sep. 2011.

　本書は，ささやかな小書ではあるものの，筆者が書き上げたはじめての専門書であり，現在に至るまでの研究のなかで，とくに大学院時代に取り組んだ研究を中心としてまとめたものである。ここまでに至る道程は，決して平坦なものではなかったが，こうして単著の出版に辿り着くことができたのは，多くの方々からの学恩を受けることができたからであった。

　筆者がはじめて学問的に影響を受けたのは，奥野（藤原）正寛先生であった。そして，経済学部経済学科在籍時には，奥野（藤原）正寛ゼミナールに所属させていただいた。今でこそ歴史的な研究を専門にしているが，学部学生の頃はどちらかというと現代的な分野に対する関心が高かった。また，2年次に駒場キャンパスで受講した経済の専門科目のなかで，奥野先生の講義が一番分かりやすく，楽しく感じたことも，このゼミを選んだ理由であった。
　ゼミで輪読した専門書は，当時の私にはとても難しい内容であったが，奥野先生による解説はここでも非常に分かりやすく，独力ではなかなか理解し難い内容も，すらすらと頭に入っていくように感じられた。また，奥野ゼミのなかには大学院進学を志す者も少なくなく，ゼミ内はアカデミックな雰囲気に包まれていた。当時はまだ研究者になりたいという明確な目標はなかったが，分かりやすい授業と知性・優しさを兼ね備えた奥野先生の人柄にふれ，またゼミ内

の雰囲気にも触発され，全く雲の上の存在であった大学教員，そして研究者というものに対する関心を少しずつ抱くようになった。奥野先生のご専攻とは異なる分野に進んでしまった私であるが，先生のゼミに学ぶことができたことは，自分にとってとても有益なことであった。

卒業後，経済学部経営学科に学士入学をした私は，岡崎哲二ゼミナールに所属した。岡崎ゼミでの輪読の対象は，確か歴史的なものではなかったと記憶しているが，個人的に奥野先生・岡崎先生の編著である『現代日本経済システムの源流』（日本経済新聞社，1993年）を読み，歴史的な連続性のなかで経済・経営事象を読み解くということの面白さにふれた。そして，こうした歴史的な分野について専門的に究めてみたいという思いから，経済史専攻で大学院に進学することにした。なお，岡崎先生には修士・博士課程をつうじて，指導教官としてお世話になった。

修士課程在籍時においては，研究方法に迷いが生じた。せっかく大学院に進学したのに，研究者になるという目標を諦めかけもした。そのようななか，修士論文の資料収集に際して老川慶喜先生からご教示をいただく機会を得たことは，私にとって大きな転機であった。

老川先生は，まだ何の研究成果も無かった当時の私に，研究者を目指して努力してみるべきことを強く勧めてくださった。先生の研究姿勢や人柄にふれ，もう一度研究者という目標に向かって努力してみようと思うようになった。そして，資料を集め，分析し，文章をつくるという作業を繰り返し，修士論文を一生懸命に書き上げたのであった。

なお，老川先生にはこの頃から現在に至るまで，折にふれご指導，ご助言いただいている。本書の草稿についても，お忙しいなか丁寧にお読みくださり，様々なご教示をいただいた。今更ながらといった感もあるが，先生にはこの場を借りて深く感謝申し上げたい。

博士課程在籍時においては，研究意欲は増していったものの，今度はさまざまな事を同時に行わなければならず，時間配分に苦労した。特に博士論文執筆から提出，審査に至る期間は，本当に大変だった。現在も育児と仕事とを併行

して行っている。大変なこともあるが，決して頑張り過ぎることなく日々を送ることができている。周囲のサポートに拠るところも勿論大きいのであるが，何よりもこの時期を乗り切れたことがどこかで自信となっているからであろう。

なお，博士課程在籍時には，学外にも研究活動の場を積極的に拡げていった。上述の老川先生に加え，橘川武郎先生，佐々木聡先生のゼミにも参加させていただいた。また，研究会をつうじて島田昌和先生からも有益なご教示をいただいた。こうした経営史をご専門とされる先生方からのご指導により，経済史専攻の私にも経営史的な思考方法が少しずつ身についていったように思われる。ここにお名前を記して，感謝申し上げたい。

大学院修了後，最初の勤務先は財団法人（現・公益財団法人）三菱経済研究所であった。

「出産後も休まずに研究を続ける」という私の言葉を信じ，史料館史料部研究員に推薦してくださった武田晴人先生には，何と感謝申し上げてよいか分からない。このようなチャンスを与えていただかなければ，研究を継続し，教壇に立つ現在の自分の姿は無かったかもしれない。「お母さんとしても，研究者としても頑張って欲しい。」という先生のお言葉を，挫けそうになるといつも自分に言い聞かせるようにしている。なお，武田先生には財閥研究を始めるにあたって，様々なご教示をいただいた。また，本書の執筆に際しても，お忙しいなか面談の時間を設けてくださり，細かな点から全体の議論に至るまで，有益なコメントをくださった。重ねて感謝申し上げたい。

出産後，まだ本当に小さなわが子を抱えて仕事に出ることは，心身ともに大きな負担を伴うものであった。しかしながら，母親であるとともに研究者でもあるという強い自覚を持つことにより，少しずつ前に進めることができた。なお，良好な職場環境を提供してくださった，若松壽一副理事長をはじめとする研究所の皆様には，深く御礼申し上げたい。

現在の職場である愛知大学経営学部において教員生活をスタートさせた私は，経営史・日本経営史を主に担当している。ほとんどの学生にとって大学生活は

4年間だけのものであり、この4年間のなかに様々な思い出を凝縮させていくものなのであるから、教員として充実した学生生活をサポートしていきたいと考えている。院生や研究員の時とは違い、教育の合間を縫って研究を行わなければならないという制約はできたものの、その分のやりがいは増していると実感している。

　赴任1年目にはみよし市の旧名古屋校舎に通い、2年目になる本年度からは名古屋駅からも程近い、ささしまライブ24地区にたつ新名古屋校舎に通う日々を送っている。この笹島の地にはかつて、名古屋（笹島）停車場が存在し、多くの人々が行き交った。その後、貨物駅として長きにわたり物流の拠点としての役割を担った。鉄道史研究からスタートした私が、このような地において仕事を行っているということに、何ともいえない縁を感じる。

　本書の出版にあたっては、日本経済評論社の栗原哲也社長ならびに谷口京延氏には大変お世話になった。とくに、谷口氏は私がはじめて学会（例会）報告を行った、修士院生のときからの縁であり、本書の出版を勧めてくださったのも谷口氏であった。

　財閥研究が面白くなってきた2010年秋、大学院時代に書き上げた2本の論文が幸運にも学会賞として評価された。この時期の研究について何かたちを残したいと考え始めたちょうどその頃、単著の出版を勧めてくださったのであった。新たな研究テーマに着手したことを言い訳に、大学院修了後すっかり延び延びになっていた出版の計画は、こうして練られていった。

　その後職場が変わり、環境もガラリと変わったが、それをも言い訳にすることなく、こうして出版に漕ぎ着けることができたのも、谷口氏らのご尽力のお陰である。栗原社長、谷口氏をはじめとする日本経済評論社の皆様には、深く御礼申し上げたい。

　それにしても、子供の成長のスピードには目を見張るものがある。日々成長するわが子のように、とまではいかないが、一歩一歩着実に、これからも成長していきたいと思っている。

最後になるが，私の日々の生活には周囲の協力，とりわけ家族の協力が欠かせないものである。また，ここにはすべての方々のお名前を挙げきれなかったが，多くの先生方，先輩方，友人たちも私を支えてくださっている。私を支え，励まし，応援してくださっているこうした方々や家族に対して，本書の出版によって少しばかりでも恩に報いることができれば幸いである。

　なお，本書の出版にあたっては，2012年度愛知大学出版助成金の交付を受けたことをここに記す。

　2012年11月

石井　里枝

参考文献

(研究文献)

足立栗園『今村清之助君事歴』，1906年

石井寛治『大系日本の歴史12　開国と維新』小学館，1989年

石井寛治『日本蚕糸業史分析』東京大学出版会，1972年

石井常雄「両毛鉄道における株主とその系譜」『明治大学論叢』第41巻第9・10号，1958年

石井常雄「両毛鉄道会社の経営史的研究」『商学研究所年報』第4集，1959年

石田朗『東京の米穀取引所　戦前の理事長』東京穀物商品取引所，1992年

家仲茂『池尾芳蔵氏を語る』松室重行，1939年

伊牟田敏充『明治期株式会社分析序説』法政大学出版会，1976年

宇賀神利夫『木村半兵衛傳』新日本政治経済研究会，1974年

丑木幸男編『高津仲次郎日記』第1巻，群馬県文化事業振興会，1998年

丑木幸男編『高津仲次郎日記』第2巻，群馬県文化事業振興会，1999年

丑木幸男編『高津仲次郎日記』第3巻，群馬県文化事業振興会，2000年

丑木幸男『評伝　高津仲次郎』群馬県文化事業振興会，2002年

丑木幸男『近代政党政治家と地域社会』臨川書店，2003年

梅本哲世『戦前日本資本主義と電力』八朔社，2000年

老川慶喜「伴直之助の「鉄道論」」『明治期鉄道史資料』月報 No. 11，日本経済評論社，1981年。

老川慶喜「両毛鉄道足利～神奈川間路線延長計画について」『明治期地方鉄道史研究――地方鉄道の展開と市場形成――』日本経済評論社，1983年

老川慶喜「両毛機業地における織物業の展開と鉄道輸送」『産業革命期の地域交通と輸送』日本経済評論社，1992年

老川慶喜「経済雑誌社の出版事業と経営」『立教経済学研究』第52巻第1号，1998年

老川慶喜「「大横浜市」の電力問題と東京電力」横浜近代史研究会横浜開港資料館編『横浜近郊の近代史――橘樹郡にみる都市化・工業化――』日本経済評論社，2002年

老川慶喜・仁木良和・渡邉恵一『日本経済史』税務経理協会，2002年

大橋昭夫『後藤象二郎と近代日本』三一書房，1993年

岡崎哲二・奥野正寛編『現代日本経済システムの源流』日本経済新聞社，1993年

岡崎哲二「日本におけるコーポレート・ガバナンスの発展－歴史的パースペクティブ」青木昌彦／ロナルド・ドーア編『国際・学際研究　システムとしての日本企業』NTT出版，1995年

岡崎哲二「経営者，社外取締役と大株主は本当は何をしていたか？――東京海上の企業統治と三菱・三井――」『三菱史料館論集』第13号，2012年

小川功「東武グループの系譜――「根津財閥」の私鉄を中心に――」『鉄道ピクトリアル』第47巻第12号，1997年

荻野万太郎『適斎回顧録』荻野万太郎，1936年

鶴城塩島仁吉編『鼎軒田口先生傳』経済雑誌社，1912年

勝田貞次『大倉・根津コンツェルン読本』春秋社，1938年

加藤健太「東京電灯の企業合併と広域電気供給網の形成」『経営史学』第41巻第1号，2006年

橘川武郎「東邦電力・大同電力と社内報の『電華』」『青山経営論集』第27巻第2号，1992年

橘川武郎『日本電力業の発展と松永安左ヱ門』名古屋大学出版会，1995年。

橘川武郎『日本電力業発展のダイナミズム』名古屋大学出版会，2004年，

小池重喜「第一次大戦前後の群馬県電力産業」『高崎経済大学附属産業研究所紀要』第21巻第1号，1985年。

駒村雄三『電力界の功罪史』交通経済社，1934年

鈴木恒夫・小早川洋一・和田一夫『企業家ネットワークの形成と展開』名古屋大学出版会，2009年

島恭彦『日本資本主義と国有鉄道』日本評論社，1950年。

島田昌和『渋沢栄一の企業家活動の研究――戦前期企業システムの創出と出資者経営者の役割――』日本経済評論社，2006年

志村嘉一『日本資本市場分析』東京大学出版会，1969年

田口親『田口卯吉』吉川弘文館，2000年

武田晴人「産業化と地域の変貌」武田晴人編『地域の社会経済史――産業化と地域社会のダイナミズム――』有斐閣，2003年

武田晴人「日本帝国主義の経済構造――第一次大戦ブームと1920年恐慌の帰結――」歴史学研究会『歴史学研究』別冊特集，1979年

武田晴人「大正九年版『全国株主要覧』の第一次集計結果（1）」東京大学『経済学論集』第51巻第4号，1986年

武田晴人「大正九年版『全国株主要覧』の第一次集計結果（2）」東京大学『経済学論集』第52巻第3号，1986年

谷本雅之「日本における地域工業化と投資活動」『社会経済史学』第64巻第1号，1998年

谷本雅之・阿部武司「企業勃興と近代経営・在来経営」宮本又郎・阿部武司編『日本経営史2，経営革新と工業化』岩波書店，1995年

谷本雅之「関口八兵衛・直太郎――醤油醸造と地方企業家・名望家――」竹内常善・阿部武司・沢井実編『近代日本における企業家の諸系譜』大阪大学出版会，2000年
田村民男『群馬の水力発電史』七月堂，1979年
坪谷善四郎『実業家百傑傳』第三編，東京堂書房，1892年
寺西重郎『日本の経済システム』岩波書店，2003年
中西健一『日本私有鉄道史研究――都市交通の発展とその構造――』増補版，ミネルヴァ書房，1979年
中村尚史「後発国工業化と中央・地方」東京大学社会科学研究所編『20世紀システム4 開発主義』東京大学出版会，1998年
中村尚史『地方からの産業革命』名古屋大学出版会，2010年
永塚利一『新井章治の生涯』電気情報社，1962年
野田正穂『日本証券市場成立史』有斐閣，1980年
野田正穂・原田勝正・青木栄一・老川慶喜編『日本の鉄道』日本経済評論社，1986年
橋本寿朗『戦間期の産業発展と産業組織Ⅱ――重化学工業化と独占――』東京大学出版会，2004年
花井俊介「大正・昭和戦前期の有価証券投資」石井寛治・中西聡編『産業化と商家経営』名古屋大学出版会，2006年
古厩忠夫『裏日本』岩波新書，1997年
廣井重次編『山口権三郎翁伝記』北越新報社，1934年
宮本又郎・阿部武司「工業化初期における日本企業のコーポレート・ガヴァナンス」『大阪大学経済学』第48巻第3・4号，1999年
由井常彦『安田財閥』日本経済新聞社，1986年
由井常彦「概説　1915年-37年」由井常彦・大東英祐編『日本経営史3　大企業時代の到来』岩波書店，1995年
湯口昌『城山翁喜寿の賀』三鱗商道団，1934年
J. ヒルシュマイヤー・由井常彦『日本の経営発展：近代化と企業経営』東洋経済，1977年
渡邉恵一「産業化と地方企業　青梅鉄道の事例」武田晴人編『地域の社会経済史――産業化と地域社会のダイナミズム――』有斐閣，2003年
和田一夫・小早川洋一・塩見治人「明治40年時点の中京財界における重役兼任」『南山経営研究』第6巻第3号，1992年
和田一夫・小早川洋一・塩見治人「明治31年時点の中京財界における重役兼任」『南山経営研究』第7巻第2号，1992年
和田一夫・小早川洋一・塩見治人「大正7年時点の中京財界における重役兼任」『南山経営研究』第8巻第1号，1993年

(地方史誌・団体刊行物・統計書等)

足利市史編さん委員会編『近代足利市史』第 1 巻，1977年
足利市史編さん委員会編『近代足利市史』第 5 巻，1979年
新井章治伝刊行会編『新井章治』新井章治伝刊行会，1957年
五十嵐栄吉編『大正人名辞典』第四版，東洋新報社，1918年
小千谷市史編集委員会編『小千谷市史』下巻，1967年
群馬県『群馬県百年史』上巻，1971年
群馬縣議会事務局編『群馬縣議会史』第 2 巻，1953年
群馬県史編さん委員会編『群馬県史』通史編 8，近代現代 2，1989年
交詢社『日本紳士録』第15版，1909年
渋沢青淵記念財団竜門社編『渋沢栄一伝記資料　第八巻』渋沢栄一伝記資料刊行会，1956年
ダイヤモンド社『全国株主要覧』1917年度版，1920年度版
鉄道省編『日本鉄道史』上篇，1921年
東京興信所編『銀行会社要録』第二十四版，1920年
東京電力株式会社編『関東の電気事業と東京電力』東京電力株式会社，2002年
東武鉄道年史編纂事務局編『東武鉄道六十五年史』東武鉄道，1964年
東邦電力史編纂委員会編『東邦電力史』東邦電力史刊行会，1962年
東洋経済新報社編『明治大正国勢総覧』東洋経済新報社，1927年
栃木県史編纂委員会編『栃木県史』通史編 7・近現代 2，1982年
栃木県歴史人物事典編纂委員会編『栃木県歴史人物事典』下野新聞社，1995年
新潟日報事業社編『新潟県大百科事典』新潟日報事業社，1977年
日本国有鉄道編『日本国有鉄道百年史』第 1 巻，1969年
日本国有鉄道編『日本国有鉄道百年史』第 2 巻，1970年
日本国有鉄道編『日本国有鉄道百年史』第 4 巻，1972年
日本国有鉄道編『工部省記録』鉄道之部第 8 冊（巻33（甲）），1978年
日本国有鉄道編『工部省記録』鉄道之部，第 8 冊（巻33（乙）），1978年
根津翁伝記編纂会編『根津翁伝』根津翁伝記編纂会，1961年
野田正穂ほか編『明治期鉄道史資料』第 2 集第 6 巻，日本経済評論社，1980年
葉住松堂顕彰会編『葉住松堂翁』葉住松堂顕彰会，1962年
竜門社編『渋沢栄一伝記資料』第 8 巻，1956年
「安田保善社とその関係事業史」編修委員会編『安田保善社とその関係事業史』「安田保善社とその関係事業史」編修委員会，1974年

（新聞雑誌等）
『群馬新聞』
『下野新聞』
『上毛新聞』
『政論』
『東京経済雑誌』
『栃木新聞』
『朝野新聞』
『電華』
『電気之友』
『毎日新聞』
『都新聞』
『安田善次郎全傳』
『万朝報』

図表一覧

図1-1　両毛鉄道・周辺鉄道路線図　26
表1-1　両毛鉄道発起時における株主と持株数　42
図2-1　両毛鉄道線路図　58
表2-1　両毛鉄道経営状況　60
表2-2　両毛鉄道役員一覧　64
表2-3　両毛鉄道の主要株主（上位20名）　66
表2-4　両毛鉄道における株主の地域別・規模別分布　68
表3-1　上毛水電発起人総会出席者氏名（1908年12月17日開催）　98
表3-2　発起時における株主数・株式数の分布　105
表3-3　利根発電第1期（1909年上期）における株主の地域別・規模別分布　106
図4-1　利根発電の主な供給区域（1914年上期）　116
表4-1　利根発電合併・買収企業一覧　121
図4-2　利根発電における電灯・電力収入の推移　122
表4-2　利根発電経営状況　123
表4-3　利根発電役員一覧　128
表4-4　利根発電の主要株主（上位30名）　130
表5-1　利根発電増資合併状況　159
表5-2　主要株主　160
表5-3　利根発電株主の地域別・規模別分布　164
表5-4　1919年における利根発電主要株主の株式所有構造　168
表5-5　1919年における利根発電主要株主の1916年における株式所有構造　172
表5-6　利根発電株主の地域分布と特徴　176
表5-7　八十一銀行株主の地域分布と特徴　177
表5-8　利根発電・八十一銀行双方株式保有株主　179
表5-9　株式所有の地域分布　185
表6-1　群馬電力第1期株主の地域別・規模別分布　193
表6-2　群馬電力役員一覧　198
表6-3　群馬電力第1期（1919年下期）主要株主（1,000株以上）　199
表7-1　群馬電力第10期（1924年上期）主要株主（1,000株以上）　211
表7-2　東京電力役員一覧　217

表 7 - 3　東京電力第 5 期（1927年上期）主要株主（5,000株以上）　218
表 7 - 4　東京電力経営状況　225

索　引

あ行

青木貞三　30, 36-37
吾妻電気（吾妻川水電）　190, 194, 200-201
浅野総一郎　22, 30-31, 37, 43, 47, 49, 83, 190, 235
足利鉄道　29
阿部武司　4-5, 11, 78, 148-149
新井章治　126, 139-140, 142-143
池田成彬　225-226, 228-230
石井寛治　1
石井常雄　22, 57, 58
市川安左衛門　23, 25
伊藤博文　32
犬塚勝太郎　80
井上勝　32-33
今村清之助　30, 41, 43, 49, 71-73, 83
伊牟田敏充　12
岩下善七郎　31, 40
岩田武夫　99, 120
上倉俊　191-192, 196, 200
内田眞　98-99, 104, 133
梅本哲世　187
裏日本　77
江原芳平　133, 144-146, 166
老川慶喜　2, 22, 57-58, 79-80, 187, 247
大岡育造　95-97
大阪紡績　149
大澤惣蔵　96-98, 100-101, 103-104, 118, 120-122, 124, 127, 134, 138-139, 141, 147-149, 167, 237-238
大島戸一　126, 140, 144-145, 167
岡崎哲二　10, 247
岡本善七　30, 43
沖田信亮　31, 40

荻野万太郎　128, 140
奥野（藤原）正寛　246-247
小倉鎮之助　190-191, 193, 197-201, 203
小野義真　74
小野里喜左衛門　31, 40

か行

笠井愛次郎　98-99, 101-102, 105, 127, 133
勝山善三郎　93
加藤健太　115, 117
株主主権　10, 149
上久屋発電所　124-125
神山関次　101
烏川電力　92
川上広樹　35-36
川崎八右衛門　30, 44
関西鉄道　43
関東大震災　213
機業関係者　25, 65, 70, 235, 240
企業統治　3, 6, 9, 11, 14-17, 84, 115, 118, 134, 139, 147-150, 181, 222, 235, 237-240, 243-244
企業勃興期　1, 4-5, 14, 84, 235-237, 242
菊池長四郎　30-31, 38, 41
橘川武郎　115, 117, 187, 248
木村半兵衛　22-23, 25, 28, 31, 35-37, 40, 45, 65, 73, 75, 82-83, 235
ギャランティ・トラスト社　226
九州鉄道　43
共進会　102, 104
桐生電灯　93, 104
近代産業　2-3, 230
栗原哲也　249
群馬電力　1, 7, 11, 14, 17-18, 92, 183, 187-188, 190-194, 197-203, 207-211, 216-217, 219-220, 222,

229-231, 235, 239, 241, 244
慶応義塾　63
京浜電鉄　170, 197-198, 201, 203, 208, 218
小池重喜　91, 117
小泉友次郎　25
郷誠之助　225-226
コーポレート・ガヴァナンス　149-150
五大電力　115, 228-229, 238, 239
後藤象二郎　121
小早川洋一　7-8
小林一三　225
小林庄太郎　99
小俣小学校　35
小松彰　30-32, 36-37, 41, 49
小松発電所　125

さ行

斉藤正毅　98-99, 104-105, 133
幸手電灯　123
佐羽吉右衛門　31, 40, 65, 93
塩見治一　7-8
時事新報　135-136
静岡電力　216-217
鎮目泰甫　143, 167
支線付鉄塔　119-120
品川電燈　44
渋沢栄一　22, 36-37, 41, 43, 49, 83, 235
資本市場　11, 84, 108, 158, 242-243
島恭彦　21
島田昌和　9, 248
志村嘉一　12-13, 158
下野麻紡績　38
正田章次郎　31, 40
上毛新聞　101, 120, 134
上毛水電　96-100, 103-104
人的ネットワーク　7-9, 17, 21-22, 34-36, 41, 44, 46, 48-49, 83-84, 104, 107-108, 190, 235-238, 240-241
進藤甲兵　217, 219-221, 229, 240

水利権　117, 190, 212
須川電力（群馬水電）　216, 226-227, 231, 240
鈴木恒夫　7
鈴木要三　31, 38-39, 40, 83
須田宣　129, 133, 138-140
政論　121
全国株主要覧　12-13, 17, 157, 166, 171, 176-178, 181, 238

た行

第一国立銀行　45
第三国立銀行　38
第四国立銀行　65
大戦ブーム　14, 17, 150, 157, 163, 170, 181-182, 239, 243
大同電力　207
第四十国立銀行　36, 45, 180
第四十一国立銀行　38-40, 45-47, 180
高崎水力電気　93-94, 99-101, 117, 126, 148
高津仲次郎　92, 95, 97-99, 105, 107, 188-195, 197, 199-200, 203, 211, 216, 219-220, 237, 239, 241
高津仲次郎日記　92, 94-96, 100, 102-104, 191, 194-195, 219
択善会　37
田口卯吉　22, 27-28, 30-32, 35-37, 41, 43, 47, 49, 59, 76, 82-83, 235, 243
竹内清次郎　95, 98-99, 104-105, 139, 174
武田晴人　3, 13, 158, 248
武政恭一郎　99, 126, 139-140, 167
田島火力発電所　209
田島合名会社　219
田島達策　188-193, 195-197, 199-201, 203, 209-211, 215-216, 220, 226, 229, 231, 239
田中新七　79
谷本雅之　2, 4-6, 78, 236
田村達三郎　31, 40
多屋寿平次　65, 70, 81
地域社会　2, 5, 9, 17, 91-92, 107-109, 192, 193, 236, 237, 241

索　引　261

（地域の）産業化　1-7, 108, 235, 244
地方企業家　4-5, 9, 14-15, 17-18, 82-83, 91-92, 97, 107-109, 193, 197, 219, 230-231, 237-239, 241
地方資産家　4, -5, 9, 75-76, 78, 83-84, 108, 182, 236, 239, 242
地方の時代　1-2, 6, 7, 14, 108
朝野新聞　73
堤定次郎　197, 199
帝国ホテル　80
寺西重郎　6-7, 10
電華　207, 220
電気之友　119
電力戦　187, 207, 216, 222-224, 239-240
東海銀行　38, 183, 191
東京株式取引所　27, 36-37, 41, 71, 104, 225
東京経済雑誌　27-28, 35
東京市電気局　124, 212
東京電灯　18, 91, 115, 117-118, 124-128, 140-144, 146-147, 183, 187, 208, 210, 220, 222-223, 225-231, 240
東京電力　1, 17-18, 91, 117, 183, 187, 203, 207, 209, 213, 216, 219-231, 239-241, 244
東武鉄道　80-81, 117, 134-136, 142-144, 147, 163, 238
東邦電力　198, 202-203, 207, 210-213, 216-220, 226, 230, 239, 241, 244
戸叶角蔵　31, 40
戸倉山林　139-140, 147, 174
都市の時代　2, 6
利根川水力電気　98-99, 123, 125
利根式経営法　119, 148, 238
利根発電　1, 7, 11, 13-14, 17, 85, 91-92, 94, 96, 99-103, 107-109, 115, 117, 118-120, 122-129, 133-134, 136-149, 157-159, 163, 166-167, 170-171, 176-178, 180-183, 192, 230, 235, 237-239, 241-242, 244

な行

中西健一　21
中村尚史　1, 5-6, 236
中村道太　30, 44
奈良原繁　32
新潟物産会社　65
西脇寛蔵　30, 45, 65, 73, 81
西脇国三郎　45, 65, 74, 76-77, 79, 81
西脇家　45, 63, 236
西脇済三郎　79
西脇悌次郎　61-63, 65, 77
日英水電　212
日露戦後　2, 14, 84, 91, 94-95, 108, 237, 242
新田銀行　98, 100, 105
日本織物会社　38, 93
日本生命　149-150
日本鉄道　22-25, 27, 32-34, 36-37, 45-47, 57-59, 63, 65, 70-72, 74-75, 77, 80-83, 243
日本電灯　102, 124
根津嘉一郎　17, 126, 128, 133-134, 140-144, 147-150, 163, 166, 238
野田正穂　11, 21

は行

橋本寿朗　115, 187
橋本忠次郎　95, 99, 133, 136, 138
葉住利蔵　98-99, 101-106, 126-127, 133-134, 139, 167, 237, 241
八十一銀行　171, 174, 176-178, 180, 182-183
花井俊介　157, 182
花房義質　44
早川興業　212
早川電力　18, 187, 207, 210-213, 216-217, 219, 222, 229, 239
原秀三郎　63
原秀次郎　65, 70, 81
原亮三郎　63
伴直之助　30-31, 36-37, 40

ビジネス・チャンス　107, 189, 197, 236-237
廣海家　157-158
福澤桃介　210
福澤諭吉　63

ま行

毎日新聞　29, 61
前橋瓦斯　123
前橋電気軌道　123
前橋電灯　93-94
松永安左エ門　202, 210, 212-213, 215-216, 219, 225-226, 228-229, 240
丸善　63
三島通庸　23
三谷一二　217, 219
三井銀行　225, 229-230
三菱鉱業　217, 219
水戸鉄道　71
宮川竹馬　220-221, 229
宮口竹雄　190, 193, 197, 209-210, 216, 226
宮本又郎　11, 148, 149
明治生命　45, 65
毛越鉄道　65, 78
望月二郎　44

や行

安田銀行　47, 200, 225, 229-230
安田財閥　200-202, 220
安田商店　38-39
安田善五郎　198, 216
安田善三郎　193, 197-198, 200-201
安田善次郎　22, 30-31, 36-39, 43, 47, 49, 73, 83, 201, 235
(安田)保善社　191, 197-200, 203, 210, 229
安田善雄　198
山県有朋　31
山口権三郎　77, 81
山中隣之助　30-31, 36, 73
由井常彦　48, 120
結城豊太郎　202, 210, 225-226, 228-230
横田千之助　139, 147, 174
横浜正金銀行　44-45, 63, 65
吉井友実　24
吉田幸作　30-31, 38
J. ヒルシュマイヤー　48

ら行

両毛機業地　2, 14, 21-23, 25, 27, 58, 75, 79
両毛鉄道　1-2, 7, 11, 14, 17, 21-22, 29, 31-33, 35-39, 43, 45-49, 57-65, 70-84, 107-108, 149, 230, 235-236, 238-239, 240-241, 243

わ行

若尾璋八　141-144, 226
若松壽一　248
渡邉恵一　6-7
渡辺洪基　28, 30, 36, 49, 74
渡良瀬水電　92, 94, 123, 128
和田一夫　7-8

【著者略歴】

石井里枝（いしい・りえ）

　1977年　群馬県に生まれる
　2000年　東京大学経済学部経済学科卒業
　2002年　東京大学経済学部経営学科卒業
　2006年　東京大学大学院経済学研究科修士課程修了
　2009年　東京大学大学院経済学研究科博士課程修了
　現　在　愛知大学経営学部准教授、博士（経済学）

主要業績：「企業勃興期における地方鉄道会社の経営と株主──両毛鉄道会社を事例として──」『鉄道史学』第25号，2008年（鉄道史学会住田奨励賞受賞），「戦前日本における地方企業の経営と企業統治──利根発電を事例として──」『経営史学』第44巻第2号，2009年（経営史学会賞受賞），「1930年代の三菱財閥における経営組織──理事会・社長室会の検討を中心に──」『三菱史料館論集』第11号，2010年。

戦前期日本の地方企業──地域における産業化と近代経営──

2013年2月15日　第1刷発行　　　定価（本体4800円＋税）

　　　　　著　者　石　井　里　枝
　　　　　発行者　栗　原　哲　也
　　　　　発行所　株式会社　日本経済評論社
　　　　　〒101-0051　東京都千代田区神田神保町3-2
　　　　　電話 03-3230-1661　FAX 03-3265-2993
　　　　　info8188@nikkeihyo.co.jp
　　　　　URL：http://www.nikkeihyo.co.jp

装幀＊渡辺美知子　　　　　印刷＊文昇堂・製本＊誠製本

乱丁・落丁本はお取替えいたします。　　　Printed in Japan
Ⓒ Ishii Rie 2013　　　　　　　　　　　ISBN978-4-8188-2248-1

・本書の複製権・翻訳権・上映権・譲渡権・公衆送信権（送信可能化権を含む）は、㈱日本経済評論社が保有します。

・JCOPY〈㈳出版者著作権管理機構　委託出版物〉
本書の無断複写は著作権法上での例外を除き禁じられています。複写される場合は、そのつど事前に、㈳出版者著作権管理機構（電話03-3513-6969，FAX03-3513-6979，e-mail: info@jcopy.or.jp）の許諾を得てください。

鉄道史叢書① 老川慶喜著
明治期地方鉄道史研究
—地方鉄道の展開と市場形成—
（オンデマンド版）

A5判　二八〇〇円

わが国の鉄道史研究は、その軍事的意義を強調する傾向があったが、鉄道が不可避的にもつ市場形成機能に着目し、資本主義形成期の鉄道の担った役割を経営史的に解明する。

鉄道史叢書② 野田・原田・青木・老川編
日本の鉄道
—成立と展開—
（オンデマンド版）

A5判　五五〇〇円

日本に陸蒸気が初めて走ったのは、明治四年のことであった。以来鉄道はさまざまな物語を生んだが、本書は利用する民衆の側から鉄道の誕生、発展、停滞、混乱を史的に描く。

鉄道史叢書⑥ 老川慶喜著
産業革命期の地域交通と輸送

A5判　六〇〇〇円

鉄道の開通によって舟運や道路輸送が、いかにして鉄道中心の交通・輸送体系に組み込まれていくか。それに伴う商品流通の拡大が統一的国内市場をどう形成していくか。

中村尚史著
日本鉄道業の形成
—1869〜1894年—

A5判　五七〇〇円

官営・民営鉄道の経営と技術者集団の分析を通して、鉄道政策と鉄道業の関係と鉄道業の関わりをふまえながら日本の鉄道業の形成過程を再検討する。

沢井 実著
日本鉄道車輛工業史

A5判　五七〇〇円

後発工業国日本にあって、比較的早く技術的対外自立を達成した鉄道車輛工業の形成と発展について、国内市場と海外市場の動向をふまえながら、その特質を解明する。

（価格は税抜）　日本経済評論社